JN255662

協同的探究学習で育む
「わかる学力」

豊かな学びと育ちを支えるために

藤村宣之／橘 春菜
名古屋大学教育学部附属中・高等学校
編著

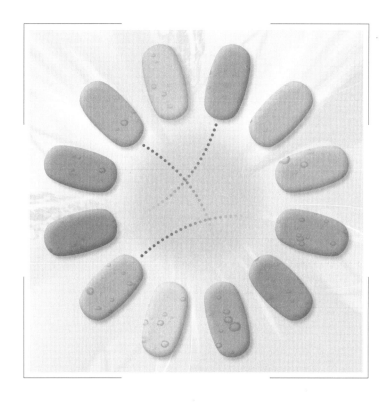

ミネルヴァ書房

目　　次

世界におけるこれからの教育

──日本はどこに向かうのか──

1　これからの社会において一人ひとりに必要な力とは

学校教育の役割──子どもはどのような力を身につけていくか

　子どもを取り巻く社会の変化は，学校教育が果たすべき役割を少しずつ変化させてきている。最終学校を卒業した後に必要な力が，卒業後の仕事との関係で明確であった時代には，その仕事に必要な知識やスキルを獲得させることが学校教育の中心的な目的となることもあった。一方で，各職業における機械化やIT化の進展，あるいは労働市場のグローバル化の進展により，最終学校を卒業した後に就く仕事の内容が変わってきている。必要な知識やスキルが明確な「定型的な仕事」の多くは機械やロボットが担うようになり，その結果，近年においては，さまざまな知識やスキルを関連づけながら考えることが必要な仕事，その過程において他者との協力や協同解決が必要な仕事，複雑でより付加価値の高い仕事，有形の商品だけでなく人間関係面でのサービスなどを生み出す仕事など，多様な知識やスキルを関連づけた解決や遂行が必要な「非定型的な仕事」や，「他者との関係がより重視される仕事」が増加してきた。一方で，労働市場の流動化の傾向は，個人や少人数のグループによる起業を可能にする一方で，企業等から任された定型的な仕事を担うだけではなく，個人の力量にもとづいた判断やそれによる成果がより問われるような方向での変化ももたらしてきている。

　「非定型的で専門性の高い仕事」や「他者との協同がより重視される仕事」の増加は，個人が自身の就く職業に対するアイデンティティを高め，生きがいを見出し自己実現を図っていく機会を多様化するものでもあるだろう。一方で，

職業人として上記のような労働環境の変化にどのように適応していくかといった面だけではなく，一人ひとりが自ら発達主体としてどのように成長していくか，他者とともにどのような環境や社会を主体的に創造していくか，といった面からも学校教育の役割を考えていく必要がある。

　そこで重要になってくると考えられるのが，表面的な情報のみに左右されず，多様な知識を関連づけて諸事象の本質をとらえる「深い理解」であり，解決方法がすぐには見えない問題について，他者とも協調しながら，さまざまな視点から本質的な解決をめざしていく「非定型問題の解決」であり，その過程において，自分自身の考えやその根拠を説明し，他者と理解を共有していく「思考プロセスの表現・共有」などであろう。「非定型問題の解決」や「思考プロセスの表現・共有」を，学習内容と切り離された一般的な態度や志向性として獲得させるのではなく，これまでの学問研究の成果に学びながら社会や状況の本質を深くとらえる力としての「深い理解」と不可分なものとして，すなわち，何をどのように深めるかということとの関連のなかで，子ども自身が主体的に達成していくことが必要になってきているのではないだろうか。

知識基盤社会において求められる力とは

　2005年頃から「知識基盤社会」（新しい知識・情報・技術が，社会の各領域の活動の基盤として飛躍的に重要性を増す社会）に対応する教育が求められるようになり（文部科学省，2005），義務教育終了時に求められる学力の質が変容してきていると考えられる。そこで求められるのは，解決方法の定まった定型問題（routine problem）に対応し，解決するための個々のスキルや知識だけではない。多様な要因が複雑に関連しながら恒常的に変化する社会的状況のなかで，解決方法がひとつに定まらない非定型問題（non-routine problem）に対して，既有の知識やスキルを柔軟に関連づけながら問題の本質を理解して解決をはかっていく力や，そのプロセスにおいて他者と協同しながら，相互理解にもとづく解決を導いていく力が必要になってきていると考えられる。

　そのような，多様な知識を関連づけて非定型問題を解決する力に関連して，日本の学校教育では，従来の学習指導要領において，「自ら考える力」や「思

考力・判断力・表現力」の育成がめざされてきているが，その内容や評価方法，育成方法が十分に明らかにされているとはいえないだろう。また，近年の国際的な教育改革の動向として，「キー・コンピテンシー」や「21世紀型スキル」といった名称で，思考力，問題解決力，協調性，自律性といった，領域一般的な汎用スキル（generic skills）の育成がめざされている（Griffin et al. 2012など）。一方で，将来の社会生活において生きて働く力や自分自身を支える力を育てるという点では，そのような汎用スキルを要素分解的に個々に獲得させるのではなく，先述の非定型問題解決力のような統合的な力として育成することや，そのような統合的な力を，先述したように，各領域の「深い理解」（deep understanding）と一体として形成することが重要であると考えられる。

2　学校教育における質の向上と平等性の追求

　主に2010年以降の各国の教育政策では，学力水準の向上など「教育の質の向上」とともに，学力格差などの個人差をいかに縮小するかという「平等性の追求」が課題となっている（日本学術会議 教育学の展望分科会，2010）。教育社会学の研究では，親の経済力が子どもの学業成績と関連するなど，経済格差と学力格差の関係が指摘されており（志水ほか，2014など），全般的な学力の水準や質の向上とともに，子どもの学力等の格差の縮小，すなわち，結果としての平等（equity）の達成が学校教育の重要なテーマとなっている。

　OECD（経済協力開発機構）が各国・地域の高校1年生を対象に，学校教育で獲得した知識やスキルを日常場面で活用する力としてのリテラシーを3年おきに測っている国際比較調査に，生徒の学習到達度調査（PISA：Programme for International Student Assessment）がある。その2012年調査における数学的リテラシーの平均得点を縦軸に，分布の広がり（順位が上位10％の者と下位10％の者との得点差）を横軸に，調査参加国・地域を布置すると，日本は平均得点では上位に位置し，個人差の大きさは参加国・地域の平均程度である（OECD, 2014）（図序-1）。日本より平均得点が高いのはアジアの国・地域であり，台湾やシンガポールに顕著なように，平均得点も高いが個人差（分布の広がり）も

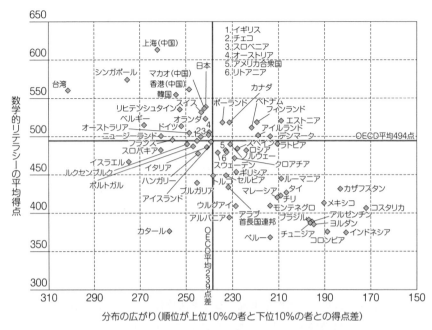

図序 - 1　数学的リテラシー（PISA2012年調査）に関する平均得点と個人差

出所：OECD（2014）.

大きいのが特徴である。一方で，フィンランド，エストニア，カナダなどのように，日本よりも平均得点はやや低いが国際平均よりは高く，国内の個人差の小さい国もいくつかみられる。たとえば，カナダでは，自国の平均得点が低下傾向にあることを認めながらも，国内の分布の広がり（個人差）が小さいことが評価されており，今後，個人差（学力格差）をさらに縮小していく方向性が示唆されている（CMECホームページ）。また，フィンランドでも，各教師の高い資質を背景として，一人ひとりの子どもの学力の底上げ（学力保障）や，どの地域や学校でも等しく教育を受けられる風土などが意識されている（鈴木, 2007など）。日本が，今後，どのような教育の方向をめざすのか，分岐点に立っているとも考えられる。

3　教育の質の向上としての「深い学習」の重視

　現在の学校教育では，「教育の質の向上」という目標に関して，各国において，先述の汎用的スキルの育成に加えて，深い概念的理解や思考プロセスの表現といった「深い学習」が目標とされている。日本では，学習指導要領（2008年改訂）において，基本的知識・技能の獲得に加えて，知識・技能の活用による思考力・判断力・表現力の育成が目標とされた。また，学習指導要領（2017年改訂）においては，「どのように学ぶか」という点から授業場面での学習の質として「主体的・対話的で深い学び」が重視されている。さらに個人の目標（一人ひとりが身につける「資質・能力」）として上記の 2 つの目標と「学びに向かう力，人間性」が提示されるとともに，各教科における「理解の質を高めること」が強調されている。アジアでは2000年頃から，中国において入試に対応する「応試教育」から人間性を重視する「素質教育」への転換が図られ，またシンガポールでは教育の方針として，学ぶ学校（learning schools）や考える国家（thinking nation）が提唱され，国の方針として思考力の育成に力が注がれている。また学力の国際比較調査で上位を保ってきたフィンランドでも，2016年度のナショナル・コアカリキュラム改訂において，日常的事象をベースとして教科を超えた多様な知識を関連づける，統合的な学習がさらに推進されるなど，欧米においても知識を関連づけることによる深い思考や学習が重視されてきている。

　以上のような「深い学習」が各国の最近の教育で重視されている背景には，認知心理学の研究成果が各国の教育，特に欧米の教育に取り入れられてきたことがある。表序 - 1 には，現在，多くの国で教育目標とされているような「深い学習（deep learning）」の特徴が，（行動主義心理学を背景とするような）伝統的な教室の実践との対比でまとめられている（Sawyer, 2014）。そこでは，新しい情報と既有知識との関連づけ，因果関係や根拠の探究，対話による知識の構成，学習者自身による学習過程の省察といった，「深い学習」あるいは「概念的理解の深まり（deeper conceptual understanding）」に必要なプロセスが指摘

表序-1　深い学習と伝統的な教室の実践の対比

知識の深い学習（認知科学の知見から）	伝統的な教室の実践（教授主義）
深い学習に必要なのは，学習者が新しい考えや概念を既有の知識や経験と関連づけることである。	学習者は，教材を自分たちが既に知っていることと無関係なものとして扱う。
深い学習に必要なのは，学習者が自らの知識を，相互に関係する概念システムに統合することである。	学習者は，教材を相互に切り離された断片的な知識として扱う。
深い学習に必要なのは，学習者がパターンや基本的な原理を探すことである。	学習者は，過程や理由を理解することなく，事実を記憶し，手続きを実行する。
深い学習に必要なのは，学習者が新しい考えを評価し，それらを結論に関連づけることである。	学習者は，教科書で出会ったものとは異なる新しい考えを理解することが難しい。
深い学習に必要なのは，学習者が知識が創造される対話の過程を理解し，議論の論理を批判的に吟味することである。	学習者は事実と手続きを，全てを知る権威的存在から伝えられた静的な知識として扱う。
深い学習に必要なのは，学習者が自身の理解と学習過程を省察することである。	学習者は，目的や自身の学習方略を省察することなく，記憶を行う。

出所：Sawyer（2014）を筆者邦訳。

されている。また，深い学習を達成するための学習方法として，協同（collaboration）や探究（inquiry）などのプロセスを重視したさまざまな学習方法が，主に教授・学習過程に関する認知心理学を，長期的な授業研究などの方法も取り入れて発展させた学習科学（learning sciences）の領域で提案されてきている（Sawyer, 2014）。

4　日本の子どものリテラシーや学力の全般的傾向

国際比較調査にみる日本の児童・生徒の全般的得点の推移

　2000年頃から，国際的に子どもの学習到達度や学習を通じて獲得された力に対する関心が高まり，一定間隔で国際比較調査が行われるようになった。日本の子どもは，国際的にみてどのような学力やリテラシー（日常生活への活用力）を身につけているのだろうか。

　1995年から4年おきに小中学生の算数・数学，理科の学習到達度を調べてい

表序 − 2　TIMSS 調査にみる平均得点の推移

		1995	1999		2003		2007		2011		2015
小学校4年生	算数	567点(3位/26か国)	(調査実施せず)	有意差なし	565点(3位/25か国)	有意差なし	568点(4位/36か国)	有意に上昇	585点(5位/50か国)	有意に上昇	593点(5位/49か国)
	理科	553点(2位/26か国)	(調査実施せず)	有意に低下	543点(3位/25か国)	有意差なし	548点(4位/36か国)	有意に上昇	559点(4位/50か国)	有意に上昇	569点(3位/47か国)
中学校2年生	数学	581点(3位/41か国)	有意差なし	579点(5位/38か国)	有意に低下	570点(5位/45か国)	有意差なし	570点(5位/48か国)	有意差なし	570点(5位/42か国)	有意に上昇	586点(5位/39か国)
	理科	554点(3位/41か国)	有意差なし	550点(4位/38か国)	有意差なし	552点(6位/45か国)	有意差なし	554点(3位/48か国)	有意差なし	558点(4位/42か国)	有意に上昇	571点(2位/39か国)

出所：国立教育政策研究所ホームページより。

る調査に，TIMSS（国際数学・理科教育動向調査）がある。IEA（国際教育到達度評価学会）が，小学校 4 年生と中学校 2 年生を対象に，小中学校で学習した内容に対応する算数・数学，理科の学力を調べており，2015年調査の参加国は小学校で50か国（約27万人），中学校で40か国（約25万人）となっている。TIMSS 調査での日本の児童・生徒の平均得点の推移を示したのが，表序 − 2 である。表序 − 2 にみられるように，日本の小中学生は，テスト全体の平均得点としては，国際的にみて上位を維持していることがわかる。

　また，2000年から 3 年おきに，高校 1 年生に対応する年齢（15歳）の生徒が学校教育を通じて獲得した知識や技能を日常生活のさまざまな場面で出会う問題にどの程度活用できるか（活用力としてのリテラシー）を調べている調査に，第 2 節で紹介した PISA（生徒の学習到達度調査）がある。OECD はこの調査を各年度，数学的リテラシー，科学的リテラシー，読解力（読解リテラシー）の 3 分野で実施しており，2015年調査には，72の国・地域から約54万人の生徒が参加している。PISA 調査での日本の生徒の平均得点の推移を示したのが，図序 − 2 である。

　3 分野の平均得点をみると，2000年から2006年にかけて低下がみられたが，その後の得点は上昇しており，国際的にみてほぼ上位に位置していることがわかる（読解力については，2012年から2015年にかけて得点の低下がみられている）。

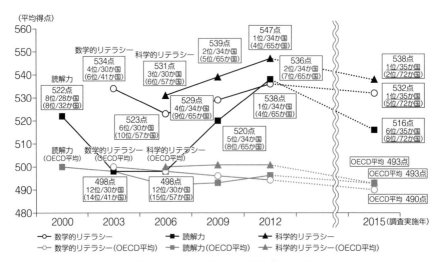

図序 – 2　PISA 調査にみる平均得点の推移

注：各リテラシーが初めて中心分野となった回（読解力は2000年，数学的リテラシーは2003年，科学的リテラシーは2006
年）の OECD 平均500点を基準値として，得点を換算。数学的リテラシー，科学的リテラシーは経年比較可能な調査回
以降の結果を掲載。中心分野の年はマークを大きくしている。
2015年調査はコンピュータ使用型調査への移行に伴い，尺度化・得点化の方法の変更等があったため，2012年と2015年
の間には波線を表示している。
出所：国立教育政策研究所ホームページより。

国際比較調査にみる日本の児童・生徒の情意面の傾向

TIMSS 調査や PISA 調査では，教科に対する関心や態度など，情意面を測る質問紙調査も実施されている。

TIMSS 調査について，算数・数学，理科の学習の楽しさや日常生活への有用性を尋ねた結果を経年変化として示したのが，図序 – 3 である。

図序 – 3 にみられるように，教科に対する関心（図序 – 3(1)(3)）に関しては，小学校の理科を除くと，「楽しい」と感じている小中学生の割合は，国際平均との差は徐々に縮まってきているものの，依然として国際平均を10%以上，下回っている。また，教科の勉強が日常生活に役立つと考えている中学生の割合（図序 – 3(2)(4)）も，数学・理科ともに国際平均を10〜20%程度下回っている。なぜ教科の学習を楽しいと感じる児童・生徒の割合や，日常生活への有用性を意識する生徒の割合が国際的にみて少ないのだろうか。これに関しては，教科の学習を通じて形成されている学力の内容との関連で検討する必要があるだろ

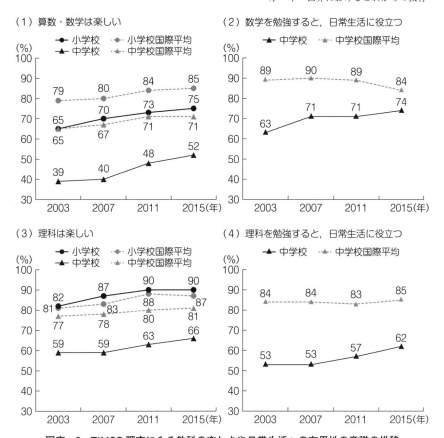

図序 - 3　TIMSS 調査にみる教科の楽しさや日常生活への有用性の意識の推移

注：数値は「強くそう思う」「そう思う」と回答した児童生徒の割合を合計し，小数点第1位を四捨五入。国際平均については，調査参加国・地域が毎回異なる点に留意する必要がある。

出所：国立教育政策研究所ホームページより。

う。

　次に，PISA 調査について，2015年調査の重点調査分野であった科学に関する意識や態度を2006年調査の結果と比較して示したのが，図序 - 4 である。「科学の楽しさ」については，先述の TIMSS 調査の中学校理科の結果と同様に，国際平均（OECD 参加国の平均）を依然として，下回っている。また，生徒が自分の将来の仕事などとの関わりで理科の有用性を認識する割合（「理科学習に対する道具的な動機づけ」）は増加し，OECD 平均に近づく傾向がみられるが，

値が大きいほど，生徒が科学について知識を得たり学ぶことを楽しんで行っていることを示す。
（項目例）
・科学の話題について学んでいるときは，たいてい楽しい
・科学についての本を読むのが好きだ

値が大きいほど，生徒が科学に関連する活動に積極的に取り組んでいることを示す。
（項目例）
・科学を話題にしているインターネットを見る
・科学を話題にしているテレビ番組を見る

値が大きいほど，生徒が自分の将来に理科の学習が役立つと感じていることを示す。
（項目例）
・将来自分の就きたい仕事で役に立つから，努力して理科の科目を勉強することは大切だ
・理科の科目を勉強することは，将来の仕事の可能性を広げてくれるので，私にとってやりがいがある

値が大きいほど，生徒がある文脈で科学の知識を使うことができるという自分の能力への信頼を示す。
（項目例）
・地震がひんぱんに発生する地域とそうでない地域があるのはなぜかについて説明すること
・病気の治療で使う抗生物質にはどのような働きがあるのかを説明すること

「科学の楽しさ」指標
「科学に関連する活動」指標
「理科学習に対する道具的な動機付け」指標
「理科学習者としての自己効力感」指標

0.20　0.00　-0.20　-0.40　-0.60　-0.80　-1.00

── 日本（2015年）　---- 日本（2006年）　── OECD（2015年）　---- OECD（2006年）
（内側）　　　　　　　　　　　　　　　　　　（外側）

図序 − 4　PISA 調査にみる科学に対する関心・態度の変化

出所：国立教育政策研究所ホームページより。

一方で，「科学に関連する活動」や「理科学習者としての自己効力感」といった，科学的事象に対する全般的な関心や，「抗生物質の働き」や「地震頻発地域の特質」など，科学的事象の説明力に対する自己意識は依然として OECD 平均を大きく下回っている。事実に関する知識を獲得することと，日常生活に関わる事象を科学的に説明すること（あるいは，説明しようとすること）とを区分して，学力をとらえる必要があることがうかがえる。

　以上のように，全般的にみて日本の児童・生徒は，学力やリテラシーの平均得点や順位の面では国際的にみて上位に位置しているものの，意識の面では，①教科内容やその探究についての関心が低く，②教科内容が日常生活とつながるものであり，教科内容の理解が深まることで日常的事象が説明できたり，日常的問題が解決できたりするということについての意識が低く，③そうした説明や解決ができる力が自分にあると考える自己認知も低いといった特徴が，年度を越えた一貫した傾向としてみられる。

5　本書の構成

　本書の構成を図序−5に示す。本書は大きく，序章，理念編，実践編，終章に分かれている。

　序章（本章）では，世界と日本における教育の動向について紹介してきた。

　理念編（第1〜4章）は，さらに総論部分（第1，2章）と各論部分（第3，4章）に分かれている。理念編（総論：第1，2章）では，「わかる学力」と「できる学力」，「協同的探究学習」という本書のキーワードについて詳しく解説する。理念編（各論：第3，4章）では，協同的探究学習の背景にある，探究や協同に関する心理学的研究について，授業外で実施された個別面接や個別実験，ペア実験などを中心に紹介する。

　実践編は，各教科の協同的探究学習とその成果について具体的に紹介する部分（第5〜10章）を中心としており，それらのまとめと展開について述べた部分（第11章）が加わっている。実践編（各教科の協同的探究学習：第5〜10章）では，協同的探究学習による中学校と高校の授業について，国語，数学，理科という，言語系および理数系の3つの教科に関する具体的実践事例の詳細とその心理学的分析について紹介する。実践編（まとめと展開：第11章）では，各教科の協同的探究学習の知見をまとめるとともに，協同的探究学習の年間を通じた継続的実施と評価，上記3教科以外の協同的探究学習，一人ひとりの「わかる学力」を高めるための協同的探究学習のさらなる展開について解説する。

　終章では，協同的探究学習に内在するもうひとつの目標として，自己肯定感や他者理解の育成，それを通じた人間関係づくりの側面を取り上げ，協同的探究学習が開く新たな地平について明らかにする。

　なお，本書について，焦点を定めて読まれる場合には，以下のように読み進めることも可能である（図序−5の矢印参照）。特に「協同的探究学習」の具体的な授業実践について深める場合には，序章→理念編（総論：第1〜2章）→実践編（第5〜11章）→終章の順に読み進めると，各教科の実践に即して理解が深まるだろう。一方，特に「協同的探究学習」の理念や心理学的背景につい

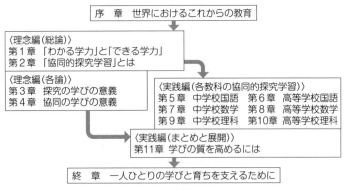

図序 - 5　本書の構成

て深める場合には，序章→理念編（第1〜4章）→実践編（まとめと展開：第11章）→終章の順に読み進めると，発達心理学や教育心理学に関する研究（授業を直接対象としない研究も含む）の最近の展開や，それと「協同的探究学習」の関係について深く理解できることと思われる。

引用・参考文献

CMEC ホームページ（https://www.cmec.ca/252/PISA_2012_html）

国立教育政策研究所ホームページ（http://www.nier.go.jp/）

日本学術会議　教育学の展望分科会（2010）．教育学分野の展望——「質」と「平等」を保障する教育の総合的研究（日本の展望——学術からの提言2010）——

文部科学省（2005）．我が国の高等教育の将来像（答申）（http://www.mext.go.jp/b_menu/shingi/chukyo/chukyo0/toushin/05013101.htm）

OECD（2014）．*PISA2012 results: What students know and can do.　Student performance in mathematics, reading, and science*（vol. 1）（*revised edition*）.

Sawyer, R. K.（Ed.）（2014）．*The Cambridge handbook of the learning sciences*（*2nd edition*）. New York：Cambridge University Press.

志水宏吉・伊佐夏実・知念渉・芝野淳一（2014）．調査報告「学力格差」の実態　岩波書店

鈴木誠（編）（2007）　フィンランドの理科教育——高度な学びと教員養成——明石書店

Griffin, P., McGaw, B., & Care, E.（Eds.）*Assessment and teaching of 21st century skills.* Springer.（P. グリフィン・B. マクゴー・E. ケア（編）／三宅なほみ（監訳）／益川弘如・望月俊男（訳）（2014）．21世紀型スキル——学びと評価の新たなかたち——　北大路書房）

第Ⅰ部

理念編

――子どもの学びの質を高めるために――

第1章

「わかる学力」と「できる学力」

　　認知心理学の視点から学力の内容を分析すると，解決方法がひとつに定
まる定型問題に対して，一定の手続きを適用して解決する力（できる学力）
と，自分自身で多様な知識を関連づけることで，多様な解決方法が可能な
非定型問題の解決を導いたり，その思考プロセスを表現したり，諸事象を
深く理解したりする力（わかる学力）に大きく区分することができる。学
力やリテラシーに関する国際比較調査や国内の調査の問題ごとの結果を問
題解決のプロセスに着目して心理学的に分析すると，日本の児童・生徒の
特徴として，定型問題を解決する「できる学力」は高いが，非定型問題を
解決・探究する「わかる学力」が相対的に低いことが，学校種（小・中・
高）や教科（数学・理科・国語）を越えた全般的傾向として明らかになって
くる。そのような傾向をもたらす可能性のひとつとして，さまざまな点で
最終的には「できる学力」の育成が重視されている，各教科の従来の授業
過程の特徴がみえてくる。

1　認知心理学の視点からの学力モデル──「できる学力」と「わかる学力」

　序章で説明した表序−1では，「伝統的な教室の実践」の特徴として，理由
や過程を理解せずに事実を記憶したり手続きを遂行したりすることがあげられ
ている。理由や過程の理解を求めないという学習プロセスは別として，認知心
理学の領域では，学習内容に関して手続き的知識（procedural knowledge）の
獲得過程と，概念的理解（conceptual understanding）の深化過程とが区別され
てきた。認知心理学的な観点から，子どもによって達成される内容とその達成
過程に依拠して，教育目標としての「学力」と，それを達成するための学習方
法を区分できると考えられる。

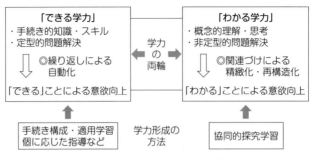

図1-1　学力の心理学的モデル

出所：藤村（2012）。

学力の心理学的モデル

　図1-1では，そのような心理学的視点から教育目標としての学力が，手続き的知識・スキルの獲得と，概念的理解や思考の深まりとに区分され，両者の形成過程と，その形成に有効と考えられる学習方法が対比的に示されている（藤村，2012）。

　解決方法がひとつに定まる定型問題に対して，特定の手続き的知識・スキルを適用して解決することを「できる学力」と表現する。また，問いと答えとしての知識との対応が一対一に決まる事実的知識も，定型問題の解決を導く点で，「できる学力」に含めて考える。このような手続き的・事実的知識の獲得メカニズム，すなわち「できる学力」の形成メカニズムは，繰り返し（反復）による自動化（automatization）である。すなわち，「できる学力」については，ある手続きが適用可能な同種の問題に繰り返し取り組むことにより，その手続きの適用がより正確で速くなり，そのプロセスに十分な注意を向けなくても自動的にできるようになっていく。たとえば，九九の暗記や漢字の正確な表記，特定の公式等を適用した同種の問題の解決などがその例としてあげられる。手続きの自動化が進むことで，人間の限られた情報処理容量を他のプロセスに割り当てることが可能になる。

　一方で，諸事象に対する概念的理解の深まりやそれに関連する思考プロセスの表現，それらを通じた非定型問題（多様な解・解法・解釈などが可能な問題）の解決や探究が「わかる学力」として想定されている内容である。たとえば，

多様な解法が想定される（かつ当該単元の本質的理解を必要とする）算数や数学の問題に対して，自分なりに知識を関連づけて解決に迫り，その思考プロセスや判断理由を自分なりのことばや図で説明したり，国語の文学教材に関して登場人物の心情の変化を，文章中の多様な情報を関連づけて推測し，それを根拠にもとづいて説明したりすることなどが例としてあげられる。

「わかる学力」形成の第1段階は，非定型問題に対して，自分なりに知識を関連づけて思考プロセスを何らかのかたちで表現することである。さらに，諸事象の本質をとらえて知識を関連づけて説明することで概念的理解を深めたり，本質的理解が必要な非定型問題を解決できたりすることが，「わかる学力」形成の第2段階として想定される。

「わかる学力」が形成されるメカニズム，すなわち，概念的理解の深化メカニズムは，多様な知識の関連づけによる知識構造の精緻化（elaboration）や再構造化（restructuralization）である。子どもがこれまでの日常経験や学習を通じて獲得してきた既有知識と新たな知識とを結びつけ，また既有知識どうしに新たな結びつきを見出すことで，物事をとらえる枠組み（知識構造）を変化させていくことが「わかる学力」の形成（概念的理解の深化）の本質である。

このような「わかる学力」は，序章で述べたような「深い学習」や，それを通じて各個人に統合的に達成されることが期待される，「思考プロセスの表現・共有」，「非定型問題の解決」，「深い（概念的）理解」といった，これからの時代に必要となる力にも対応する。

学習指導要領における目標（資質・能力）などとの関連

以上のような2種類の学力の形成が，学校教育の中心的な目標となると考えられる。日本における学習指導要領などとの対応では，「できる学力」は，学習指導要領（2008年改訂）における「基本的知識・技能」（2017年改訂の学習指導要領では「知識・技能」）に対応すると考えられる。一方，「わかる学力」は，学習指導要領（現行・次期）における「思考力・判断力・表現力」に対応すると同時に，さらに序章第3節で述べた，認知心理学研究が提案してきた「深い理解」も含むものである。学習指導要領（2017年改訂）では，学習内容を「深

く理解すること」も重視されており，「わかる学力」には，その内容も理念として含まれている。さらに見方を変えれば，「わかる学力」は，先述のように，序章第1節で述べた，今後の「知識基盤社会」において重要な力となる「多様な知識を関連づけることを通じた非定型問題を解決する力」にも対応する。

　なお，「できる学力」と「わかる学力」は，図1-1で示されるように「学力の両輪」として相互促進的な関係にあることが想定される。すなわち，「できる学力」の向上は，関連づけの対象としての知識・スキルを増加させることで「わかる学力」のさらなる向上に寄与し，一方で「わかる学力」の向上は，学習の文脈を豊かにし，知識やスキルの有用性を認識させることを通じて「できる学力」の形成を動機づけると考えられる（藤村，2012）。

学習意欲や学習観の位置づけ

　学習を動機づけ，前に進めるのが学習意欲である。学習意欲に関連する内容は，日本の学習指導要領（2008年改訂）では「学習に取り組む態度」のように表現され，学習指導要領（2017年改訂）では，さらに多様な他者と協同で取り組む態度なども含めた「学びに向かう力，人間性」のように表現されている。学習意欲を一時的に高めることだけであれば，ゲームや競争といった活動を導入することも有効かもしれないが，持続的な学習意欲は，先述の「できる学力」や「わかる学力」が高まっていくことと並行して向上していくと考えられる。心理学的には，「できる学力」と「わかる学力」では，その形成を通じて高まる意欲の種類も異なると考えられる（図1-1参照）。「できた」という経験は，手続き的知識・スキルが自動化することで，より速く，より正しく答えようという意欲（定型的熟達化に対する志向性）を高めるであろう。そこには，他者との競争や以前の自分との比較が動機づけとしてはたらくかもしれない。一方で，知識を関連づけて「わかった」という経験は，知識構造が再構造化されることで知的好奇心や内発的動機づけが喚起され，もっとわかりたい，深く知りたいという意欲を高めるであろう。そこでは，①自分が考えを説明する相手として，②自分とは異なる知識の提供者として，あるいは③探究をともに進めるパートナーとして，協同する他者が重要な役割を果たすであろう（他者との

協同の意義については第3, 4章を参照)。

　学校内外での「できる学力」や「わかる学力」の形成過程において，学習に対する個人の信念としての学習観（views of learning）も形成される（藤村，2008；鈴木，2013；藤村，2017）。学習観は，問題解決や理解，記憶などの認知プロセスをモニターし，制御するメタ認知（metacognition）の一側面であり，学習観の種類によって問題解決などの認知プロセスが影響を受けるという関係にある。

　学校や学校外で，手続き的知識・スキルの獲得とその適用（できる学力）が過度に重視されると，「正しい解法と答えはただひとつであり，それを暗記し，思い出して書かなければならない」といった「暗記・再生」型の学習観が形成されると考えられる（藤村，2008）。そして，この「暗記・再生」型学習観を強くもっていた場合には，以前に学習した手続きを適用することで解決できない非定型問題に対しては，解法を新たに考案しようとしないために無答（解答やそれに至るプロセスとして何も記述しないこと）となる可能性が考えられる。

　一方，この「暗記・再生」型学習観に対立するものとして想定される学習観が，概念的理解や思考のプロセスを重視する「理解・思考」型の学習観である（藤村，2008）。「理解・思考」型学習観では，「解や解法，またそれらの表現方法は多様である。自分自身の知識や他者が示した新たな情報を活用しながら自由に考えを構成し，そのプロセスを自分のことばや図式で表現して他者と共有することが学習である。そして，そうした知識の構成プロセスを通じて物事の本質を理解することが重要である」と考える。個々の児童・生徒において，「わかる学力」が高まると，その向上に寄与した学習方法の有効性についての意識が高まり，「理解・思考」型学習観も形成されることが想定される。

「できる学力」と「わかる学力」をいかに高めるか

　本節で述べてきたように「できる学力」と「わかる学力」では，学力形成の心理学的プロセスが異なるため，それぞれの形成のために有効な学習方法も異なってくる（図1-1 参照）。

　「できる学力」の形成に関しては，先に述べたように，反復による自動化が

一定程度，必要である。そのため，一連の手続きについて，例題等に対する教師と子どもたちとの対話を通じてクラス全体で確認した後に，個々の子どもがその手続きの適用練習を行うような学習（手続き構成・適用学習）や，それぞれの子どもの手続き的スキルの獲得を確実にするための少人数指導などの「個に応じた指導」など，従来，日本の学校で行われてきている学習方法が有効性をもつと考えられる。実際に，手続き構成・適用学習に「個に応じた指導」の一形態であるティーム・ティーチングを組み合わせた学習方法による小学校算数の継続的授業が，小学校中学年の算数に関する「できる学力」の向上などに有効であることが示されている（藤村・大田，1996）。

　一方で，「わかる学力」の形成には，先に述べたように，多様な知識を関連づけることによる知識構造の精緻化や再構造化が重要となる。特に「わかる学力」の形成に関して，第1段階の「思考プロセスの表現」にとどまらず，第2段階の「概念的理解の深まり」やそれにもとづいた「非定型問題の解決」を達成していくためには，子ども自身が多様な知識を関連づけて知識構造を（より本質的な目標に向けて）再構造化していく必要がある。そのためには，多様な考えが可能で，かつ教科や単元の本質に関わる非定型問題に対して，一人ひとりの子どもが探究を通じて自分自身で知識を関連づけること（個別探究）や，クラス内の他者との協同過程，特にクラス全体での協同過程を通じて自分や他者のもつ多様な既有知識を関連づけること（協同探究），さらにそれを活かして一人ひとりの子どもが探究を深めること（再度の個別探究）を組み込んだ学習方法である「協同的探究学習」が有効性をもつと考えられる。「わかる学力」を高めるための協同的探究学習の理念やプロセスの詳細については，第2章で詳述する。

　それでは，日本の子どもには，「できる学力」と「わかる学力」に関して，どのような特徴がみられるだろうか。序章では，最近の国際比較調査の総得点や順位の点から日本の学力をみたが，次節では，各調査に含まれる具体的問題とその結果にもとづいて，日本の子どもの学力を心理学的に分析してみよう。

2 認知心理学の視点からみた日本の子どもの学力
—— 「できる学力」と「わかる学力」の様相

　序章では，平均得点や順位の面から，日本の子どものリテラシーや学力の全般的傾向を明らかにした。図序 - 2 にみられるような日本の子どもの平均得点や順位の高さは，何を表しているのだろうか。また，関心や意識，自己認知の面での課題は何によって引き起こされているのだろうか。平均得点は，さまざまな問題に対する正答率を平均したもの（あるいはさまざまな問題によって構成されるテストに対する一人ひとりの得点を平均したもの）であり，一つひとつの問題ごとに日本の子どもの正答率や無答率（解答を全く書かない子どもの割合）を検討することによって，日本の子どものリテラシーや学力の「質」や，子どもの意識や関心などに関する問題が生み出される背景が明らかになってくるのではないかと考えられる。

　以上のような問題意識から，問題を解決する認知プロセスに着目して分析を行うと，学年・教科・年度を越えて一貫した，日本の子どもの学力やリテラシーの特徴がみえてくる。以降では，「定型問題の解決（できる学力）」と「非定型問題の解決（わかる学力）」という分析枠組みを用いて，最近の調査（PISA，TIMSS）などの問題ごとのデータをもとに，日本の子どもの数学，理科（科学），国語（読解）などの学力やリテラシーの特徴を明らかにしていこう。

数学的リテラシーに関する日本の子どもの特徴

　OECD による PISA2012年調査（数学的リテラシー）の公開問題から，定型問題と非定型問題のそれぞれに対する日本の高校 1 年生の状況をみてみよう。

　まず，定型問題の例として，「点滴の滴下速度」の問題（3 問の小問のうちの 1 問）をみてみよう。点滴の滴下速度には「D = dv/60n」という公式があることが示され，3 つの変数（D, d, n）に対応する数値が与えられたときに，点

---

(1)　同様の視点から行った，2011年頃までの国際比較調査等の分析結果については，藤村（2012）に詳述されている。

滴量（v）はどうなるかについて，与えられた数値を公式に代入して答えを導くという問題である。日本の子どもの正答率は43％で，OECD平均が26％であるから，日本の方が20％近く上回っている。一方で，この問題に答えない日本の子どもの割合，すなわち無答率は19％で，OECD平均の26％に比べてやや低くなっている。このような，関係式が与えられていて，直接その関係式を適用して解決するというタイプの問題を日本の子どもは相対的に得意としている。こうした定型問題については他のアジアの平均得点上位国（地域）も得意としており，この問題では，シンガポールが64％，香港が54％，韓国が48％のように，アジアの国・地域が正答率の上位を占めている。

　次に，非定型問題の例をみてみよう。PISA調査（数学的リテラシー）の公開問題では，日常的文脈を用いているが，選択肢や短答で答えたり，記述型問題でも解法がひとつに定まったりする定型的な問題が多くを占めている。さらに，数学的リテラシーが調査の重点的対象となっていたPISA2003年調査とPISA2012年調査の間で公開問題を比較すると，PISA2012年調査では定型問題の比率がさらに増加している。[(2)]

　そのなかで，やや例外的な「帆船」の問題（3問の小問のうちの1問）をみてみよう。これは，貨物船がディーゼル燃料を用いると1L（リットル）あたり0.42ゼット（ゼットは仮想の単位）という高い費用がかかるが，貨物船に帆をつけることで燃料の消費を全体で約20％削減することが見込めるという，燃料消費削減の文脈の問題である。帆を使用しない場合のディーゼル燃料の年間消費量が約350万L，帆をつけるための費用が250万ゼットのとき，帆をつけるための費用をディーゼル燃料の削減量で取り戻すにはおよそ何年かかるか，計算式を示して答えを書くことが求められる。この問題の解決には，①x年かかるとして，不等式を立式して解く（350万×0.42×0.20×x＞250万），②年間削減量（350万×0.20（L））または年間燃料費（350万×0.42（ゼット））から年間削減費用（350万×0.42×0.20（ゼット））を算出して，それで帆をつける費用（250万ゼット）を割る，③②で求めた年間削減費用に自然数を1から順にかけていき，

---

(2)　PISA2003年調査については藤村（2012）に，PISA2012年調査については藤村・鈴木（2015）に詳しい分析がある。

250万ゼットを超える乗数を答える, といった問題解決方略が考えられる。方略に多様性はあるものの, その幅は比較的小さく, 定型に近い問題でもあるが, 過剰情報 (船長117 m, 船幅18 m, 積載量12000 t, 最高速度19ノット) を含む多くの情報のなかから上記の必要な情報を抽出し, 思考プロセスを表現するという点で, 非定型問題の性質を備えている問題であるとも考えられる (なお, PISA2012に関しては, 他の公開問題のほとんどが定型問題であった)。この問題に対する日本の子どもの正答率は19% (OECD 平均は15%) であったのに対して, 無答率は38%と OECD 平均 (32%) を上回っていた。他の OECD 諸国, たとえば, オランダ (正答率25%, 無答率 9 %), 韓国 (正答率21%, 無答率16%), カナダ (正答率21%, 無答率21%) と比較しても, また OECD 非参加の国・地域, たとえば, シンガポール (正答率38%, 無答率13%), 香港 (正答率37%, 無答率16%), 台湾 (正答率36%, 無答率22%) と比較しても, 日本の生徒の無答率の高さが際立っている。

　この結果 (日本の生徒の無答率の高さ) からは, 多様な情報のなかから必要な情報を自分で選択し, 自分で他の既有知識 (単位あたり量, 乗除法など) と関連づけて考えることが必要な問題に対して, 「見たことがない」問題であることから何らかの解答を試みること自体を回避している可能性も推測される。その背景には, 「問題タイプごとに解法を覚えるのが学習である」, 「思考プロセスより思考の結果が重要である」といった, 先述の「暗記・再生」型学習観があることも推察される。

　なお, この問題では最も正答率が高い国 (シンガポール) でも正答率が 4 割以下にとどまっている。その一因としては, 複数の単位あたり量 (1 年あたりの燃料消費量, 燃料1 L あたりの費用, 帆をつけることによる燃料消費量削減率) を組み合わせて考えることが必要で, 単位あたり量 (内包量：intensive quantity) に関する深い概念的理解 (deep conceptual understanding) が求められることが想定される。「わかる学力」(非定型問題の解決) の, 第 1 段階である「思考プロセスの表現 (無答率の低さ)」という基準を超えて, 第 2 段階である「概念的理解の深さ」という基準も加えて考えた場合, 第 2 段階の達成は国際的にみても今後の課題であると考えられる。

　非定型問題に対する日本の生徒の同様の傾向は，中学校の数学に関する国際比較調査にもみられる。その例として，TIMSS 2015年調査の「平均点」に関する問題（「平均点を９点にできるかどうかとその理由」）をみてみよう。TIMSSは学校での算数・数学，理科の学習内容の直接的な理解を目的としているため，含まれている問題は定型問題の割合が高く，特に数学はその傾向が強いが，次の問題は例外的に，多様な思考プロセスの表現が可能な非定型問題となっている。

　　「太郎さんの数学の試験の最初の４回の成績は，10点満点中，９点，７点，
　　８点，８点でした。もう１回10点満点の試験があり，太郎さんは全体の平
　　均点を９点にしたいと思っています。それは可能ですか。答えとその理由
　　を書きなさい。」

　この問題の正答例としては，「いいえ」を選択し，理由として「もう１回の試験で10点を取ったとしても平均点は8.4点にしかならないから」という例が示されている（国立教育政策研究所，2017）。この問題に対する他の理由としては，たとえば「９点を基準に考えると，２，３，４回目で，－２点，－１点，－１点となっていて，もう１回の試験で10点をとったとしても＋１点にしかならず，マイナスが残るから」といった仮平均（９点）との関係を考える解法や，「５回の平均点が９点になるということは合計得点が5×9＝45点になるということで，既にとっている点数を引くと，45－9－7－8－8＝13で，あと１回で13点を取ることはできないから」といった，平均と合計の関係を考える解法など，必ずしも複雑な計算を必要としない多様な解法が想定される。その点では，複雑な計算スキル（「できる学力」）が要求されておらず，「平均の本質」を理解するという概念的理解（「わかる学力」）を測るのに適した問題であると考えられる。

　この問題に対する日本の中学校２年生の正答率は45％で，国際平均の22％を統計的に有意に上回っていた。一方で，この問題に関する日本の国際順位は39か国中６位で，シンガポール（64％），香港（59％），リトアニア（59％）のように60％前後の正答率を示す国が複数みられることを考慮すると，日本の中学生の「平均」に関する概念的理解や思考プロセスの表現は必ずしも十分であるとはいえないと考えられる。なお，TIMSS調査等の数学の問題に関して，一

般的に，やや複雑な計算スキルが要求される定型問題では，日本を含むアジアの国・地域（シンガポール，韓国，台湾，香港など）が正答率の上位を寡占することが多いが，「わかる学力」としての概念的理解や思考プロセスの表現が必要な非定型問題では，この問題のリトアニアや，先述の「帆船」の問題のオランダのように，ヨーロッパ諸国が上位に入ってくることも興味深いところである。

科学的リテラシーに関する日本の子どもの特徴

　IEA（国際教育到達度評価学会）による TIMSS 2015年調査の理科の問題から，定型問題と非定型問題のそれぞれに対する日本の中学校２年生の状況をみてみることにしよう。ここで取り上げるのは，「細胞の呼吸」と「鉄の立方体での熱の流れ」の２つの問題で，いずれも記述型の問題で，国際平均正答率が20%台の問題である点が共通している。

　まず，「細胞の呼吸」の問題についてみてみよう（図１-２）。この問題（「同問題の２番目の小問）では，図１-２に示された実験装置の図をもとにして，「（右端の）試験管４が白く濁った原因の物質は何か，またどのようにその物質がつくられたのか」を記述することが求められる。この問題に対する正答は「二酸化炭素」であり，その物質が作られた経緯についての正答例として，「甲虫が細胞の呼吸により二酸化炭素をつくった」（国立教育政策研究所，2017），「甲虫の呼吸（respiration）によってつくられた」（IEA ホームページ：筆者邦訳）といった記述が示されている。この実験は，試験管１の水酸化ナトリウム水溶液の中和反応によって空気中の二酸化炭素を吸収し，試験管２の石灰水で二酸化炭素が含まれていないことを確認し，試験管３に甲虫を入れることで呼吸による酸素と二酸化炭素のガス交換を行わせ，試験管４の石灰水が白濁するか（中和反応で炭酸カルシウムが沈殿するか）どうかによって二酸化炭素が生じているかを確認するというメカニズムで構成されているが，この小問で尋ねられているのは，石灰水を白濁させた物質が二酸化炭素であることと，それが甲虫の呼吸によって生じることだけである（さらに１番目の小問で，「石灰水は二酸化炭素の存在によって白く濁る」ことが問題文中に明示されている）。この問題に対す

太郎さんは，細胞の呼吸によって，二酸化炭素が放出されるかどうかを知りたいと思い，下の図のように実験装置を組み立てました。

空気が矢印の方向に送り込まれ全体を通ります。

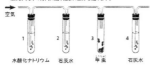

（2）試験管4の石灰水が白く濁りました。

このようになった原因の物質は何ですか。またどのようにその物質がつくられたのですか。

> 正答：
> 二酸化炭素
> （例）「甲虫が細胞の呼吸により二酸化炭素をつくった。」

図1-2　「細胞の呼吸」の問題

注：（1）部分は削除。
出所：国立教育政策研究所（2017）。

下の絵のように，温度のちがう2つの鉄の立方体を重ねました。

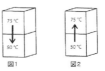

この時の熱の流れを正しく表しているのはどちらでしょうか。

（どちらか1つに○をつけなさい）。

- ☐ 図1
- ☐ 図2

なぜそう答えたのか。理由を説明しなさい。

> 正答：
> 図1
> （例）「熱は温かい物体から冷たい物体へと流れる。」

図1-3　「鉄の立方体での熱の流れ」の問題

出所：国立教育政策研究所（2017）。

る日本の中学校2年生の正答率は53％で，国際平均正答率の20％を統計的に有意に上回っていた。また，この問題の正答率の上位国は，日本以外にシンガポール（59％），香港（50％），韓国（43％）と，アジアの平均得点上位国・地域で占められていた。

　次に，「細胞の呼吸」の問題と正答率が同程度の記述型問題であるが，日本の生徒の正答率や，正答率の上位国の内訳が「細胞の呼吸」の問題とは異なる問題についてみてみよう。「鉄の立方体での熱の流れ」の問題（図1-3）では，温度の異なる2つの鉄の立方体が重なっている様子（上の立方体が75℃，下の立方体が50℃）が示され，「熱の流れを正しく表しているのは（下向き，上向きの）どちらか。なぜそのように考えたのか（理由）」を説明することが求められる。この問題に対する正答は「下向き」であり，その理由の正答例としては，「熱は温かい物体から冷たい物体へと流れる」（国立教育政策研究所，2017），「熱はより温度の低い領域（area）に移動する」（IEAホームページ：筆者邦訳）といった記述が示されている。この問題を正確に理解して解決するには，金属の熱伝導の性質として，「（金属の熱伝導は金属内の自由電子の運動エネルギーの拡散であるため）温度が高い方から低い方へと熱が移動する」ことを理解したうえで，それが金属の一部を熱した場合だけではなく，異なる温度の金属が接している

場合にも成り立つことを説明することや，(温度の差によって物質の密度差が生じ，物質自体の移動が起こる)気体や液体の「対流現象」とメカニズムを区別することが必要になると考えられる。この問題に対する日本の中学校2年生の正答率は22%で，国際平均正答率の22%と同程度であった。また，この問題の正答率の上位国には，アジア圏のシンガポール(54%)，台湾(54%)，韓国(46%)以外に，トルコ(51%)，ロシア(45%)など，アジア以外の国々も含まれていた。
(3)

　以上に示してきた2つの記述型問題に対する日本の中学生の正答率の差や，上位国の内訳の差異はどのように解釈されるだろうか。それを解釈するひとつの手がかりが問題解決に含まれる認知プロセスの違い，先述の定型問題と非定型問題の区別であると考えられる。

　第1の「細胞の呼吸」の問題の解決に必要なのは，①「二酸化炭素が石灰水を白濁させる」，②「呼吸によって二酸化炭素が排出される」という2つの事実的知識(factual knowledge)を想起し，「石灰水の白濁→二酸化炭素の存在→呼吸による発生」のように単線型で結びつけることである。少なくともこの小問で求められる範囲では，それ以外の説明は考えられず，それ以上のメカニズムの説明も求められていない。その点で，第1の問題解決プロセスは，2つの事実的知識(そのうち①は問題文で明示)を単一の系列で結びつける「定型的問題解決」であると考えられる。また，本問で取り上げられている実験は理科の教科書にも掲載されているような内容であり，日本の中学生にとっては中学校での既習事項と類似した定型問題の解決であったと推測される。

　一方で，第2の「鉄の立方体での熱の流れ」の問題の解決に必要なのは，この問題で示されている状況が，気体や液体の対流現象とは異なる固体の熱伝導の現象であると判断し，「熱は温度の高い方から低い方へと拡散する」という本質的原理を理解したうえで，異なる温度の2つの金属が接している状況において，その原理を用いて説明を行うことである。熱伝導の実験(金属の一部を熱した場合，熱はまわりに徐々に拡散し，周囲の温度が上昇していく)や液体の対

---

(3)　TIMSS調査やPISA調査で高い科学的リテラシーの水準を示してきたフィンランドは，TIMSS
　　2015年調査(中学校理科・数学)には参加していなかった。

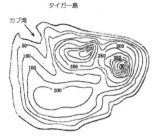

タイガー島

カブ湾

上の図はタイガー島の地形図です。地図上の線は同じ標高の地点を結んだ等高線です。標高はメートル単位で表示されています。

(1)　地点Xの地形はどのようなものですか。　高い山

(2)　川はどこから流れだし，どのように流れるかを考えてみてください。そして，地点Xとカブ湾との間に川の経路をかいてください。川の流れる方向を示す矢印も1つ記入してください。

山から流れて しゃめんにそって 流れる。

図1-4　「地形図と等高線」の問題

出所：国立教育政策研究所（2013）。

流の実験は，日本の教科書では小学校4年生の理科の学習内容であるが，それらに関する既有知識とも関連づけながら，新たな場面における熱伝導のプロセスを自分のことばで説明するという，概念的理解にもとづく「非定型的問題解決」がこの問題で求められているとも考えられる。誤答となった80％の日本の生徒の分析はTIMSSでは公開されていないが，本問題の誤答率の高さからは，「温かいものは上昇する」という対流現象の原理との混同（表面的な事実的知識の過剰適用）もみられたのではないかと推測される。

　以上のように，この2つの記述型問題の認知プロセスを分析することによって，定型問題の解決（「できる学力」）は（他のアジアの得点上位国と同様に）得意とするが，深い概念的理解を要する非定型問題の解決（「わかる学力」）は相対的に苦手とするという，数学的リテラシーについてみられた日本の生徒の学力の特徴が，科学的リテラシーの領域でもみられることが推察される。

　上記の「鉄の立方体での熱の流れ」の問題と類似した日本の生徒の傾向は，TIMSS 2011年の理科調査の問題にもみられる。中学校2年生を対象とした「地形図と等高線」の問題では，2つの峰と1つの湾口がある島について等高線を示した地形図が示され，「川がどこから流れ出し，どのように流れるか」を考えて，川の経路や文章で示すことが求められる（図1-4）。この問題の正答例としては，「山から流れてしゃめんにそって流れる」といったことばによる説明が示されている（国立教育政策研究所，2013）。この問題に対する日本の生徒の正答率は52％であり，国際平均（38％）を統計的に有意に上回っているが，それに対してたとえば，フィンランドの生徒の正答率は84％（42の国・地

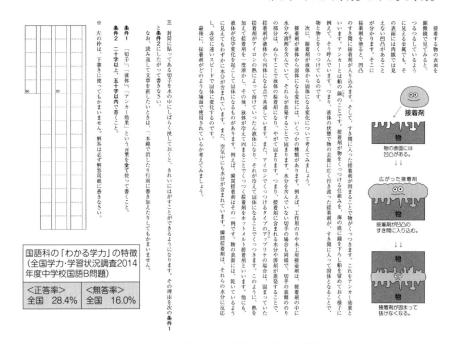

図1-5　「アンカー効果」に関する問題

出所：全国学力・学習状況調査2014年度「中学校国語B問題」。

域中１位）となっている。この問題は，定量的な計算が求められない，多様な解答が可能な非定型問題であり，日常的・具体的事象に関して地理学的内容と地学的内容を関連づけて統合的に理解する「深い概念的理解」や，それを反映した非定型問題の解決といった「わかる学力」について，日本の生徒には課題があることがうかがえる。

読解力（読解リテラシー）に関する日本の子どもの特徴

　さらに，国語の領域の非定型問題に対する日本の生徒の状況をみることにしよう。ここで取り上げるのは，日本の国内で2007年以来，実施されてきている全国学力・学習状況調査の2014年度（中学校国語）のB問題（知識・技能の活用を測る問題）のなかの１問である（図1-5）。

　図1-5に示されているように，生徒が読解する対象は，接着剤が物をくっ

つけるしくみである「アンカー効果」を説明した文章である。この問題では，液体の接着剤が物体の表面の凹凸に入り込み，入り込んだところで固体になることによって物体どうしをつなぐことを「アンカー効果」ということが挿し絵も用いて説明されている文章が示される。それを読んだ後で，「封筒に貼ってある切手を水のなかにしばらく浸しておくときれいに取れるようになる理由」を説明することが，記述型の問題として問われる。その条件は，「アンカー効果」と「切手」と「液体」という３つのことばを用いることと，20字以上50字以内で説明することである。たとえば，「封筒に貼ってある切手を水に浸すと，切手の裏の接着剤が液体に戻り，アンカー効果が失われて封筒から取れる」のように説明することができる。この問題では，説明文をそのままの順序で読むだけではなく，そこで説明されている「アンカー効果」のメカニズムを理解したうえで，そこで理解した内容を「切手を水に浸して紙からはがす」という日常現象に活用し，その現象が成り立つ理由を説明できるかが問われている。

　この問題に対する日本の中学校３年生の正答率は18％にとどまっていた。ここで示されているのは，日本の生徒が全般的に「記述力」が弱いということではない。日本の子どもは，たとえ記述型問題であっても，書かれている順序の通りに内容をまとめたり，文末表現のみを変えたりするような，書き方がひとつに定まるような定型問題に対しては，高い正答率を示している（藤村，2012など）。一方で，日本の子どもは，この「アンカー効果」に関する問題のように，文章全体から説明されているメカニズムを理解したうえで，そのメカニズムに含まれる要素を他の日常的事象に関連づけて再構成し，自分なりの枠組みで説明することや，文章の複数箇所から読み取れることを因果関係のもとに関連づけて自分なりに説明を構成するといった，文章の内容の深い理解にもとづく「非定型問題の解決」に弱さがみられると考えられる。

数学・科学・読解を通じてみられる日本の子どもの特徴

　以上の問題ごとの分析から明らかになってきたことは，数学，科学，読解といった領域を越えて，日本の生徒が学力に関する一貫した傾向を示してきているということである。それをまとめて示したのが，図１-６である。

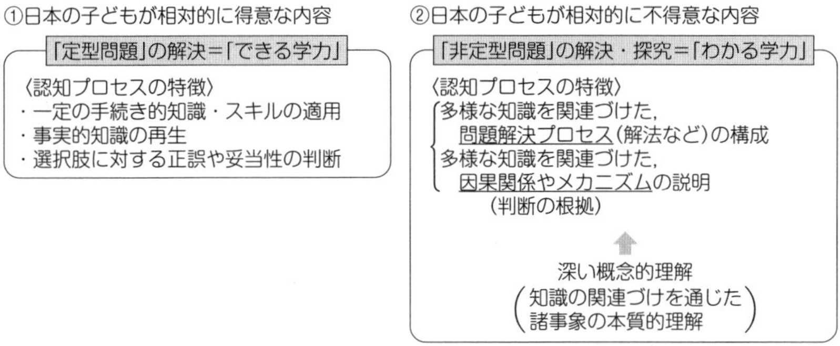

①日本の子どもが相対的に得意な内容

```
┌─────────────────────────────┐
│ 「定型問題」の解決＝「できる学力」          │
│ ╭─────────────────────────╮ │
│ 〈認知プロセスの特徴〉               │
│ ・一定の手続き的知識・スキルの適用         │
│ ・事実的知識の再生                 │
│ ・選択肢に対する正誤や妥当性の判断         │
└─────────────────────────────┘
```

②日本の子どもが相対的に不得意な内容

```
┌──────────────────────────────────┐
│ 「非定型問題」の解決・探究＝「わかる学力」           │
│ ╭──────────────────────────────╮ │
│ 〈認知プロセスの特徴〉                    │
│ ╭多様な知識を関連づけた,                  │
│  問題解決プロセス（解法など）の構成            │
│ ╭多様な知識を関連づけた,                  │
│  因果関係やメカニズムの説明               │
│  （判断の根拠）                     │
│            ▲                 │
│         深い概念的理解              │
│     ╭知識の関連づけを通じた╮           │
│     ╰諸事象の本質的理解 ╯           │
└──────────────────────────────────┘
```

図1-6 認知心理学の視点からみた日本の子どもの学力の特徴

　日本の子どもが相対的に得意としているのは，「定型問題」の解決である。その認知プロセスは，「点滴の滴下速度」の問題での関係式への数値の代入と解の算出にみられるような，一定の手続き的知識・スキルの適用，「細胞の呼吸」の問題にみられるような事実的知識の再生，言語的手がかりにもとづく選択肢の判断など，過去の学習や問題解決の経験などに直接依拠し，特定の手続き的知識・スキルや事実的知識を自身の長期記憶から検索して，そのまま適用・再生するような問題解決プロセスである。これは，心理学の古典的な研究であるゼルツ（Selz, O.）の「再生的思考」に対応するプロセスと考えられる。

　一方で，日本の子どもが相対的に苦手としているのが，「非定型問題」の解決であり，またその解決に向けての探究（inquiry）である。その認知プロセスは，「帆船」の問題や「平均点」に関する問題における自分なりの解法の構成と表現にみられるような，多様な知識を関連づけた思考プロセスの説明，「鉄の立方体での熱の流れ」の問題や「地形図と等高線」の問題，「アンカー効果」に関する問題にみられるような，多様な知識を関連づけて再構成することによる因果関係やメカニズムの説明や，それらに依拠した判断の根拠（理由）についての説明として表現される。これは先述のゼルツの思考区分によると「生産的思考」に関連するようなプロセスであると考えられる。また，それらを高い水準で可能にしているのは，単位あたり量（「帆船」の問題），平均（「平均点」に関する問題），熱伝導（「鉄の立方体での熱の流れ」の問題）などに関わる，

深い概念的理解（諸事象の本質的理解）である。

　以上のように，国際比較調査の問題を大きく，定型問題と非定型問題に分類することで，日本の子どもの学力の特徴が明らかになると考えられる。その分類の際に焦点を当てているのは，上述したような問題解決を行う際の子どもの認知プロセスであり，それを遂行できる，あるいは遂行しようとする子どもの内的な要因である。このことから，前節で認知心理学の視点からモデル化した「できる学力」と「わかる学力」という枠組みによって，日本の子どもの学力の特質を明確化することが可能になると考えられる。

3　日本の子どもの「わかる学力」が高まらない原因はどこにあるのか

国際比較にみる日本の授業の特徴

　前節でみてきたように，日本の子どもの「できる学力」（定型問題の解決）は，「わかる学力」（非定型問題の解決）に比べて相対的に高いことがうかがえる。そのことから，従来の日本の授業は教師による一斉指導が中心に思われるかもしれないが，他国の授業との国際比較研究の結果をみると，その様相は異なっている。

　日本の教育，特に算数・数学教育などでは，「問題解決の授業」と呼ばれる授業が1980年代より実施されてきている。そこでは，まず多様な解法が想定される問題を提示して場面を理解させ（問題把握），それに対して一人ひとりが個別解決を行い（自力解決），学級全体でそれらの解決の発表を手がかりに「よりよい解決」へと練り上げて（練り上げ），教師によるまとめがなされる（まとめ）。その背景にあるのは，数学者のポリヤ（Polya, G. P.）が提案した4段階の問題解決の過程（①問題を理解する，②計画を立てる，③計画を実行する，④振り返ってみる）であり，問題解決の場面は「数学的な考え方」が生きて働く場であると同時に，問題解決を通じて一人ひとりの子どもが「数学的な考え方」を獲得することが目標とされている（日本数学教育学会編集部，1992）。

　以上に述べたような問題解決型の授業は，授業の国際比較研究においても，日本の小学校の算数授業の特徴であることが指摘されてきた（Stevenson, 1995

など）。また，中学校の数学教育についても，第3回国際数学・理科教育調査（TIMSS）の付帯調査「ビデオテープ授業研究」（Stigler & Hiebert, 1999）の研究対象となった3か国（日本，アメリカ合衆国，ドイツ）の間で顕著な差異がみられたデータ（中学校2年生の数学授業の記録）が検討された。その結果，日本の授業の特徴として，生徒による問題解決を中心に据えた授業展開の構造，その過程での複数の解法の提示などが指摘されている（清水，2002）。

　また，授業過程を通じて，子どもの意見を評価する基準がどのように学習されるかについても日米の比較検討が行われている（Inagaki et al., 1999）。小学校5年生の分数の授業が，日本6学級，アメリカ合衆国7学級について分析された。その結果，アメリカの教師には児童の意見に対して直接評価を行うことで，評価基準を直接教えることが多くみられたのに対し，日本の授業では児童はクラスに対して意見を発表したり他者の意見を評価したりすることをすすめられることが多く，評価基準が間接的に教授されていた。また，アメリカ合衆国の教師は個人に向けてフィードバックを行うことが多いのに対し，日本の教師は集団全体に対してフィードバックを行うことが多いという特徴もみられた。

　以上のことから，日本の算数・数学授業などには問題解決型の授業という「型」があり，そこでは，ひとつの問題の解決にクラスの全員が個別に取り組む，その取り組みの結果（解法）を複数の子どもがクラスに対して発表する，教師や他の子どもがそれらの解法を評価してクラス全員に伝えるという一連の流れがみられることがうかがえる。この授業過程のスタイルは，教師がクラス全体に対して説明を行う一斉授業の形式や，子どもが個々に学習を進め，教師と個別にやりとりを行う個別学習の形式とは異なり，①取り組むべき問題をクラスで共有している，②子どもによる問題解決をベースとしている，③その問題に対する子どもの解法をクラスで検討しているという点において，個々の子どもの思考をクラスでの協同過程を通じて他の子どもが利用できるという，社会的相互作用を通じた知識構成の可能性を有していると考えられる。

日本の授業が「わかる学力」向上につながらない理由と改善の方向性

　それでは，どうしてひとつの問題の解法をクラス全体で検討するような問題

解決型の授業が実施されているにもかかわらず，第2節でみたように，日本の子どもの「わかる学力」，特に概念的理解の水準は国際的にみて高いとはいえず，また序章でみたように，数学や理科などの教科に対する関心も低いのであろうか。

　その理由として第1に考えられることは，クラスでの話し合いが少数派の子どもと教師によって主導され，他の多数派の子どもはそれを傍観したり，その結論のみを模倣・暗記したりしているという可能性である。教科の授業でそのようなことが起こる原因は，意見の言いやすい雰囲気といった学級づくりの問題よりも，教師が最初に提示する問題（発問）によるところが大きい。つまり，クラス集団での協同解決に用いられている問題（導入問題）が多くの子どもにとって自分ひとりでは正答に至ることが難しく，その問題の多様な解決方法や解釈などの検討が，一部の子どもと教師の間でのみ行われていることが推測される。自分では全くアプローチすることができないような問題が最初に提示された場合，教室で他者（少数派）の考え（解法など）が示されても，その考えの手続き的な側面を模倣することにとどまることが予想される。第3章で詳述するが，子どもは単元での学習以前に豊かな既有知識を多様に発達させてきている。一人ひとりの子どもが何らかのアプローチで問題を解決できるようにするためには，そのような多数派の既有知識を利用できるような問題を導入問題として設定することが改善の方向性のひとつとして考えられるであろう。

　第2の理由として考えられるのが，協同場面での探究が概念的理解の深化の方向性，すなわち「わかる学力」の形成の方向に向かっていないという可能性である。クラス全体での協同場面において多様な考えが発表されても，授業がそこで終結する「発表会」の形式をとる場合，多様な考えが関連づけられることには至らない。また，多様な考えが発表された後に，「どの考えが一番よいか」といったような発問で，それぞれの考えの「優劣」が決定されたり，また教師が主導的にひとつの考えに急速に収束させたりした場合にも，一定の手続き的知識・スキルという「できる学力」の形成の方向に向かうことが推測される。この問題に対する改善の方向性のひとつとしては，多様な考えの間の差異点，類似点，共通点についてクラス全体で検討することが考えられる。そのこ

とによって，多様な考えのそれぞれが対等に扱われ，それらが関連づけられることで概念化や抽象化がなされるという「わかる学力」の形成に向かうことが期待される。

第3の理由として考えられるのが，授業の最後の5〜10分の時間が，各個人が概念的理解を深める方向性，すなわち「わかる学力」の向上に向かっていないという可能性である。第2の理由とも密接に関連するが，「発表会」形式の授業で終結し，最後に「振り返り」のみを自由に記述するような場合，個人の記述が「自分とは違ういろいろな考えが聞けた。勉強になった」というような全般的な感想にとどまる場合が多くなり，多様な知識を関連づけて本質に向かう子どもは少数にとどまることが推測される。また，教師が集団討論をひとつの「最も優れたやり方（手続き）」に収束させて，その手続きを直接適用する「練習問題」（定型問題）に各個人が取り組む場合や，教師が主導的にひとつの考えに収束させて定型的なまとめを板書し，それをノートに記入させる場合でも，一定の手続き的知識・スキルや事実的知識の獲得という「できる学力」の形成に最終的に向かうのではないかと考えられる。この問題に対する改善のひとつの方向性としては，第2の点で述べた多様知識の関連づけがなされていることを前提として，各個人が自分自身の判断で考えを選択し，統合することが必要で，それを通じて本質的理解に向かうことができるような非定型問題に個人が再度取り組むこと（より発展的な非定型問題に対する再度の個別探究），言い換えれば，個人が「問いで深める」ことが考えられるであろう。

以上の3つの可能性は1単位時間における授業に関わることであるが，仮に以上の3つの問題点が克服された授業が組織されたとしても，それが単元の導入時など，単元全体の一部にとどまっているという可能性も第4の理由として考えられる。第3回国際数学・理科教育調査（TIMSS）の付帯調査「ビデオテープ授業研究」（Stigler & Hiebert, 1999）では，先述のように，日本の数学授業には問題解決型の授業がアメリカ合衆国やドイツに比べると相対的に多いが，一方で，教師が主導的に説明を行う一斉授業形式の授業や問題演習等の授業の割合も，日本を含む各国で高いことが示されている。単元の導入時に，仮に上記の3つの問題点を克服した「わかる学力」形成のための授業が実施されたと

しても，他の多くの時間が「習熟」（定型問題の繰り返し練習）による「できる学力」育成にあてられることになれば，「わかる学力」が高まる可能性にも限界がみえてくるだろう。

　以上，4点にわたって，日本の子どもの「わかる学力」が高まらない原因を，授業や単元の構成に関して考察してきた。それらすべてに通底することは，仮に「型」としての問題解決型の授業を行っていたとしても，教師の教育観が「できる学力」を形成する方向に向いており（あるいは相対的にそちらを重視しており），授業や単元構成の随所にその発想が反映されているという可能性である。その背景のひとつとして，1時間1時間での短期的な成果が求められるような風潮によって，反復学習によって短期的に成果が現れやすい「できる学力」の方に教師の意識が向いているのかもしれない。あるいは，教師の教育観の形成には自分自身が受けてきた教育も影響することから，それが最終的に「できる学力」重視の授業を再生産することにつながっているのかもしれない。

　以上の問題点を克服し，子ども一人ひとりの「わかる学力」を高めていくためには，「わかる学力」を形成するプロセスと「できる学力」を形成するプロセスは別であるということを十分に意識したうえで，次のようなことに取り組むことが重要になるだろう。すなわち，「わかる学力」を高めるための授業を構成する際には，①クラスの一人ひとりの子どもが何らかのアプローチが可能な非定型問題（個人間・個人内で多様な考えが可能な問題）を最初に提示すること，②多様な考えが関連づけられて本質に向かうような協同過程を組織すること，③そのような協同過程での討論の高まりが個人に反映されるような，本質的理解を問う非定型問題を授業の最後に提示し各個人が取り組むこと，そして，④①～③を満たすような授業を単元内の複数箇所で実施することである。これら①～④が，一人ひとりの「わかる学力」を漸進的に向上させていくことに対して有効となるだろう。

引用・参考文献

藤村宣之（2008）．知識の獲得・利用とメタ認知　三宮真智子（編）　メタ認知──学習

力を支える高次認知機能―― 北大路書房 pp. 39-54.

藤村宣之 (2012). 数学的・科学的リテラシーの心理学――子どもの学力はどう高まるか―― 有斐閣

藤村宣之 (2017). フィンランドの児童の数学的思考と学習観に関する発達的研究 東京大学大学院教育学研究科紀要, **56**, 495-504.

藤村宣之・大田正義 (1996). ティームティーチングが児童の算数理解に及ぼす効果 教育方法学研究, **21**, 127-137.

藤村宣之・鈴木豪 (2015). フィンランドの児童の思考に影響を及ぼす環境要因の検討――フィンランドの教師の授業観の分析―― 東京大学大学院教育学研究科紀要, **54**, 459-476.

Inagaki, K., Morita, E., & Hatano, G. (1999). Teaching-learning of evaluative criteria for mathematical arguments through classroom discourse : A cross-national study. *Mathematical Teaching and Learning*, **1**, 93-111.

国立教育政策研究所 (編) (2013). TIMSS2011 理科教育の国際比較――国際数学・理科教育動向調査の2011年調査報告書―― 明石書店

国立教育政策研究所 (編) (2017). TIMSS2015 数学教育・理科教育の国際比較――国際数学・理科教育動向調査の2015年調査報告書―― 明石書店

日本数学教育学会出版部 (1992). 問題解決. 新訂 算数教育指導用語辞典 教育出版 pp. 298-299.

清水美憲 (2002). 国際比較を通してみる日本の数学科授業の特徴と授業研究の課題――TIMSS ビデオテープ授業研究の知見の検討―― 日本数学教育学会誌 (数学教育), **84**(3), 2-10.

Stevenson, H. W. (1995). Mathematics achievement of American students : First in the world by the year 2000? In C. A. Nelson (Ed.), *Basic and applied perspectives on learning, cognition, and development*. Mahwah, NJ : Lawrence Erlbaum Associates. pp. 131-149.

Stigler, J. W. & Hiebert, J. (1999). *The teaching gap : Best ideas from the world's teachers for improving education in the classroom*. New York : Free Press. (スティグラー・ヒーバート／湊三郎 (訳) (2002). 日本の算数・数学教育に学べ――米国が注目する jugyou kenkyuu―― 教育出版)

鈴木豪 (2013). 小・中学生の学習観とその学年間の差異――学校移行期の変化および学習方略との関連―― 教育心理学研究, **61**, 17-31.

第2章

「協同的探究学習」とは

　子ども一人ひとりの「わかる学力」（深い概念的理解や思考プロセスの表現）を高めるには，非定型問題に対する探究過程や，他者とともに多様な知識を関連づける協同過程を組み込んだ学習が有効であると考えられる。そのような認知心理学の視点から構成された学習が「協同的探究学習」である。その特質は，①子どもの多様な既有知識を活性化する「非定型問題」の構成，②非定型問題の解決に向けて多様な知識を関連づける「個別探究」場面の組織，③クラス全体の「協同探究」における多様な考えの関連づけと本質の追究，④協同探究の成果を活かして本質に迫る「再度の個別探究」場面の組織にある。「協同的探究学習」は，主体的な学び（主に上記①②④），対話的な学び（主に上記③），深い学び（主に上記③④）を内在している点で，学習指導要領が目標とする授業にも対応している。さらに「協同的探究学習」は，学校段階・教科・単元を問わずに実施可能な汎用性，上記の点で各教科の学習方法を改善している発展性，学習指導要領が目標とする資質・能力に対応する合目的性，「わかる学力」の向上などの効果が心理学的方法により実証されている有効性にその独自性がある。

1 「わかる学力」が高まるメカニズム I
──「探究」を通じた個人の理解の深まり

　序章でみてきたように，学校場面を中心とした学習を対象とする総合的な学問である「学習科学」が提唱された2000年代以降，特に学校教育において「深い学習」（深い概念的理解）に関する目標が設定されるようになることと関連して，認知心理学や教科教育の領域で，概念変化や方略変化を生起させるメカニズムに関する研究が盛んになってきた。

　科学的にみて誤った素朴概念を修正する方法として従来から主張されてきた

のが，素朴概念による予測と異なる結果を実験や観察を通じて示すことで，認知的葛藤（既有知識の不整合な状態）を喚起し，それを解消できるような科学的概念を獲得させるという方法であった（Posner et al., 1982）。一方で，認知的葛藤を生じさせるだけでは概念変化には至らないことも指摘されてきた（Smith et al., 1993；Siegler, 1996）。予測と異なる結果を提示され認知的葛藤が喚起されたとしても，その結果を無視して元の素朴概念を保持したり，概念の周辺部分の修正にとどまったりする場合も多いとされる。

　そこで，主に2000年以降に構想され，実証的な検討が行われてきているのが，子どもの既有知識のうちで適切性をもつ知識を利用して，当該事象を説明する枠組みを徐々に形成していくアプローチである。子どもの部分的に適切性をもつ既有知識を利用しながら，概念の本質に迫る非定型問題について探究させていくことを通じて，子どものもつ概念や方略を漸進的に変化させていくアプローチが，特に2000年代以降にみられるようになっている（Fujimura, 2001；Rittle-Johnson & Star, 2007；Clement, 2013など）（上述したような「探究過程を通じた理解の深まり」を検討してきた研究の背景や展開については，第3章で詳述する）。子ども自身が，自身の既有知識をベースとして用いながら多様な知識を関連づけて，まわりの対象や事象をとらえる枠組みを自ら形成していくことは，認知心理学やその背景となる「構成主義」（constructivism）（Piaget, 1970など）の基本的な考え方でもある。以上のように，子どもの部分的適切性をもつ多様な既有知識が非定型問題の探究・解決過程において関連づけられるというメカニズムを通じて，個人の概念的理解の促進，すなわち日本の子どもが相対的な弱さを示している「わかる学力」の向上がもたらされることが期待される。

2　「わかる学力」が高まるメカニズムⅡ
——「協同」を通じた個人の理解の深まり

　子どもの既有知識を利用して漸進的に概念や方略を変化させるアプローチに加えて，他者との協同過程において多様な知識を関連づけることで，概念的理解の深まりをもたらそうとするアプローチも2000年代からみられるようになる。

　たとえば，科学に関する授業で生徒が熱と温度のしくみを協同で考える場面において，生徒が他の生徒の意見を利用して明確な説明を行い，それが別の生徒の科学的な説明を促すという可能性が発話事例をもとに示されている（Linn & Hsi, 2000）。またそれらを含む長期的な実践を通じて既有知識と他者の考えが関連づけられていくプロセスが知識統合（knowledge integration）として指摘されている。このような協同過程を重視した学習方法が，2000年代以降，教授・学習に関わる心理学を長期的授業研究等の方法も導入して発展させた学習科学の領域で提案されている（Sawyer, 2014）。他者との協同が重視されるようになった背景には，学習科学が教室場面の学習を対象とするようになったことに加えて，他者との関わりを通じた発達や社会的関係のなかでの学習を重視する，社会的構成主義や社会文化的アプローチによる心理学研究の進展がある（なお，このような「協同過程を通じた理解の深まり」を検討してきた諸研究の背景や詳細については，第4章で詳述する）。

　教育心理学領域の諸研究の知見を総合すると，個人の学習に対する他者の意義は，①聞き手としての他者（能動的な聞き手としての他者がいることで自分の説明が精緻化する），②話し手としての他者（情報を提供する話し手としての他者から自分の有していない情報を得る），③知識の協同構築の相手としての他者（自分と他者が知識を提供し，互いに関連づけることで新たな知識の枠組みが創出される）の3点にまとめられる。教室場面での協同過程（他者とともに学ぶこと）は，以上のようなメカニズムで，個人の概念的理解の促進，すなわち日本の子どもが相対的に弱さを示している「わかる学力」の向上に寄与すると考えられる。

3　「協同的探究学習」の理念——探究と協同を重視した授業デザイン

　第1，2節でみてきたように，認知心理学や教育心理学の研究の展開のなかで，知識構造の変化といった「深い学習（概念的理解の深まり）」のプロセスやメカニズムの解明が進み，それを実現するための探究過程や協同過程を含む教授・学習モデルが提案されてきた。その知見は大きく2つにまとめられるであろう。第1は，非定型問題の解決や説明に継続的に取り組む探究（inquiry）の

過程や長期的な発達過程を通じて学習者の知識構造が漸進的に変化することである。第2は，他者との協同（collaboration）は，多様な知識の関連づけの促進を通じて，学習者の知識構造の変化（精緻化や再構造化）に寄与しうることである。

　第1，2節に示したような認知心理学・教育心理学領域の研究の展開を背景として，個別探究過程と協同探究過程を統合した学習方法が「協同的探究学習（Collaborative Inquiry Learning）」と名づけられ，小学校，中学校，高校の教員と共同で学習方法・学習内容の開発と検証が進められてきている（藤村，2012；名古屋大学教育学部附属中・高等学校，2013など）。「協同的探究学習」の理念は，一人ひとりの思考プロセス，意味の理解，社会的相互作用を重視することにあり，それを通じて一人ひとりの子どもの「わかる学力」（思考プロセスの表現と深い概念的理解）を向上させることを目標としている。

4　「協同的探究学習」──学習方法としての4つの特質

　協同的探究学習の学習方法としての特質は，以下の4点にまとめられる。それを図で示したのが，図2-1である。

①　子どもの多様な既有知識を活性化する「非定型問題」の設定
　第1のポイントは，日常的知識や他教科・他単元に関する知識も含む多様な

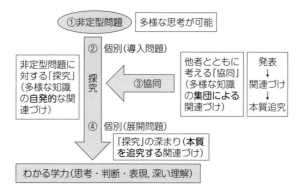

図2-1　「協同的探究学習」──学習方法としての4つの特質

既有知識を利用して多数の子どもが自分なりに解決可能な問題，すなわち，多様な考え（解，解法，解釈，表現など）が可能な「非定型問題」を「導入問題」として設定することである。一部の子どもが多様な考えをもつのではなく，ひとつのクラスで学んでいる多様な子どもがそれぞれにアプローチできる導入問題を設定するためには，非定型問題の設定を工夫することが重要である。具体的には，多様な考えが可能であること，それらの考えを関連づけることで教材や単元の本質に迫りうることを前提としたうえで，「日常的文脈に位置づける」ことで，より多様な既有知識を活性化することや，問題解決に必要な手続き的知識・スキルや事実的知識を必要最小限にすること，すなわち「できる学力のハードルを下げる」ことで一人ひとりの（定型的な）情報処理の負荷を下げて，中心的な非定型問題の探究・解決に注意を焦点化できるようにすることなども工夫として有効である。

②　一人ひとりが多様な知識を関連づける「個別探究」場面の組織

　第2のポイントは，非定型の導入問題に対して一人ひとりの子どもが自身の思考プロセス，特に判断の理由づけなどをワークシートやノートなどに記述（自己説明）したりするための「個別探究」の時間を設定することである。各個人が自分なりの考えを発案し表現できるだけの時間や，それを自由に表現できる自由度の高い空間（紙面）を保障することに加えて，「自分のことばや自分なりの図式や絵などで表現すること」，「ひとつの考えがまとまった場合には，その考えを他のことばや図などを用いてよりわかりやすい説明になるように表現すること」などを教師が促すことで，各個人において，より多様な知識が自発的に関連づけられることにつながる。なお，本書では，「探究」を非定型問題の解決という目標に向けて，多様な知識が自発的・継続的に関連づけられるプロセスを表すことばとして用いている。この「個別探究」は，一人ひとりの子どもが自分自身で非定型問題にアプローチする個別のプロセスであるが，説明の相手を想定することによって，第2節で述べた「聞き手としての他者」を意識することになる。

③　クラス全体の「協同探究」における多様な考えの関連づけと本質の追究

　第3のポイントは，個別探究で考案された多様な考えをクラス全員で多様な

考えを比較検討し，自分の考えと他者の考え，あるいは他者の考えどうしを関連づけることである。多様な考えが子どもたちによって発表された後で，「多様な考えの間の相違点・類似点・共通点などを考える」，「類似点や共通点を表すことばを考える」ことなどによって，子どもたちが発表した多様な考えは関連づけられ，抽象化や概念化が進むことになる。さらに，それらの考えの関連づけにもとづいて，教材の本質に向かうための焦点化された「追究型発問」を教師がクラス全体に対して投げかけることや，そのプロセスにおいて「それぞれの考えの根拠や意図を再考し，共有する」ことによって，クラス全体の話し合い（協同探究）場面において，（集団的に）多様な考えが本質に向けて構造化されていく。なお，この協同探究場面では，第2節で述べた「話し手としての他者」や「知識の協同構築の相手としての他者」の役割が重視されている。①の非定型問題に対して②で何らかの自分なりのアプローチを試みた個々の学習者は，③のクラス全体の協同探究場面において，仮に自分自身では発表や発言を行わなくても，積極的な聴き手として「自己内対話」を展開させて，多様な知識を関連づけることが可能になると考えられる。

④　「再度の個別探究」場面の組織

　そして，第4のポイントが，一人ひとりの子どもが，クラス全体の協同探究場面で関連づけられた多様な考えを活かして，教材の本質に迫る非定型問題としての「展開問題」に個別に取り組むことである。クラス全体の協同探究での深まりを各個人が自身の概念的理解の深まり（「わかる学力」の向上）に結びつけるには，「問いで深める」ことが重要である。より発展的な非定型問題（展開問題）に対して，③のクラス全体の協同探究場面で他者が示した多様な考えを各個人が自分自身で選択し関連づけて（自己選択・自己統合），その解決を試みることを通じて，③で集団的に関連づけられた多様な知識を自分自身の枠組みとして再構造化し，意味づけることが可能になると考えられる。展開問題で重要なのは，答えの正確さや導出の速さではなく，非定型問題に対する一人ひとりの「思考プロセスの表現」であり，そこに協同探究を経て再構造化された，各個人の知識構造（理解の深まり）が反映されることが想定される。

5　「主体的・対話的で深い学び」としての「協同的探究学習」

　先述のように，学習指導要領（2017年改訂）では，今後の知識基盤社会に向けて日本の子どもにとっての課題となっている「思考力・判断力・表現力」を中心とした学力向上のために，「主体的・対話的で深い学び」による授業が重視されることになった。さらに，その学びの目標としては，各個人の「思考力・判断力・表現力」などの資質・能力のさらなる向上に加えて，「学習内容を深く理解」することも示されている。このことは，学習指導要領において，本書で述べてきた「わかる学力」がさらに各個人の目標として重視されるようになってきていることを示している。そして，その「わかる学力」を育成するための学習方法としての「協同的探究学習」は，心理学における構成主義や社会的構成主義の考え方をベースとしていること，「深い理解」の達成を目標としてきている2000年代以降の認知心理学や学習科学の発展を共通の背景としていることからも，「主体的・対話的で深い学び」を理念的に内在するものとなっている。両者の関係性を示したのが，図2-2である。

　まず「協同的探究学習」における学習の主軸が，非定型問題の解決に向けて「自発的に」多様な知識を関連づけることにある。これが「探究」であり，図2-2の縦軸で表されている。各個人は，非定型問題の解決という目標に向けて，自分自身で判断して多様な知識を関連づけ，さらに，導入問題の個別探究や協同探究を自分自身で振り返りながら，展開問題の解決に向けて，主体的に知識を関連づけていく。ここに，一人ひとりの子どもが主体的かつ自律的に学習を進め，学習過程を振り返りながら次の学習につなげていくという「主体的な学び」のプロセスが内在されている。

　次に「協同的探究学習」における学習に広がりと深まりをもたらすのは，非定型問題の解決に向けて「他者と協同で（集団的に）」多様な知識を関連づけることである。これが「協同（探究）」であり，図2-2の横軸で表されている。協同探究プロセスでは，他者との対話を通じて知識が集団的に構成され，協同探究場面における先述（第4節）の「関連づけ」や「本質追究」を経て，クラ

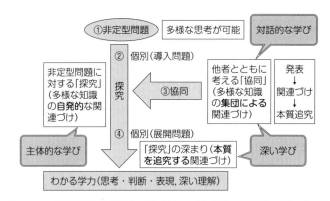

図2-2　「協同的探究学習」が実現する「主体的・対話的で深い学び」

ス全体で構成される話し合い（談話）の水準が高次化していく。この協同探究
場面には，非定型問題を解決し，概念的理解を深めることを志向した「他者と
の対話」が内在され，さらにそこでの学習が，「自己との対話」（自己内対話）
や「教材との対話」（教材の検討を通じた本質追究）も含んだ「対話的な学び」
として成立していると考えられる。

　さらに，「協同的探究学習」は，協同探究場面後半の「関連づけ」や「（追究
型発問等を通じた）本質追究」と，その直後の展開問題における「再度の個別
探究」とを通じて，集団および個人のレベルで，教材の本質に向かって学習が
深まることを目標としている。ここに「深い学び」をもたらす2つの契機が含
まれており（図2-2の右下部分），その学習の契機を活かして一人ひとりの学
習者は，思考プロセスの表現（「わかる学力」形成の第1段階）から概念的理解
の深化（「わかる学力」形成の第2段階）へと，自身の「学び」を継続的に深め
ていく。

　以上の3つの点から，「協同的探究学習」は，各学習者の「わかる学力」の
形成（思考プロセスの表現と深い概念的理解）に向けて，「主体的・対話的で深
い学び」を内在する学習としても構成されていることが推察される。

6　「協同的探究学習」の実践事例——小学校算数の授業から

　小学校算数における「協同的探究学習」による授業から，探究と協同を重視した学習のプロセスとそれを通じた各児童の概念的理解の深まりをみてみよう（藤村・太田，2002）。

　小学校高学年の単位あたり量の導入に際して，一般に教科書では公園などの混み具合を比較する場面を用いて，①面積が共通，②人数が共通，③面積も人数も異なる，の3段階で問題が実施され，人数÷面積で混み具合が判断できることが説明される。①②と比べて③が急に難しくなり，多くの子どもが日常経験などを通じて獲得してきている倍数操作方略（倍や半分などにもとづく考え方）などを反映しにくい展開となっている点に課題がある。そこで，協同的探究学習による授業では，多くの子どもに既有の倍数操作方略でも，新たに獲得していく単位あたり方略（一人あたりや1 m^2 あたりに着目した考え方）でも解決可能な「非定型問題」（200 m^2 に15人いるプールと400 m^2 に45人いるプールの混み具合の比較）を導入問題として提示した（図2-1の①「多様な既有知識を活性化する非定型問題」）（表2-1）。その問題に対して各児童が個別探究を通じて考えた多様な方略が授業場面で発表され，その方略間の関係（倍数操作方略と単位あたり方略の差異や，全般的な共通性（特に一方の次元を「そろえる」こと）など）

表2-1　算数科における導入問題の比較

（単位あたり量）

	協同的探究学習	通常問題解決型学習
問題	東プール　200 m^2　15人 西プール　400 m^2　45人 「どちらのプールが混んでいるか。それはなぜか」	南公園　500 m^2　40人 北公園　300 m^2　30人 「どちらの公園が混んでいるか。それはなぜか」
方略	多数の子どもに既有の方略（倍数操作方略）によっても，新たな方略（単位あたり方略）によっても，ともに解決可能。	主に新たな方略（単位あたり方略）によって解決が可能。

出所：藤村・太田（2002）より筆者作成。

表2-2 学習プロセスの比較

	導入問題（個別解決）の正答者数と解決方略	解法の発表・検討場面	
		発言者数（短答を除く）	発言数（短答を除く）
協同的探究学習 （n＝27）	22 （81%） 　単位あたり　　3 （11%） 　倍数操作　　19 （70%）	9 （33%）	45
通常問題解決型学習 （n＝27）	9 （33%） 　単位あたり　　2 （7%） 　個別単位　　7 （26%）	4 （15%）	24

出所：藤村・太田（2002）より筆者作成。

についてクラス全体で話し合いが行われた（図2-2の③「関連づけを重視した協同探究」）。さらに，単位あたり方略（1 m^2 あたりやひとりあたりの比較）で解決可能な非定型問題（展開問題）に各児童が取り組んだ（図2-2の④「教材の本質に迫る再度の個別探究」）。

　協同的探究学習による授業と通常の問題解決型学習による授業との間で子どもの発話を分析した結果，発言数，発言者数ともに，協同的探究学習による授業の方が多く，また，ふだんの授業ではあまり発言しないような多数派の児童が盛んに発言するという特徴がみられた（表2-2）。協同的探究学習による授業では，特に，問題解決方略の差異と類似性についてクラス全体で検討した後，「すべての解法に共通するものは何か」という追究型発問を教師がクラス全体に対して投げかけた結果，「（面積か人数の）どちらかを同じにしている」「そろえている」といった，単元の本質に迫る発言が，計算等のスキルの側面（「できる学力」）では必ずしも算数を得意としていないような多数派の児童から引き出された。さらに，授業の翌日に概念的理解の深化を測る応用課題を実施した結果，その正答率は，協同的探究学習による授業の方が通常の問題解決型学習による授業に比べて高いことが明らかになった（図2-3）。

　授業時の討論場面での発言の有無と事後テストの関係を分析すると，授業後の混み具合問題に正答した者の割合は発言者が非発言者に比べてやや高かったものの，他領域（速度や濃度）の問題については非発言者も発言者と同様に理

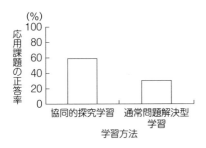

図2-3　学習の効果の比較
出所：藤村・太田 (2002) より筆者作成。

解を深化させていた。このことは，授業で発言しない者のなかにも「自己内対話」を通じて主体的に概念的理解を深めている者が多くいることを示している。

　学習のプロセスとしては，授業場面において多様な問題解決方略が関連づけられることによって個人の問題解決方略に変化がもたらされることが示されている (藤村・太田，2002)。多様な方略で解決可能な問題を個人が解決し（導入問題の個別探究），各方略の意味と方略間の関連性（共通点・類似点や差異）についてクラス単位で話し合い（協同探究），より発展的な問題を個人が解決する（展開問題の個別探究）という「協同的探究学習」の学習方法によって，個人の概念的理解が深化するプロセスが，限定的に利用可能な問題解決方略（倍数操作方略）の利用から一般的に利用可能な問題解決方略（単位あたり方略）の般化（応用的な問題における利用）に至る方略変化の過程が示されている。また，子どもの多様な既有知識を活性化して関連づける授業は概念的理解の深まりに全般的に有効であるが，それは子どもが自身の既有知識と他者が示した方略を関連づけて意味づけた場合（意味理解群）に特に効果が高く，他者が示した方略の手続きのみを模倣した場合（手続き適用群）では般化に限界があることも示唆されている。

　この結果は，「協同的探究学習」が各個人の概念的理解の深まりという「わかる学力」の向上に有効であるが，その有効性は多様な知識の関連づけ方にも関係しており，第1章で述べたような，「暗記・再生」を重視するか「理解・思考」を重視するかといった学習観（藤村，2008）やそれを含むメタ認知がその関連づけ方に影響する可能性もうかがえる。

　以上に示したのは，小学校算数の単元導入時の「協同的探究学習」の例であるが，単元や学年を通じて協同的探究学習を実施することが，小学校～高等学校における各児童・生徒の算数・数学，理科，国語，社会科などに関する概念的理解の深まり（「わかる学力」の形成）や，「理解・思考」型学習観（思考のプ

ロセスや意味の理解，他者との協同を重視する学習観）の形成につながることが，各学校段階の教師との共同研究の結果としても示されてきている（Fujimura, 2007；藤村，2012など）。

　本書の実践編（第5〜10章）では，中学校や高校の数学，理科，国語といった，学習内容がさらに高度化して概念的理解のさらなる深まりが求められ，また「暗記・再生」型学習観が一般に強まる傾向にある学校段階の各教科において，「協同的探究学習」がどのように実現され，一人ひとりの生徒の「わかる学力」の向上に効果をもちうるかについて，具体的に紹介しよう。

7　これからの時代の学習としての意義

　これからの時代の教育に向けて，協同的探究学習の特徴をまとめると，表2 -3のようになる。第1は，小学校から高校までの各教科・各単元で実施できる汎用性である。第2は，子ども一人ひとりの「わかる学力」を高めるために，導入問題，協同探究，展開問題の3点で，これまでの学習方法を発展させている点である。第3は，学力形成のみならず，自己肯定感の育成や学習観の形成など，社会性や人間関係づくりも目標としており，学習指導要領（2017年改訂）の目標とも対応している点である。そして第4は，（第6節で例として紹介したような）心理学研究によって，そのプロセスと効果に関する有効性が実証されていることである。

表2-3　「協同的探究学習」の4つの特徴

①汎用性：どの学校段階・学年・教科・単元でも活かせる理念と枠組み
②発展性：各教科の学習方法を発展させる
　・導入問題：一人ひとりの子どもの考え（多様な考え）を引き出す
　・協同探究：多様な考えをクラス全体で関連づけ，本質に迫る
　・展開問題：協同探究を活かし，一人ひとりが理解を深める
③合目的性：学習指導要領の資質・能力等の目標にも対応
　「思考力・判断力・表現力」「理解の質の向上」⇒「わかる学力」
　「学びに向かう力・人間性」⇒「学習観」「自己肯定感，他者理解」等
④有効性：各児童・生徒に対する効果を心理学的に実証
　・一人ひとりの「わかる学力」（概念的理解，思考・表現）の向上
　・「理解・思考」型学習観への変容・自己肯定感の向上　　など

引用・参考文献

Clement, J. J.（2013）．Roles for explanatory models and analogies in conceptual change. In S. Vosniadou（Ed.）, *International handbook of research on conceptual change（2nd edition）*. New York：Routledge. pp. 412-446.

Fujimura, N.（2001）．Facilitating children's proportional reasoning：A model of reasoning processes and effects of intervention on strategy change. *Journal of Educational Psychology*, **93**, 589-603.

Fujimura, N.（2007）．How concept-based instruction facilitates students' mathematical development：A psychological approach toward improvement of Japanese mathematics education. *Nagoya Journal of Education and Human Development*, **3**, 17-23.

藤村宣之（2008）．知識の獲得・利用とメタ認知　三宮真智子（編）　メタ認知——学習力を支える高次認知機能——　北大路書房　pp. 39-54.

藤村宣之（2012）．数学的・科学的リテラシーの心理学——子どもの学力はどう高まるか——　有斐閣

藤村宣之・太田慶司（2002）．算数授業は児童の方略をどのように変化させるか——数学的概念に関する方略変化のプロセス——　教育心理学研究, **50**, 33-42.

Linn, M. C., & Hsi, S.（2000）．Computers, teachers, peers：Science learning partners. Mahwah, NJ：Lawrence Erlbaum Associates.

名古屋大学教育学部附属中・高等学校（編）（2013）．協同と探究で「学び」が変わる——個別的・ドリル的学習だけでは育たない力——　学事出版

Piaget, J.（1970）．*L'épistémologie génétique*. Presses Universitaires de France.（ジャン・ピアジェ（著）／滝沢武久（訳）（1972）．発生的認識論　白水社）

Posner, G. J., Strike, K. A., Hewson, P. W., & Gertzog, W. A.（1982）．Accommodation of a scientific conception：Towards a theory of conceptual change. *Science Education*, **66**, 211-227.

Rittle-Johnson, B., & Star, J. R.（2007）．Does comparing solution methods facilitate conceptual and procedural knowledge?　An experimental study on learning to solve equations. *Journal of Educational Psychology*, **99**, 561-574.

Sawyer, R. K.（Ed.）（2014）．*The Cambridge handbook of the learning sciences（2nd edition）*. New York：Cambridge University Press.

Siegler, R. S.（1996）．*Emerging minds : The process of change in children's thinking*. New York：Oxford University Press.

Smith, J. P., diSessa, A. A., & Roschelle, J.（1993）．Misconceptions reconceived：A constructivist analysis of knowledge in transition. *The Journal of the Learning Sciences*, **3**, 115-163.

第3章

探究の学びの意義

　子どもの学びが深まる契機としては，①既有知識による失敗，②既有知識による成功，③既有知識による部分的成功，の３つの考え方が提案されてきた。一般に理解が難しい概念について子どもが主体的に理解を深めていくには，③による方法が有効であることが，近年の心理学研究から実証的に示されてきている。授業場面以外で実施される個別実験，個別面接などの方法を用いた発達心理学の知見にもとづくと，子どもが部分的に適切性をもつ既有知識を活かして（先述の③の契機を活かして）概念的理解を深めていくメカニズムとして，(1)「非定型問題」による既有知識の活性化，(2)「個別探究」による個人内の多様な知識の関連づけ，(3)「協同探究」による個人間の多様な知識の関連づけ，(4)「再度の個別探究」による個人内の知識の再構造化という４つのプロセスがモデル化される。この４つのプロセスは，第２章で説明した「協同的探究学習」による授業を通じて各教科で学びが深まる（「わかる学力」が向上する）プロセスを示している。

1　学びが深まるきっかけとは

　人が学びを深めるきっかけ（学びが深まる契機）について，発達心理学や教科教育の領域では，概念変化（conceptual change）や方略変化（strategy change）をキーワードとして，1980年代頃から研究が進められてきた。研究の進展とともに，大きく分けると３つの考え方がみられる。それをまとめたのが図3-1である。

「失敗」を重視する考え方——認知的葛藤の重視
　人間のもつ考えがどのように変化するかについての認知心理学領域の研究は，1980年頃から，初心者（novice）と熟達者（expert）を対比する研究などにも

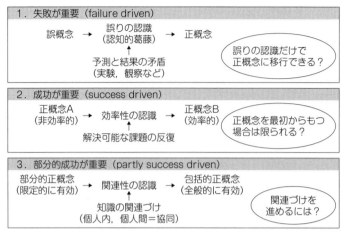

図3-1　学びが深まる契機——3つの考え方

とづいてスタートした。そこでは，初心者と熟達者の間で，各領域における知識構造が大きく異なることが示されている。

　それらの研究のひとつとして，物理学の熟達者（物理学科の大学院生）と初心者（力学の授業を1学期間履修した大学生）に対して，「斜面」に関して，できるだけ多くの話をさせて知識の構造を推定したところ，図3-2に表されるような違いがみられた（Chi et al., 1981）。初心者の場合でも斜面に関して多くの概念が関連づけられているが，その関連づけの仕方は，まず平面の長さやブロックの質量など表面的な特徴に着目し，最後の方でエネルギーの保存則を指摘するといったものであった。これに対して，熟達者の場合は「斜面」からすぐに「力学の原理」「エネルギーの保存則」「ニュートンの力の法則」を指摘し，それと同時に法則の適用条件（加速している場合とそうでない場合）も述べていた。熟達者の場合には，物理学における本質的な原理や法則が，それらの適用可能性に関する知識と関連づけられて構造化されていると考えられる。

　1980年代の多くの研究では，上記の研究のように，初期の学習者のもつ強固な誤概念（misconception）や素朴概念（naive concept），未熟な知識構造など，学習者の考えに含まれる誤りの部分が強調されていた。そのような科学的にみて誤った概念を修正する方法として1980年代を中心に主張されてきたのが，誤

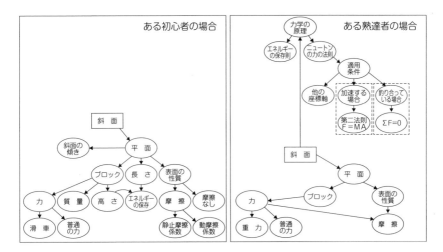

図3-2　初心者と熟達者の知識構造の対比
出所：Chi et al.,（1981）を筆者邦訳。

　概念による予測と異なる結果を実験や観察を通じて示すことで，認知的葛藤
（既有知識の不整合な状態）を喚起し，それを解消できるような科学的概念を獲
得させるという方法であった（Posner et al., 1982）。その方法は，学習者に誤
った概念を表現させることで「失敗」を意識させることから，失敗にもとづく
方法（failure driven strategy）とも呼ばれている。日本における仮説実験授業
（板倉・上廻，1965など）も，実験や観察の前に予測に関する討論を行う点では
異なるプロセスを含んでいるが，実験や観察によって事前の予測とは異なる結
果を示す点では，認知的葛藤を生じさせる方法のひとつと考えられる。

「成功」を重視する考え方──反復による効率化の重視

　一方で，認知的葛藤を生じさせるだけでは概念変化には至らないことが，
1990年代に入ると指摘されるようになる（Smith et al., 1993；Siegler, 1996）。予
測と異なる結果を提示され認知的葛藤が喚起されたとしても，その結果を無視
したり，概念の部分的修正にとどまったりする場合も多い。

　そのような考え方から，学習者のもつ知識や考えの適切な部分に着目し，そ
れにもとづく問題解決方略を用いて「成功」させるなかで，より効率的な方法

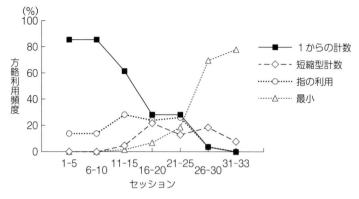

図3-3　ひとりの子どもの足し算についての方略の変化
出所：Siegler（1996）.

を学習者自身に探索させていくアプローチが1990年代にみられるようになる。そのような方法は「成功にもとづく方法」（success driven strategy）と呼ばれ，またそのように子どもに何度も繰り返し問題に取り組ませるなかで，より効率的な方略が発見されていくプロセスを分析する方法はマイクロジェネティック・アプローチ（微視発生的方法：microgenetic approach）と呼ばれている（Siegler, 1996；Kuhn, 1995）。

　そのような研究のひとつを紹介しよう，4，5歳の子ども8名に対して，1週間に3回（1回につき約7問），11週間にわたって，足し算の問題を与え，1問ごとにその解法を説明させるというマイクロジェネティック・アプローチを用いて，子どもの方略発見の過程が分析された（Siegler & Jenkins, 1989）。図3-3は，ひとりの子どもの足し算の方略が変化していく様子を時系列的に表したものである。この研究から，同時期に複数の方略が用いられること（方略の多様性），初歩的な「1からの計数方略」から効率的な「最小方略」へと問題解決方略が漸進的に変化すること，短縮型計数方略という中間型の方略が一時的にみられることなどがうかがえる。

「部分的成功」を重視する考え方──関連づけによる構造化の重視
　第2の「成功にもとづく方法」は，子どもの用いる方略に多様性があること，

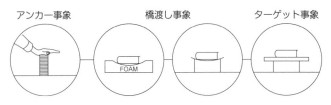

図 3 - 4　力学を理解するための橋渡し方略
出所：Clement（2013）．

　その方略が漸進的に変化していくことなど，子どもの思考が変化するプロセスをとらえていることなどに進歩がみられる。一方で，最初から子どもが（多くの問題を解決できる）適切な問題解決方略をもつ場合や，同種の問題に繰り返し（100試行以上）取り組むことで，自ら方略を効率化できるような場合は，小学校低学年の加減法などに限られると考えられる。

　そのような研究に対して，主に2000年以降に考えられてきているのが，子どもの既有知識のうちで部分的な適切性をもつ知識を利用して，事象を説明するモデルなどを徐々に修正していくアプローチである。そのアプローチでは，子ども自身が部分的な有効性をもつ既有知識を用いて一部の課題に成功することを出発点にしていることから，筆者は，「部分的成功にもとづく方法」（partly success driven strategy）と呼んでいる。そのようなアプローチのひとつの例が，力学領域で提案された橋渡し方略（図 3 - 4）である。一般に，机の上に置かれた本に対する垂直抗力（ターゲット事象）を理解することは難しいが，人がバネを押し下げたときに手に力がはたらくこと（アンカー事象）について学習者は適切な既有知識を有しており，スポンジ（FOAM）の上や薄い板の上に重い本が置かれているという橋渡し事象について推理させることを通じて垂直抗力を理解させることが可能となる。

　さらに，上述の橋渡し方略を発展させた，説明モデルについての進化的アプローチ（Clement, 2013）では，素朴概念と矛盾する事象等を経験させて不一致（dissonance）を経験させると同時に，適切な既有知識（prior knowledge）を関連づけさせたり，適切なアナロジーを機能させたりすることで，モデルを漸進的に修正し，その根拠を与えていくことで，目標となるモデルに到達させる

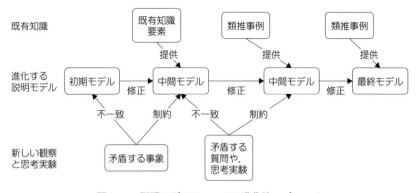

図 3-5　説明モデルについての進化的アプローチ

出所：Clement（2013）を筆者邦訳。

（図 3-5）。

　このように，子どもの部分的に適切性をもつ既有知識を利用しながら概念や方略を変化させていくアプローチ（部分的成功にもとづく方法）が，特に2000年以降にみられるようになってきている（Fujimura, 2001；Rittle-Johnson & Star, 2007ほか）。そのポイントは，図 3-1の 3. に示されているように，子どもが，自身が有する部分的有効性をもつ既有知識をもとに限定的な問題（非定型問題）の解決に成功することを通じて，個人内で，あるいは個人間で多様な知識を関連づけ，その関連性の認知にもとづいて，全般的な問題（非定型問題）の解決に有効な包括的な知識構造（包括的概念）を構成していくことにある。

2　学びが深まるメカニズム

　第 1 節でみてきたように，子どもの既有知識をもとに多様な知識を関連づけていくことを中心とする「部分的成功にもとづく方法」（partly success driven strategy）は，各個人の概念的理解の深まりに対して有効であると考えられる。また，「部分的成功にもとづく方法」は，一人ひとりの「成功」を出発点とすること，その「成功」の多様なプロセスを他者と共有することができることから，一人ひとりの子どもが自己肯定感を高めることにも役立つと考えられる

（そのような社会性や人格の発達にも寄与する面については，終章で詳述する）。

　本節では，「部分的成功にもとづく方法」によって，どのように一人ひとりの学びが深まっていくかについて，発達心理学の領域における具体的な実験事例をもとに，4つのプロセスに区分して，そのメカニズムを明らかにしていこう。

「非定型問題」による多様な既有知識の活性化

　子どもの学びが深まるメカニズムにおける第1段階は，諸事象の本質に迫るような「非定型問題」に取り組むことで，一人ひとりの子どもの多様な既有知識が活性化されることである。具体的に，「比例」の問題に対する小学生の考えをみてみよう。

　　「白いミニ四駆は，3秒間で6m（メートル）走ります。同じ速さで7秒走ると，走るきょりは何mになりますか？」

　この問題について，どのように考えるだろうか。これは小学校の算数では6年生の「比例」の単元に含まれる問題である。大人であれば，「6÷3で秒速が2mになるので，7秒走ると，2×7で，きょりは14mになる」のように秒速を計算して考えることが多いであろう。これに対して，比例を学習する以前の小学校5年生は少し違う考え方をすることが多い。具体的には，「3秒で6mだから，あと3秒で12mになる。走るのは7秒だから，あと1秒。…さっき，6mで3秒だったから，1秒は2mになる。だから，12mに2mをたして14mになる」といった考え方である。このように，「倍」の考えを利用して6秒まで求め，あと1秒は元に戻って2mになることを求めて，1秒分を足すという問題解決方略（単位あたりを利用した積み上げ方略：building-up strategy）が「単位あたり量」「速さ」「比例」といった関連する単元を学習する以前の小学校5年生に多くみられ，小学校5年生の研究実施時点では未習にもかかわらず，この問題に対する正答率は50%近くになった（図3-6の「③非整数倍増加」型問題）。また，この問題ほど複雑な数値（非整数倍型）でない場合には，たとえば「2秒で6m走るミニ四駆が，4秒では何m走るか」といった問題（図3-6の「①整数倍増加」型）では，「2秒と2秒で4秒だから，6mと6m

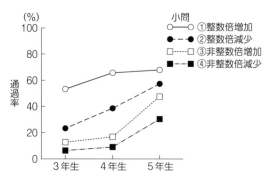

図3-6　小学生の速さに関する「比例的推理」の発達

出所：藤村（1995）。

で12 m」，「時間が倍になっているから，走る距離も倍にして12 m」のように，（秒速の計算を行わなくても）足し算や倍の関係を利用して正答する児童が，小学校で関連単元を学習するよりもはるか以前の小学校3年生で半数以上もみられた（図3-6）。

　このように，子どもにとって身近な文脈で（絵カードも用いながら），比較的容易な数値（自然数）を用いて，多様な考えが可能な「非定型問題」を示した場合には，これまでの日常経験や学校での学習で獲得してきたさまざまな知識が活性化され，子ども自身がそれらの多様な既有知識を結びつけて自分なりの考え（問題解決方略）を構成することが明らかになっている。子どもが自発的に知識を関連づけて枠組みを構成する力はとても豊かであり，それを引き出して本質に迫らせるだけの「非定型問題」を準備することが，学びを深めるための出発点になると考えられる。

「個別探究」による多様な知識の関連づけ

　子どもの学びが深まるメカニズムにおける第2段階は，「非定型問題」で活性化された多様な既有知識を自分で関連づけて考えを構成していくことである。そのときに重要になってくるのが，因果関係や根拠（理由）を自分のことばで考えたり，自分なりの絵や図で表現したりする時間や場を設定することである。

「値段が違うわけは？」

「果物屋に出かけたところ，5月にはイチゴが1パック
　300円で売られていましたが，12月には同じ大きさ
　のイチゴが1パック600円で売られていました。
　どうして値段が違うのだと思いますか。自分の考えを
　説明しましょう。」

図3-7　イチゴの値段の違いについて考える課題
出所：藤村（2002）。

①　因果関係や根拠を考えることで知識を結びつける

　1つめの例として，小学生が「物の値段」についてどのように考えるかについてみてみよう。図3-7のような値段の違いが生じる理由について，どのように考えるとよいだろうか。先ほどの「比例」の問題と同じように，小学生に絵カードを用いて個別インタビューで尋ねると，小学校4年生でも，「12月はイチゴがあまりとれないから高くなる」「12月はクリスマスでみんながケーキなどに使うから高くなる」といった，供給や需要という価格の決定因について，自分自身で表現する子どもが多数みられた（表3-1のルール1，2）。さらに，「どうしてあまりとれないと高くなるの？」という因果追究型の補足質問をその子どもに行うと，4年生では「12月で寒いから」のように同じ説明を繰り返す者が多いのに対して，5年生になると「12月はあまりとれなくて，<u>貴重品だから高くなる</u>」のように「稀少性」に言及したり（表3-1のルール3），さらに6年生になると「12月はそのままではあまりとれないから，ビニルハウスで<u>暖めるのに暖房費がかかって高くなる</u>」のように「コスト」に言及したり（表3-1のルール4），「12月はあまりとれないから，<u>同じ値段だと農家の人が儲からないから高くしている</u>」のように「利潤」に言及したり（表3-1のルール5）するような児童が増加した。

　以上の結果は，因果関係を尋ねる場面を設定され，自分の考えたことをベースにしてさらに因果関係を深める質問を実施されることで，子どもの知識構造が自発的に精緻化されていくことを示している。

表 3-1　小学生の「経済学的思考」の発達（イチゴ課題）

(%)

ルール名	ルールの特徴	4 年生	5 年生	6 年生
1.　需要	クリスマスでケーキに使う→高い	36	21	25
2.　供給	あまりとれない→高い	44	42	38
3.　供給＋価値	あまりとれない→珍しい→高い	4	21	13
4.　供給＋コスト	あまりとれない→手間がかかる→高い	16	6	33
5.　供給＋利益	あまりとれない→安いと儲からない→高くする	4	12	42
6.　品質（無関連）	おいしい→高い	24	21	21
7.　その他		4	9	21
	平均適用ルール数	1.32	1.33	1.92

注：表内にみられるように，小学生は新たな情報（イチゴの値段の違い）とさまざまな既有知識（イチゴをケーキに
　　使う，イチゴは春にとれる，単価が安いと儲からない，など）を自分なりに組み合わせて説明する。
出所：藤村（2002）。

②　絵や図に表すことで知識を結びつける

　2つめの例として，小学生が「地球の形」をどのように表すかを調べた研究
をみてみよう。地球とそこに立っている人について，小学校 1, 3, 5 年生に描
かせた研究（Vosniadou & Brewer, 1992）では，長方形の地球や円盤状の地球
といった素朴概念から，球体の地球という科学的概念にいたる過程で，自分が
立っている地球は平らであるという素朴概念と，本やテレビなどで得た「地球
は丸い」という科学的知識を組み合わせることで，2 つの地球，中空の地球，
平たくなった球体の地球といった複数の組み合わせモデル（synthetic models）
がみられることが指摘されている（図 3-8）。日常経験にもとづくモデルから
科学的知識と一致するモデルへと徐々に修正がなされていく過程には，多様な
知識を組み合わせながら考えを深める，概念的理解の漸進性がうかがえる。

「協同探究」による多様な知識の関連づけ

　子どもの学びが深まるメカニズムにおける第 3 段階は，他者とともに多様な
知識を関連づけることである。これについては，第 4 章で詳述されるので，本
章では概略の説明にとどめる。認知心理学や発達心理学の領域の研究を概観す
ると，個人の学習に対する他者の意義は，①聞き手としての他者（他者がいる
ことで自分の説明が精緻化する），②話し手としての他者（他者から自分の有して
いない情報を得る），③知識の協同構築の相手としての他者（自分と他者が知識

を提供し，互いに関連づけることで新たな知識の枠組みが創出される）の３点にまとめられると考えられる。特に他者とともに考えることは，他者のもつ知識を自身の既有知識に関連づけたり（上述の②），他者とともに新たな枠組みを構成したり（上述の③）することを可能にする点で有効性が高いと考えられる。

　協同を通じた深まりについては第４章で詳述されるため，本節では，学びを深めるための別の手だて（契機）について触れることにする。そのような有効な手だてとしては，領域を越えて知識を関連づけて推理することや，他者の視点に立って推理を構成することなどがある。ここではその前者について，ひとつの例をみてみよう。

球体の地球

平たくなった
球体の地球

中空の地球
　　　　　(a)　　　　(b)

２つの地球

円盤状の地球

長方形の地球

**図3-8　「地球の形」についての
自生的なモデル**
出所：Vosniadou & Brewer (1992).

　濃度の理解は一般に単位あたり量の理解のなかでも難しいが，図３-９(b)のような，濃度と混み具合や均等分配といった他領域の知識とを結びつけるモデルを提示することによって，「どのようにジュースが溶けているか」についての理解が進み，モデルを用いて考える場面では，小学校４年生の８割程度が，単位あたりに着目した適切な判断ができた（Fujimura, 2001）。

　この結果は，領域を越えて知識を関連づけられるようなモデルを提示し，そのうえで情報を操作させることによって，領域間で知識が転移し，概念的理解が深まることを示唆している。

「再度の個別探究」による知識の再構造化

　子どもの学びが深まるメカニズムにおける第４段階は，協同場面やモデル操作場面等を経て，再度，先のイチゴ課題のような非定型問題と同様の，あるいは発展性のある問題に対して，個別探究を行うことである。ここでは，先の濃度の研究と同一の研究におけるひとつの結果を図３-10に示す。

(a) 濃度の比較課題
「どちらのオレンジジュースが濃いかな？」

(b) 濃度の理解を深めるための「混み具合」
　　モデル

「ゆきこさんとまさしくんが水とオレンジカルピ
ス（濃縮ジュース）を混ぜて，それぞれオレンジ
ジュースを作りました。」
「ゆきこさんとまさしくんのどちらのオレンジ
ジュースが濃いかな？　それとも同じかな？」
「どうしてそう思ったの？」

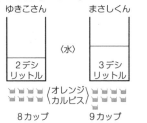

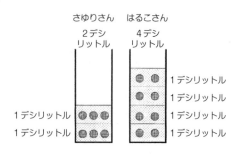

図 3-9　濃度の比較課題と，理解を深めるためのモデル

出所：Fujimura（2001）.

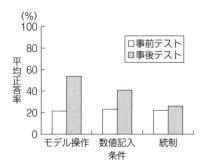

図 3-10　濃度に対する理解の深まり
（個別探究→再度の個別探究）

出所：Fujimura（2001）.

この図に示されているように，最初に
モデルがない状況（図 3-9(a)の絵カード
のような設定）で濃度の比較課題に取り
組み（事前テスト），次に図 3-9(b)のモ
デルを用いて濃度の比較課題に取り組ん
だ後で，再度，モデルがない状況（図 3
-9(a)の絵カードのような設定）で濃度の
比較課題に取り組んだところ（事後テス
ト），モデル操作以前の個別探究に比べ
て，モデル操作以後の個別探究では，単
位あたりに関する理解が深まり，正答率が上昇すること，その上昇率は，単位
あたりに関する数値を尋ねて記入させる場合よりもモデルを操作して子ども自
身が考える場合の方が高いことなどがわかっている。同様のことは，協同場面
での取り組みが個人に反映されることに対してもいえると考えられる。再度の
個別探究を行うことによって，協同場面やモデル操作場面といった手がかりの
多い場面でなくても，課題で問われていることの本質を意識することで理解が

深まることが想定される。

3　概念的理解の深化メカニズム

　本章では，授業場面以外の個別実験・個別面接の方法を用いた心理学研究の具体例から，子どもの学びが深まるメカニズムとして，4つのプロセスを明らかにしてきた。それを，多様な知識が個人内，個人間で関連づけられ，構造化されるプロセス，すなわち「探究と協同を通じた概念的理解の深化メカニズム」として図式化したのが図3-11である。

　図3-11に表されているように，概念的理解の深化は，各個人のもつ多様な既有知識からスタートし，個別探究過程と協同探究過程を経て，個人内で，また個人間で，多様な知識が関連づけられ，さらに再度の個別探究の機会があることで，再構造化されて本質が明確になっていく。このメカニズムは，本節で述べてきた「部分的成功にもとづく方法」による探究を通じて学びが深まるメカニズムであると同時に，各教科等の授業場面における「協同的探究学習」を通じて，学びが深まっていくメカニズムともなっている。

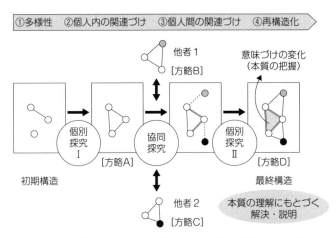

図3-11　「概念的理解の深化メカニズム」に関するモデル図

引用・参考文献

Chi, M. T. H., Feltovich, P. J., & Glaser, B.（1981）. Categorization and representation of physics problems by experts and novices. *Cognitive Science*, **5**, 121-152.

Clement, J. J.（2013）. Roles for explanatory models and analogies in conceptual change. In S. Vosniadou（Ed.）, *International handbook of research on conceptual change（2nd edition）*. New York：Routledge. pp. 412-446.

藤村宣之（1995）. 児童の比例的推理に関する発達的研究Ⅱ──定性推理と定量推理に関して── 教育心理学研究，**43**, 315-325.

Fujimura, N.（2001）. Facilitating children's proportional reasoning：A model of reasoning processes and effects of intervention on strategy change. *Journal of Educational Psychology*, **93**, 589-603.

藤村宣之（2002）. 児童の経済学的思考の発達──商品価格の決定因に関する推理── 発達心理学研究，**13**, 20-29.

板倉聖宣・上廻昭（編著）（1965）. 仮説実験授業入門　明治図書出版

Kuhn, D.（1995）. Microgenetic study of change：What has it told us? *Psychological Science*, **6**, 133-139.

Posner, G. J., Strike, K. A., Hewson, P. W., & Gertzog, W. A.（1982）. Accommodation of a scientific conception：Towards a theory of conceptual change. *Science Education*, **66**, 211-227.

Rittle-Johnson, B., & Star, J. R.（2007）. Does comparing solution methods facilitate conceptual and procedural knowledge? An experimental study on learning to solve equations. *Journal of Educational Psychology*, **99**, 561-574.

Siegler, R. S.（1996）. *Emerging minds : The process of change in children's thinking*. New York：Oxford University Press.

Siegler, R. S., & Jenkins, E.（1989）. *How children discover new strategies*. Hillsdale, NJ：Lawrence Erlbaum Associates.

Smith, J. P., diSessa, A. A., & Roschelle, J.（1993）. Misconceptions reconceived：A constructivist analysis of knowledge in transition. *The Journal of the Learning Sciences*, **3**, 115-163.

Vosniadou, S., & Brewer, W. F.（1992）. Mental models of the earth：A study of conceptual change in childhood. *Cognitive Psychology*, **24**, 535-585.

第4章

協同の学びの意義

　本章では，複数の者が相互的に問題に取り組む協同的問題解決に焦点を
当て，協同での学びの意義について検討する。協同的問題解決が個人の問
題解決に促進的にはたらく際，協同する他者は「能動的な聞き手」，「情報
を提供する話し手」，「ともに知識を構築する相手」としての役割を果たす
と考えられる。それぞれの役割を通じて，他者は個人の思考を活性化し，
また，個人の説明を精緻にする。

　本章では，特に，他者が「ともに知識を構築する相手」としての役割を
果たす場合に焦点を当て，相互に説明を構築する協同過程を通じた個人の
概念的理解の深まりについて，具体的な研究事例をもとに検討を行う。

1　協同での学び

　2017年に改訂された学習指導要領の総則で規定された通り，学校教育におい
て，「主体的・対話的で深い学び」の観点からの学習過程の質的な改善がめざ
されている（文部科学省，2017）。学校教育ではこれまでも生徒が協同してとも
に学ぶ活動は大切にされてきたが，このような流れのなかで今後一層，ともに
学びを深める活動が重視されていくだろう。

　生徒たちがともに学ぶ場面は多様である。より知識のある生徒から教わって
学ぶという場面もあれば，生徒どうしの個々の役割や責任が相互的で平等な関
係でともに問題に取り組む場面もある。本書は，個々の生徒のもつ既有知識に
もとづき物事をとらえる枠組みを変化させ，個人の「わかる学力」を他者とと
もに高める過程に焦点を当てていることから，特に個々の生徒が主体的かつ相
互的に問題に取り組む場面に重点を置き，協同での学びを考える。

　なお，類似の文脈で「協同」「協働」「協調」「共同」などの表記が用いられ

ることがある。しかしながら，その定義や概念要素はさまざまであり，意味解釈を統一することは難しい（池田・舘岡，2007）。ここでは，同じ立場にある複数の個人が，同じ目標に対してともに取り組む過程に焦点化するうえで，「協同」の表記を用いる。

　また，本章では，協同の学びが個々の生徒の概念的理解に結びつく過程を詳細にとらえるうえで，多人数での授業実践よりも，周辺の条件が統制された状況で協同の効果を検討可能なペアでの協同に焦点を当てる。ある問題を相互に理解し合うようにしたり，解決したりするために一緒に作業するペアが，協同で努力する「協同的問題解決」（Garton, 2004）に関する研究を紹介しながら，協同の学びの意義を考えていく。

2　協同的問題解決を通じた学びの効果

　仲間との協同は，難しい課題への動機づけや，お互いの技術を学ぶ機会，また，理解を深める議論の機会など，さまざまな点で子どもの学びに有益である（Azmitia, 1996）。特に，教育心理学や学習科学などの領域では，協同での学びが個人の問題解決に促進的にはたらくことが多く指摘されてきた。

　協同的問題解決を通じた学びの効果をより詳細に明らかにするうえで，ペアやグループによる協同的問題解決について実験的に検討した先行研究も多くみられる。たとえば，小学校5年生を対象に，2つの小数の大きさを比較する課題を用いて，ペアによる協同と単独での問題解決について検討した研究では，協同すると単独よりも新しい方略が考え出されやすいことが示された（Ellis, 1996）。また，「折り紙の $\frac{3}{4}$ の $\frac{2}{3}$ の部分に斜線をひく」などの課題を用いて，ペアによる協同と単独での問題解決過程を比較した研究では，協同での問題解決において，折り紙という具体的な対象物を用いて答えを求める方略（折り紙を4等分して開き，その $\frac{3}{4}$ の部分のうちの $\frac{2}{3}$ に斜線をひく）から，演算規則を用いて答えを求める方略（$\frac{3}{4} \times \frac{2}{3} = \frac{1}{2}$ を計算してから斜線をひく）へと段階的に

抽象度を上げる者が多いことが示された（Shirouzu et al., 2002）。

3　他者が個人の問題解決の促進に果たす役割

　このように，さまざまな研究により，協同的問題解決が個人の問題解決に促進的にはたらくことが示されている。その背景について，協同する他者の存在が個人の思考や表現にもたらす影響に焦点を当てて検討したい。ここでは，他者が個人の問題解決の促進に果たす役割を，「能動的な聞き手」，「情報を提供する話し手」，「ともに知識を構築する相手」に分けて，整理を試みる。

能動的な聞き手としての他者

　まず，協同する他者が「能動的な聞き手」としての役割を果たす際，他者は個人に対して，説明に対するさらに精緻な説明を促すことが考えられる。

　先行研究では，自分自身で説明を行うこと（自己説明）により，問題解決における理解が深められることが示されている（Chi et al., 1994）。聞き手となる他者がいると，こうした自己説明が活性化され，説明が精緻化すると考えられる。たとえば，大学生を対象に，科学的発見課題を用いてペアでの協同的問題解決過程を検討した研究では，仮説を想起したり，その根拠を考察するという仮説の吟味活動や，互いに説明を求め合い，それに応えて説明を生成するという説明活動が問題解決に有効な手続きの発見に結びつくことが示されている（Okada & Simon, 1997）。

　また，聞き手の存在により，相手に伝える内容を意識的に工夫するようになるということも考えられる。たとえば，描画による他者への伝達表現の発達について検討した研究では，他者への伝達を意識することで，年齢にともない，伝える相手を配慮して柔軟に知識を統合して伝える統合的表現がみられるようになることが示された（橘, 2007）。このように，具体的に他者への伝え方を意識することが個人の問題解決の促進に影響する可能性が考えられる。

情報を提供する話し手としての他者

　次に，協同する他者が「情報を提供する話し手」としての役割を果たすとき，他者は個人に新たな情報や発想を与えたり，互いの異なる視点から生じる認知的葛藤を与え，内的な均衡化を促したりすると考えられる。

　Piaget（1932）は，子どもの道徳性の理解に関する研究において，子どもどうしのやりとりで異なった視点を経験することで道徳的規則を考えるようになり，正義についての考えの体系を発達させるようになることを示した。また，異なるレベルの認知的枠組みの方略をとる子どもどうしのペアでは，同じレベルの認知的枠組みの方略をとる子どもどうしのペアよりも，やりとりにおいて自分と異なる考え方に直面するなど，社会認知的葛藤が生じやすく，事後テストのレベルが向上することが指摘されている（Mugny & Doise, 1978）。このように，社会認知的葛藤を解決する過程を通じて，個人の内的な均衡化が促されると考えられる。

　また，話し手が与える情報が問題解決における個人の理解の再構築に結びつくこともある。たとえば，先行研究では，2人で共有した問題を解く際，課題を遂行する役割と，それをモニターする役割とが生じ，課題遂行役の提案に対して，モニター役がより抽象度の高い視点で提案や批判を行い，それらの役割を交互に経験しながら個人が各自の理解を再構築していく過程があることが示されている（Miyake, 1986）。このように，課題遂行役の提案やモニター役が示す情報は，個人が結果を吟味し，持論の不整合を修正する機会を与えると考えられる。

ともに知識を構築する相手としての他者

　一方で，他者が「ともに知識を構築する相手」としての役割を果たすこともある。ともに知識を構築するとは，他者と共有された知識に，自分の既有知識を関連づけてより整合化した説明を相互に行い，新たな知識の枠組みを構築していく協同過程を指す。Linn & Hsi（2000）は，理科の授業で生徒が協同で熱と温度のしくみについて考える場面で，生徒が他の生徒の意見を用いて自分の考えを説明し，さらにそれが別の生徒の科学的な説明を促す様子を，発話事例

にもとづき検討した。一方で，協同的問題解決の先行研究では，他者と知識を相互に構築する協同過程を通じて個人の概念的理解が深められるメカニズムについては，十分に検討がなされてこなかった。

　なお，このともに知識を構築する相手としての他者の役割は，能動的な聞き手としての役割や情報を提供する話し手としての役割を単純に重ね合わせたものとは異なると考える。どの役割においても，他者が個人の思考を活性化し，説明を精緻にする役割を果たす点は共通しているが，ともに知識を構築する協同過程では，相手の説明に対して不整合を伝えることにとどまらない，相互的で柔軟な説明の構築を促すことが想定される。また，その過程では，個人の思考プロセスの表現を促し，多様な知識を関連づけ，統合する過程をより導きやすくすることが考えられる。

　次節以降，この知識の相互構築過程に関する具体的な研究事例を紹介する。

4　知識の相互構築過程を通じた個人の概念的理解の深まり

問題解決方略の質的変化を促す要因（実験 1）

　他者と相互に説明を構築する協同過程に焦点を当てた研究として，高校生を対象に，ペアでの協同的問題解決を通じて，個人がどのように数学的概念の理解を深めるかという個人内変化を検討した研究（橘・藤村，2010）にもとづき考えていきたい。

　本研究では，概念的理解の深まりを「複数の知識を別々に説明する方略から，複数の知識を関連づけて包括的に説明する方略へと問題解決方略が質的に変化すること」としてとらえた。こうした方略の質的変化を検討し得る課題として，「ひとつの正方形を，3 本までの線分を用いて 4 つの合同な図形に分けるにはどのようにするとよいか」という数学的問題を取り上げた。この課題では，有限方略（たとえば，2 本の線分で正方形の向かい合う各辺の中点を結ぶ分け方や正方形の対角線を結ぶ分け方など，分け方は有限であるとし，個々の分け方を別々に提案する方略）から，回転無限方略（2 本の線分を正方形の中心で直交させた状態を保ち回転させると分け方は無限にあるとし，個々の分け方を包括的に説明する方

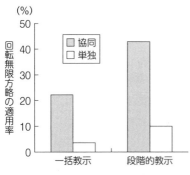

図4-1　事前課題で有限方略を用いた生徒における事後課題での回転無限方略の適用率

出所：橘・藤村（2010）を参考に筆者作成。

略）へと概念的理解を深める過程を検討することができる。なお，研究に参加した生徒は，実験の実施までに，合同な図形の証明に関わる基礎的知識を学校において既習の段階であった。また，回転無限方略の考え方は，積分の考え方とも関連が深いが，積分に関しては，学校において未習の段階であった。

実験1は，事前課題（個別探究），介入課題（協同条件：ペアでの探究，単独条件：個別探究），事後課題（個別探究）の順に実施された。その結果，第1に，協同条件では単独条件よりも事前課題から事後課題にかけて方略の質的変化（有限方略から回転無限方略への変化）が生じやすい傾向がみられた。第2に，協同場面で正方形の分け方に共通する要素（たとえば，「（どの分け方も）2本の線分が90°で交わる」，「正方形の中心を通る」等）を複数あげ，それらの要素を関連づけて説明する生徒ほど方略の質的変化が生じやすいことが示された。

概念的理解に結びつく相互作用（実験2）

実験1の結果を受け，実験2では，実験1と同様の実験計画で，さらに個人内の質的変化に結びつきやすくなるような説明の変化を促す介入を行った。具体的には，複数の共通要素を提案することと，それらの多様な共通要素を関連づけることを段階的に促す段階的教示を実施した。事前課題で有限方略を用いた生徒のみを分析対象として，4つの群，具体的には，「一括教示（実験1の教示）」の協同群と単独群，「段階的教示（実験2の教示）」の協同群と単独群で，事後課題における回転無限方略の適用率を比較した。その結果，段階的教示のもとでは，方略の質的変化がより生じやすく，特に協同条件でその促進効果が顕著であることが示された（図4-1）。

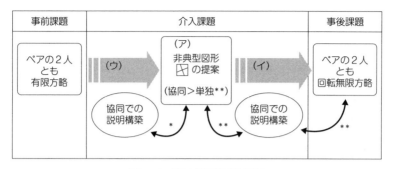

図 4 - 2　協同的問題解決過程

注：**$p < .01$；*$p < .05$（Fisher の直接確率計算法）。
出所：橘・藤村（2010）より筆者作成。

協同的問題解決場面における相互作用

　次に，協同過程のどのような相互作用が方略の質的変化を促すかを検討した（図 4 - 2）。まず，協同条件では単独条件に比べて非典型図形（たとえば，図 4 - 2 中央部の分け方）の提案が有意に多い点に着目した（図 4 - 2 の（ア））。さらに，非典型図形の提案後にどのような相互作用が起こり，回転無限方略の適用に結びついたかを調べたところ（図 4 - 2 の（イ）），ペアの一方のみが説明を進めたペアに比べて，協同で説明を相互に構築したペアの方が，事後課題でペアの双方が回転無限方略を適用する割合が有意に高いことが示された。また，非典型図形の提案に至る過程（図 4 - 2 の（ウ））においても，ペアの一方のみが説明を進めたペアに比べて，協同で説明を相互に構築したペアの方が，非典型図形の提案に至るペアが有意に多いことが示された。

知識の相互構築過程

　続いて，協同で説明を相互構築する過程について，より具体的に検討する（図 4 - 3）。

　まず，事前課題の段階で典型図形（たとえば，図 4 - 3 上部の分け方）については，すべての生徒が見出していた。介入課題で，これらの分け方に共通することを考える際に，ペアの一方が「どの分け方も中心を通る」もしくは「直角がある」といった共通要素に言及し，他方が「どれも線分が交わっている」と

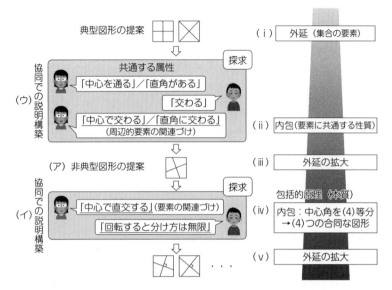

図 4-3　協同での説明構築を通じた概念的理解の深化メカニズム

いう共通要素に言及した後，それらを関連づけて「中心で交わっている」もしくは「直角に交わっている」といった説明が出てくると，その後に，非典型図形が提案されやすい様子が見受けられた。このように，相互に説明を行い，関連づける過程が「相互に説明を構築する協同過程」である。

　そして，非典型図形が提案された後，ペアの一方が「どの図形も中心で直交している」といった共通要素を関連づけた説明を行い，それを受け，他方が「そのまま回転すると分け方は無限になる」などと回転無限の性質について言及する相互作用がみられるペアは，事後課題で 2 人ともが回転無限方略を適用していた。

概念的理解の深化メカニズム

概念的理解の深化の観点から，図 4-3 のプロセスをさらに整理する。

（ⅰ）まず，課題に対する典型的な部分的解決法を各自が提案する段階がある。これは，言い換えると，集合の要素を示す段階，つまり，「外延」を

検討する段階である。

（ⅱ）そして，協同での説明の相互構築を通じて，各解決法の共通性を見出していく段階がある。「内包」をとらえる段階である。

（ⅲ）それらを通じて，共通性を満たす非典型的な解決法が提案される。つまり，「外延が拡大」される。

（ⅳ）こうした過程を経て，典型的・非典型的な解決法すべてを包括する原理，本質にあたる意味が見出されていく。さらに「内包」に迫る段階である。本課題では，正方形であれば中心角を 4 等分することで 4 つの合同な図形に分割できるという理解に至ることがこれに該当する。事後課題では，「正三角形を 3 つの合同な図形に分けるには？」という課題を用いたが，この場合も，先ほどの包括的原理を理解していることで，正三角形の中心角を 3 等分することで 3 つの合同な図形に分割するという解決に至りやすくなると考えられる。

（ⅴ）そして，こうした包括的原理に基づき，本質的な意味を理解したうえで，「外延を拡大」し，他の非典型的な解決法を提案していくという段階があると考えられる。

　他者がともに知識を構築する相手としての役割を果たすとき，こうした概念的理解の深化メカニズムが活性化し，協同を通じて個人の概念的理解が深められることが考えられる。

　以上より，協同的問題解決が個人の問題解決に促進的にはたらく際，他者が「能動的な聞き手」，「情報を提供する話し手」，「ともに知識を構築する相手」としての役割を果たすことが示唆された。特に，他者が「ともに知識を構築する相手」として相互的に概念的理解の深化を促す可能性も示された。授業実践における多様な協同場面を通じて，個々の生徒の「わかる学力」を生徒どうしでともに高めていくためには，具体的にどのような学習環境を組織していくことが可能であるか。授業実践における多様な協同場面を通じた生徒の「わかる学力」の支援については，続く第Ⅱ部で具体的な実践例を紹介する。

引用・参考文献

Azmitia, M. (1996). Peer interactive minds : developmental, theoretical, and methodological issues. In P. B. Baltes, & U. M. Staudinger (Eds.), *Interactive Minds : Life-Span Perspectives on the Social Foundation of Cognition*. Cambridge: Cambridge University Press. pp. 133-162.

Chi, M. T. H., de Leeuw, N., Chiu, M. H., & LaVancher, C. (1994). Eliciting self-explanations improves understanding. *Cognitive Science*, **18**, 439-477.

Ellis, S. (1996). The impact of collaboration on strategy generation and strategy adoption. 認知科学, **3**, 23-24.

Garton, A. F. (2004). *Exploring cognitive development : The Child as problem solver*. Oxford：Blackwell publishing.（ガートン，A. F.　丸野俊一・加藤和生（監訳）(2008). 認知発達を探る──問題解決者としての子ども──　北大路書房）

池田玲子・舘岡洋子（2007). ピア・ラーニング入門──創造的な学びのデザインのために──　ひつじ書房

Linn, M. C., & Hsi, S. (2000). *Computers, teachers, peers : Science learning partners*. Mahwah, NJ：Lawrence Erlbaum Associates.

Miyake, N. (1986). Constructive interaction and the iterative process of understanding. *Cognitive Science*, **10**, 151-177.

文部科学省（2017). 中学校学習指導要領

Mugny, G., & Doise, W. (1978). Socio-cognitive conflict and structure of individual and collective performances. *Journal of Social Psychology*, **8**, 181-192.

Okada, T., & Simon, H. A. (1997). Collaborative discovery in a scientific domain. *Cognitive Science*, **21**, 109-146.

Piaget, J. (1932). *The moral judgment of the child*. London：Routledge and Kegan Paul.

Shirouzu, H., Miyake, N., & Masukawa, H. (2002). Cognitively active externalization for situated reflection. *Cognitive Science*, **26**, 469-501.

橘春菜（2007). 他者への情報伝達を意図した描画表現の発達──幼児・児童の非視覚的情報の表現方略の検討──　教育心理学研究, **55**, 469-479.

橘春菜・藤村宣之（2010). 高校生のペアでの協同解決を通じた知識統合過程──知識を相互構築する相手としての他者の役割に着目して──　教育心理学研究, **58**, 1-11.

第Ⅱ部

実践編

——協同的探究学習の授業の実際——

第5章

中学校国語「少年の日の思い出」

―― 人物の心情について理解を深める ――

1　中学校国語でめざす「わかる学力」

中学校国語としてのねらい

　筆者は，2006年以降，名古屋大学教育学部附属中・高等学校において，藤村
宣之教授と協同的探究学習に関する授業研究に取り組んできた。ここでは，ま
ず中学校の国語の授業の全体を通じてどのような力をつけさせることを目標と
しているのかを，特に「わかる学力」の側面に絞って述べる。傍線部の意味を
わかりやすく言い換える設問や登場人物の心情を説明する設問など，国語では
答えが一通りには絞りにくい課題設定（非定型問題による設定）が行われる。
そのような問いを扱うと，生徒たちからさまざまな意見が出るわけだが，それ
らの意見の質的な差を判断したり，複数の意見を関連づけたりする力をつけさ
せたいと考えている。また，その際，自分の意見を他者にうまく説明すること
も必要になり，その過程を通じて自己の理解をより精緻化することもできる。
このような学習により，学習内容の本質的理解につなげていきたいというのが，
最も大きなねらいである。

領域別にみた「わかる学力」

　中学校の国語と「わかる学力」との関わりについて領域別にみていく。まず，
「読むこと」においては「わかる学力」は大変重要なものである。特に，物語
（小説）や詩歌の読解をする際には，答えが一通りに定まりにくい課題設定を
することが多い。一通りではないとはいっても，文脈を踏まえたある程度の客
観性がともなった解答でなければ，単なる自分勝手な理解に過ぎず，正解とは

いえなくなる。このような場合，教師が正しいと言っているから正しい，解答にこう書いてあるからこれが答えだ，ということではなく，読者（学習者）相互が，既有知識を文脈と関連づけて導き出した自分たちの読みを交流させ，「本当にそのような読み方ができるのか？」を追究し合うことが重要である。その点で「わかる学力」との親和性は非常に高く，協同的探究学習による効果がより大きく期待される領域である。また，物語に比べて比較的答えが定まりやすい説明文においても，よりわかりやすい説明，より優れた解答を追究したり，取り上げられている問題と関連する他の問題へと思考を発展させたりする場面では，「わかる学力」が欠かせないといえる。

　次に，「書くこと」との関わりについて述べる。小論文など，自己の主張を論理的に説明する文章を書く場合，解答が一通りではないのはもちろんのこと，「その論理構成は妥当なものであるのか？」など，独りよがりではなく，他者に対して説得力をもつ内容になっているかどうかが問われる。その過程で他者の意見との関連づけが必要となることも多く，まさに「わかる学力」の出番だといえよう。また，協同的探究学習は，生徒相互の対話を中心に据えたものであるため，結果的に「聞く・話す」力の涵養にもつながると考えられる。

高等学校国語への接続

　古典（古文・漢文）の比重が増す高校と比べて，中学校の国語では，近・現代の物語や詩歌の読解を深めたり，言語活動の一環として文章を書いたりする学習場面がより多くみられ，それだけ「わかる学力」を向上させる機会も多いといえる。しかしながら，中学校の学習内容は高校に比べると基礎段階にあたるため，ともすると「できる学力」の向上のみに焦点を絞った，丸暗記で確実に得点しようとする学習に陥ることがあるかもしれない。一方，高校では古典文法の習熟など，「できる学力」のハードルがより高くなり，それが障害となった結果，「わかる学力」を深めるところまで進みにくい面がある[1]。むしろ，基礎段階にあたる中学校から，「できる学力」と「わかる学力」の両面を重視

---

(1)　高等学校の古典での協同的探究学習を取り上げた実践例として，加藤（2015a）がある。

した学習を進めておくことにより，その後の学習もスムーズに進むと考えている。

「少年の日の思い出」単元としてのねらい

　ヘルマン・ヘッセ作「少年の日の思い出」は，実に1947年以降，中学校１年生の教科書に繰り返し掲載され，現在も５社すべての教科書に載っており，定番教材と呼ぶにふさわしい。「少年の日の思い出」は，大人になった「僕」が，友人に対して少年時代の思い出を語るという設定の物語である。少年時代，ちょう集めに熱中するあまり，隣の家に住んでいた少年「エーミール」が手に入れた珍しいちょうを盗み出し，故意ではないものの，結果的につぶしてしまう。「僕」の，ちょうへの執着心や「エーミール」への嫉妬心を描きながら，自分の犯した過ちにどう向き合うのかといった重い問題を読み手に突きつける，中学校１年生にとっては，質，量ともに大変中身の濃い教材である。

　主として次のようなねらいをもってこの教材を扱うこととした。

　　①　新出漢字や言葉の意味，使い方などについての知識を身につけさせる
　　②　登場人物の心情の変化を読み取り，作品理解をより深いものにさせる
　　③　場面展開や語り手の変化に注意し，作品構造の特徴について考えさせる

　①はこの単元に限らず，国語の授業全般で求められる，基礎学力として重要なものである。②は物語（小説）を読む際には常にねらいとなるものであろう。趣味の読書としては主観的な読みもよいだろうが，授業では本文の記述を根拠とした客観性のある読み方を心がけさせたい。さらに，「少年の日の思い出」は前半と後半で語り手や物語内の時間設定が変わるため，中学校１年生に③について考えさせるのにも適した教材である。これらを便宜上あえて単純に分類すれば，①で「できる学力」を，②③で「わかる学力」の向上をめざす単元といえる。

（2）　光村図書出版，教育出版，東京書籍，三省堂，学校図書。なお，本章で調査対象とした教科書は，すべて2016年度用の見本を用いた。

「少年の日の思い出」授業のねらい

　筆者はこの教材を中学校１年生の国語学習の集大成ととらえ，10時間ほどを
かけてじっくりと扱うことにしている。本書では，協同的探究学習の授業実践
として紹介しているが，国語辞典で難解な語の意味を調べ，指示語や表現技法
などに注意しながら登場人物の心情の動きを読み取っていくという，いわば一
般的な国語の授業に費やした時間もかなり長い（漢字の小テストもほぼ毎回実施
した）。言葉の一つひとつにこだわり，正確な読み取りをしたうえで，単元全
体のまとめとして協同的探究学習を行った。物語は，「僕は，そっと食堂に行
って，大きなとび色の厚紙の箱を取ってき，それを寝台の上にのせ，やみの中
で開いた。そして，ちょうを一つ一つ取り出し，指で粉々に押しつぶしてしま
った(3)」という場面で終わっている。ここで粉々にしたちょうは，「エーミー
ル」のちょうではなく，「僕」自身のものであるが，この行動のもつ意味につ
いて生徒たちに考えさせた(4)。罪を犯すという行為について深刻に考えさせられ
る場面であり，多感な成長過程にある中学生にとっては，自己を見つめ直し，
人間とは何か，といったテーマについて思考を深めることにもなる場面である。
明確に答えを絞ることができる問いではなく，言い換えれば，テクストの空白
を読者が埋めながら読む箇所だともいえる。このような場面の読み取りこそが
物語（小説）の魅力ともいえるものの，一方で，根拠のない独りよがりの読み
に陥る危険性もある。そこで，本文に書かれていることを根拠にしながら説明
するよう指示した。さまざまな意見の妥当性，さらには，共通性と相違点につ
いて考え，それらを踏まえたうえで関連づける学習を経て，個人では気づかな
い視点に気づかせ，かつ，他者の共感を得られる説得力のある読みを練り上げ
ることで，心情理解をより深い段階へと導くことをねらいとした。

---

(3)　本章で紹介する授業実践では，『国語1』（光村図書出版，2015）を教科書として使用している
　　ため，本文引用も同書に拠った。

(4)　細かな違いはあるものの，学校図書以外の4社（光村図書出版，教育出版，東京書籍，三省
　　堂）の教科書が章末問題として取り上げている問いである。

2　協同的探究学習の導入場面と授業過程

単元計画

　単元の最後に，まとめとして協同的探究学習を行った。しかしながら，そこに至る通常の授業のなかでも，簡略版の協同的探究学習（通称「ミニ探究」）を実施した。ミニ探究は「①授業者が発問する→②生徒各自に考えさせる→③周囲の座席の生徒と意見交換させる→④2〜3名の生徒を指名し，意見を発表させる」という学習過程を経る。②で答えをノートに書かせる場合もある。④で生徒を指名する際には，「自分1人で考えた意見でもよいし，周囲の生徒の意見を踏まえて答えてもよい」と指示し，やや難しい課題に対しても意見を述べやすいようにしている。話し合いの時間が1〜2分程度と短いことや2〜3名の意見しか紹介できないなど，あくまでも簡略版の協同的探究学習ではあるが，すべての授業で協同的探究学習を行うことは授業の時間数を考えると難しい。そこで，本格的な協同的探究学習との相乗効果を狙い，毎時間1回程度，ミニ探究を組み込む工夫をしている。(5) 表5-1に，単元計画を掲載するが，ミニ探究及び協同的探究学習をどのように授業に組み込んだのかが明らかになるように記した。

本授業の構成（全10時間中の9，10時間目）

【学習指導案】

1．教材・単元　『国語1』（光村図書出版），ヘルマン・ヘッセ「少年の日の思い出」

2．対象生徒　中学校1年生B組（男子20名，女子20名，計40名）

3．学習活動

　(1) 目標　登場人物「僕」の心情についての理解を深める。

　(2) 指導計画（全10時間）

---

(5)　高等学校の漢文の授業でのミニ探究の実践例を紹介したことがある（加藤，2015b）。

表 5-1　中学校国語「少年の日の思い出」単元計画

時間	学習内容	学習目標	学習方法
1	物語全体の構成を理解する。	語り手の変化，時制の変化などの明確な根拠にもとづいて，作品の構成を押さえる。	・本文の構成を問うことを予告したうえで，生徒を順に指名し，本文を通読させる。 ・通読後，本文をどこで分けることができるかについて，**ミニ探究**を通して理解を深めさせる。
2	物語前半を読解する。	情景描写と物語の展開の関連性について押さえる。	・指名読みの後，発問と板書を用いながら，情景描写からわかることを読みとらせ，物語の展開との関連性について考えさせる。
3・4	物語後半①（「僕」の幼少期）を読解する。	出来事の展開にそって，「僕」の心情の変化を読み取る。	・指名読みの後，発問と板書を用いながら，出来事にそって「僕」の心情の変化を読みとらせる。 ・僕が「自分の幼稚な設備を自慢することなんかできなかった。」ときの心境について，僕が「この少年に，コムラサキを見せた。」ときの心境について，それぞれ**ミニ探究**を通して理解を深めさせる。
5〜8	物語後半②（「僕」の少年期）を読解する。	出来事の展開にそって，「僕」の心情の変化を読み取る。	・指名読みの後，発問と板書を用いながら，出来事にそって「僕」の心情の変化を読みとらせる。 ・「四つの大きな不思議な斑点が，挿絵のよりはずっと美しく，ずっとすばらしく，僕を見つめた。」という擬人法のもつ効果について，**ミニ探究**を通して理解を深めさせる。 ・「僕の良心」とはどのようなものかについて，**ミニ探究**を通して理解を深めさせる。 ・「まるで世界のおきてを代表でもするかのように」とはどのような意味かについて，**ミニ探究**を通して理解を深めさせる。
9・10	単元全体のまとめをする。	物語全体の内容を押さえたうえで，最後の場面のもつ意味についての理解を深める。	・「僕がちょうを一つ一つ取り出し，指で粉々に押しつぶしてしまった。」行動について，**協同的探究学習**を通して理解を深めさせる。

表5-2　9時間目の授業展開

時間	学習内容	学習活動	＊指導上の留意点 評価観点： ○できる学力　●わかる学力
導入 （5分）	前時の復習 本時の予告	• 前時の復習と本時の 　内容の予告をする。	
展開① **個別探究Ⅰ** （15分）	各自で課題に取 り組む	• 課題の内容と注意事 　項を説明する。 • 各自で課題に取り組 　ませる。	＊周囲と相談せず，個別に取り組むよう 　指導する。 ●本文中の根拠を踏まえた，正確な読み 　取りができているか，ワークシートの 　記述内容からつかむ。
展開② **協同探究Ⅰ** （25分）	各自で考えた解 答をグループ内 で発表する グループとして の意見をまとめ る	• 4人グループをつく 　らせる。 • 各自で考えた解答を 　グループ内で発表さ 　せる。 • グループとしての解 　答をまとめさせる。 • ワークシートを回収 　する。	＊聞き取りやすい発表になるように，発 　表をメモしながら聞くように，指導す 　る。 ＊よりよい解答になるよう，4人で解答 　を練り上げるよう助言する。 ●本文中の根拠を踏まえた，正確な読み 　取りができているか，ワークシートの 　記述内容からつかむ。
まとめ （5分）	次時の予告	• 次時の内容の予告を 　する。	

　　1時間目：物語全体の構成を理解する。

　　2～8時間目：物語全体を読解する。

　　9時間目：最後の場面の「僕」の心情について，個人（個別探究Ⅰ）と
　　　　　　　集団（協同探究Ⅰ）で考える。

　　10時間目：最後の場面の「僕」の心情について，集団（協同探究Ⅱ）と
　　　　　　　個人（個別探究Ⅱ）で考える。

　(3)　授業形態　一斉授業

4．展開　9時間目と10時間目の授業展開は表5-2，表5-3参照。

3　協同的探究学習としての工夫

問題の提示

物語を最後まで読んだ後，単元のまとめとして，次のような発問を用意した。

表5-3　10時間目の授業展開

時間	学習内容	学習活動	＊指導上の留意点 評価観点： ○できる学力　●わかる学力
導入 （5分）	前時の復習 本時の予告	• 前時の復習と本時の内容の予告をする。	
展開① **協同探究Ⅱ** （30分）	各グループの解答をクラス全体に紹介する。 各グループの解答の共通点や相違点について考える。	• 前時に回収したワークシートを返却する。 • 各グループの代表者にグループとしての解答を発表させる。 • 各グループの解答の共通点や相違点について考えさせる。	＊聞き取りやすい発表になるように，発表をメモしながら聞くように，指導する。 ＊グループごとの違いや特徴に注意するように指導する。 ●本文中の根拠を踏まえた，正確な読み取りができているか，発言内容からつかむ。
展開② **個別探究Ⅱ** （10分）	再度，個人で同じ課題に取り組む。	• 本時の内容を踏まえて，再度，個人で同じ課題に取り組ませる。 • ワークシートを回収する。	＊他者の意見を踏まえて，再度，考えるよう促す。 ●本文中の根拠を踏まえた，正確な読み取りができているか，ワークシートの記述内容からつかむ。
まとめ （5分）	次時の予告	• 次時の内容の予告をする。	

　物語の最後の場面で，「僕」が「ちょうを一つ一つ取り出し，指で粉々に押しつぶしてしまった」という行動には，どのような意味があるのだろうか。物語に書かれていることを根拠として示しながら，説明してみよう。
　物語全体を踏まえて考える必要がある問いであり（ほとんどの教科書で章末問題として採用されている理由であろう），「多数派の子どもが多様にアプローチできる」という協同的探究学習の課題にふさわしいものである（藤村，2012）。また，そう考えた根拠も求めることで，漠然とした主観的な読みから，他者への説明が可能な客観性のある読みになるよう促したいという意図もある。

個別探究Ⅰ

　10時間中9時間目の「展開①」が，個別探究Ⅰに該当する（表5-2）。まずは，周囲と相談せず，自分ひとりで考えさせる。自分で考えようとせず，はじ

めから周囲に頼ろうとする生徒が出てしまうという点がグループ学習や協同学習のマイナス面として指摘されることがある。しかし，最初に個別探究の時間をしっかりと確保することで，それを防ぐことができる。このとき，なかなか書けない生徒には，根拠などは省略してもよいので，何か思ったことを書いてみるよう机間指導で助言し，白紙解答のまま次の学習過程に進むことのないように心掛けている。

協同探究

10時間中9時間目の「展開②」（表5-2）と10時間目の「展開①」（表5-3）が，協同探究に該当する。

40人分の解答すべてをクラスで紹介し，共有するということは難しいため，まずは4人グループをつくってそのなかで各自の意見を発表し合い，グループとしての意見をまとめさせる。グループの構成はそのときの座席順により，特に意図を加えることはしない。その際，「話す」力の向上も兼ねて，ただプリントを見て読みあげるだけではなく，発表者はプリントを裏向けて発表するように，という指導をしている。ただし，裏向けて発表するのは最初は難しいため，中学校1年生ではできそうな生徒だけが挑戦すればよいということにしている。「聞く」側の生徒には，話したことをすべて書き取る必要はないので，必要に応じてメモをとるよう指導している。次に，グループとしての意見をまとめさせるのだが，過去には，多数決で決めてしまったり，4人の意見を単純につなぎあわせたりして安易に答えをつくってしまうということもあった。そこで，「誰かひとりの意見を選ぶ，というだけでなく，複数の人の意見を組み合わせるなど，グループ内での話し合いを通じて，意見を練り上げてみよう」「必ずしも全員の意見を入れなければならないわけではありません」という指示をすることにしている。

グループの意見が完成したところでワークシートを回収し，9時間目は終了である。4人グループでの探究と，クラス全体での探究を同じ時間には行わないようにして，授業と授業の間にワークシートの記述に目を通し，次時の授業のねらいや板書計画を練ることにしている。どのような順番で意見を発表させ

るのか，どのような板書をするのか（発言すべてを板書するには黒板のスペース
も授業時間も足りない），すべてのグループの意見を発表させた後，グループ間
の共通点や相違点といった質的な差について，どの点に比重を置いて考えさせ
るのか，といったことを検討しておく。教師が一方的に模範解答を示すのでは
なく，前時に生徒たちが考えた意見をもとにして授業を組み立てていくことを
重要視しているが，完全に生徒任せにしているわけではなく，十分に計画を練
ったうえで行っている。

　10時間目の授業では，すべてのグループの意見を発表させ，ポイントとなる
箇所を板書していく。発表者は，教師が指名することが多い。今回の授業では，
発表順に意図を加えることはしなかった（発表の内容から必要と判断すれば意図
を加える場合もある）。発表者には，教師は発表内容を知っているので，教師に
対してではなく，クラスの生徒たちに向かって発表するよう求めている。発表
を聞くときは，必要に応じてメモをとればよく，必ずしも板書を書き写す必要
はないことも伝えている。グループの意見を発表させた後，周囲の生徒との話
し合いなども行いながら，共通点や相違点について考えさせた。生徒たちは，
共通点として「ちょう集めをする資格はない」「ちょう集めとの決別」「思い出
を自分の手で消す」などを，相違点として「罪を償うためにした」「罪は償え
ないから消そうとした」「自らに罰を与えた」「ちょうへの八つ当たり」などを
あげた。生徒の発言にそって，板書した意見にカラーで線を引くなどして，こ
れらのポイントを整理していった。その後，グループとしての意見には反映さ
れていなかったものの，個別探究Ⅰの段階で書かれていた優れた意見や他のク
ラスの意見なども紹介した。前者については，個別に生徒を指名し，発表させ
た。類似の意見を複数の生徒が書いていた場合は，普段あまり挙手しない生徒
や国語があまり得意ではない生徒を優先的に指名し，自信をもたせる機会とし
ている。今回の授業でいえば，「未来へのちかい」「いら立ちと罪悪感を落ち着
かせる自己満足」「起きてしまったことを何もなかったようにすることは不可
能なので，その不快な思い出ごと消し去ろうという意味」などの意見を板書し
て紹介した（図5-1）。

図５-１　中学校国語「少年の日の思い出」　板書

個別探究Ⅱ

　４人グループとクラス全体という２段階の協同探究を経て，再度，同じ問い
に取り組ませました。「グループやクラスでの話し合いを経て，うまく使えそうな
意見があれば，組み合わせてみよう」「紹介した意見，板書した意見がすべて
正しいとは限らないので，よいと思った意見だけを取り入れよう」という指示
をした。10分程度の時間をとって書かせた後，最後にワークシートを回収した。
全員の解答に目を通し，一言ずつ赤ペンでアドバイスを書き込んで次時に返却
した。同時に，生徒の解答のうち，別々のグループから出てきた意見をうまく
関連づけ，本文中の記述を根拠にあげながら説明できており，他の生徒にも紹
介したいと思ったものを，プリントに掲載して配布し，再度全体にフィードバ
ックしてこの単元を終えた。

4　子どもの探究と協同はどのように進んだか
――中学校国語科授業の心理学的分析

生徒の視点からみた授業の構造

　「協同的探究学習」による授業では，（a）多様な考えが可能な非定型の導入問
題が提示され，（b）個別探究でその問題に対して各生徒が多様な発想をワーク
シートやノートに表現し，（c）クラス全体の協同探究で生徒の多様な発想を関
連づけられて教材の本質に迫り，（d）その協同探究を活かして各生徒が非定型
の展開問題を個別探究することで本質を理解する，というアプローチがとられ

表5-4　協同的探究学習による「少年の日の思い出」の授業構造

1．登場人物の心情の把握：主発問による多様な推測（(a)導入問題→(b)個別探究）
　　例：「物語の最後の場面の，「僕」が「ちょうを一つ一つ取り出し，指で粉々に押しつ
　　　ぶしてしまった」という行動には，どのような意味があるだろうか」
　　　①　ちょう集めをする資格のなさ。罪悪感
　　　②　自分に対する罰，戒め
　　　③　自分の犯した罪の償い
　　　④　悔しい思い出の消去
　　　⑤　ちょう集めとの決別
2．多様な考えの関連づけと主題に迫るための討論（(c)協同探究）
　　・似ているところはどこか？
　　・関連する意見は？　「未来へのちかい」，「エーミールへのいらだちと罪悪感を落
　　　ち着かせるための自己満足」など
　　・本文中の根拠は？　「自分の犯した罪を償うことはできるのか？」など
3．再度の個別研究（(d)展開問題：協同探究を活かして，もう一度，個人が問いで深
　　める）

る。その構造を「少年の日の思い出」のひとつの授業について示したのが表5
-4である。

　表5-4に示されているように，本時の授業では，この物語の最終場面で
「僕」が「ちょうを一つ一つ取り出し，指で粉々に押しつぶしてしまった」と
いう行動には，どのような意味があるかが導入問題（主発問）として問われる。
これまでの物語の展開についての理解をもとに，この物語の主題についての統
合的な理解が求められる本質的な課題である。この導入問題については，①ち
ょう集めをする資格のなさや罪悪感，②自分に対する罰や戒め，③自分の犯し
た罪の償い，④エーミールとの関係での悔しい思い出の消去，⑤ちょう集めと
の決別や今後への決意，といった大きく分けると5種類の考えが個別探究場面
でワークシートに表現された。その後のグループ交流を経たクラス全体での協
同探究では，以上の5種類を含む多様な考えが発表され，「似ているところは
どこか」と問われることで，上記の5つのカテゴリーが見出された。さらに教
師は本文に戻ってそれぞれの解釈の妥当性を問い，関連する意見の発表を求め
た結果，「未来のちかい」など生徒固有の表現や，カテゴリーを統合する考え
が発表された。さらに「自分の犯した罪を償うことはできるのか」という問い
（追究型発問）によって本文の記述をもとに主題に迫る話し合いがなされた。そ

表5-5　導入問題から展開問題にかけての個人内変化の事例

生徒1
〈導入問題（課題1）〉
　エーミールからちょうを盗んでしまった罪悪感と，エーミールにちょうの扱いが悪いと言われた悔しさや憤りがストレスとなり，自分のちょうに当たってしまった。そうすることで自分に罰を与え，今後は一切ちょう集めはしないと決意する気持ちが表れている。
〈展開問題（課題5）〉
　もう償いのできないことだと悟った。エーミールに謝りに行ったが無駄だったため，せめて自分で考えられる罰を自分に与えようと思って，この行動に出た。また，家に帰ってから「僕」が無言であったことから，すでに精神的に追い詰められていて，八つ当たりの部分もあったと考えられる。今後はちょう集めはしないという決意が表れている。

生徒2
〈導入問題（課題1）〉
・盗みをしてしまった自分を，自分のちょうを粉々にすることで罰したい。
・自分がずっとやってきたちょう集めを，今後は一切しないぞと決めた。
〈展開問題（課題5）〉
　p. 189，L14〜15から，自分がしたことや罪を，何もなかったかのようにすることは不可能だとわかったので，せめて自分を罰して，今までの思い出を消し去ろうとするためにつぶした。また，p. 185，L17〜 p. 186，L15で罪悪感を感じている様子から，盗みをしてしまった自分はちょう集めをする資格などないから，今後一切ちょう集めをしないという決意もある。

の後，各生徒は導入問題と同一の問い（展開問題）に対して，協同探究を活かして考えたことをワークシートに表現した。

個別探究過程の分析

　本時の協同的探究学習では，同一の問いが導入問題と展開問題として，クラス全体の協同探究の前後の個別探究過程で実施されている。各生徒は，協同探究を通じて，どのように個人の思考を変化させたのであろうか。そこで，導入問題（ワークシートの課題1）から展開問題（ワークシートの課題5）にかけての個人内の記述の変化を分析した。表5-5に2名の生徒の記述内容を例として示す。生徒1，2ともに，「犯した罪は償いのできないこと」という，本文の記述に即した内容（下線部分）を組み込んだうえで，新たな視点による解釈（網掛け部分）を加えて，統合的な説明を構成するようになった。その新たな視点は，先の5つのカテゴリーのいずれかを反映したものであった。同種の変化

表5-6　クラス全体の協同探究場面における発話（多様な考えの関連づけ場面）

話者	発話内容
T	（考えの間の）同じところを見つけてください。 （4, 5人の生徒が挙手する）
T	あ，割とすぐ見つかりました。 じゃあ S1くん，いいですか。（S1立つ）
S1	えー，ちょう集めをする資格がないのところがたくさん，あると。
T	うん，そうだね。 （教師，S2の板書の「ちょう集めをする資格はない。」の文字の脇に黄色いチョークで線を引く） たとえば，どんな。
S1	えーっと，S3さん。
	（教師，S3の板書の「ちょうを持つ資格はない。」の文字の脇に黄色いチョークで線を引く）
T	とか。
S1	えーっと，S4くん。
	（教師，S4の板書の「ちょう集めの資格はない。」の文字の脇に黄色いチョークで線を引く）
T	ね。そんなところでしょうか。あと，もちろん全部は書ききれないので書いてないところで そういうこと言ってた班もあったかと思います。 他にどうでしょうか。（数人挙手する） じゃあ S5くん，どうですか。（S5立つ）
S5	罪を償う。
T	罪を償うため。たとえばどこかな。
S5	S6さんとか。
T	S6さん。罪を償う。他には。 （教師，S6の板書の「罪を償う」の文字の脇に水色のチョークで波線を引く）
S5	えーと，……。
S7	本当だ。
S8	ことばはいっぱいある。
S9	近いことばが……。
T	たとえば，どこか，変わってない？
S5	償いはできない，の償い，償い，そういうこと，キーワードにいっぱい出てくる。
T	うん，なるほど。ありがとう，後で話をしようと思ったんだけど，「罪を償」までは結構出て きていると思います。どうですか，また頷いている人もいますけど。じゃあ，S6さん今 頷いたけど。
S6	償……え。
T	償，まで出とったけど，そっからどう違う？
S6	償え，なくなる。
T	うん。
S6	償えないものを忘れたいとか。
T	うん。償おうと思ってやっているのか（S10の「もう償いのできないことだ」という板書の 文字の脇に水色のチョークで線を引く） 償えないからつぶしたのか。
S11	償……，償うもの，償うものを忘れたい，償いを忘れたい。
T	償いを忘れたい。
S12	償えないものを……。
T	償えないことを忘れたいと考えることと，つぶすことで償おうと思ったという意見と。
S13	あー。

話者	発話内容
T	償うのか，償えないからつぶしてしまって忘れるとか……。 結構するどい質問でした。他にどうですか，こういうところは結構よく似た意見としてあったとか（2，3人手を挙げる）。 はい，じゃあ S14 くん。
S14	えっと，ちょう集めを忘れたいとか，思い出したくないとか，えっと，ちょうと決別とかそういうちょう集めに対する……
T	ちょう集めを，やめるとか，はいたとえば S14 くん，どこ関係ある？
S14	S10 さんの「ちょう集めと決別」とか，あと悲しい記憶を忘れるため……あと S15 さんの「その思い出を自分で消そうとした」というのも。S16 くんの「楽しい一つ一つの思い出（ちょう）をつぶした」もだし，S17 さんの「自分の心情を思い出したくない，忘れたい」というのも，S18 さんの「ちょうを忘れたい」というのも。S4 くんの「そのことを忘れるため」。
T	はい。なるほどね，かなり多くの班でこれは出てたかな。さっきも言いました，一字一句全部書いてないから，書いてないところでいけばほとんどの班が，要は今回の出来事を，消したい，忘れたい，こういうことがかなり一緒だったかな。ではどうでしょうかね，こういうところはちがうとか，何かこれ以外に気づいたこと，逆にこういうところは違うんじゃないの。じゃあちょっと手は挙がっていますけど，少し意見交換してください。 （クラスのなかで生徒たちが話し合っているところもあれば，自分で考えている生徒もいる）
T	はいじゃあ，どうですか。気がついたところありますか。 はい，じゃあさっきも挙げてくれていました S19 くん。
S19	八つ当たり，八つ当たり？
T	八つ当たりという意見があるということ，あ，これが珍しい意見。 （教師，板書の S17 の「八つ当たり」を指して脇に線を引く）
S19	他が罪を償うとか，多いなかで……
T	罪を償うとか，忘れるというのが，八つ当たりが。 はい，じゃあ他はいかがでしょうか。じゃあ S2 くんどうぞ。
S2	班によって，八つ当たりってとらえていたり，自分への罰とかとらえている人がいたり。
T	あー，自分への罰，……（板書に）書いてない？
S2	自分……（板書を指さす）
T	書いて……あー，なるほどね，書いてあります。（板書の S2 の「自分への罰」の脇に線を引く） はい，あと，S6 さん手を挙げてました？
S6	同じです。
T	では，S20 くん。
S20	えーっと，あの班によって自分で考えたとか，エーミールに言われたことが悔しかったり。
T	うん。
S20	する，のが。
T	あー，なるほどね，だから，いやな記憶，いやな思い出はいやなんだけれども，エーミールに言われたことがっていう話なのか。 （板書の S15 の「エーミールに言われたことがくやしく」に黄色で波線を引く） 自分がしてしまったことが，っていう方かな，たとえば。 （板書の S10 の「ちょうをつぶすというつらいことで」に黄色い波線を引く） そこに違いがあるという，ね。 いやな思い出はいやなんだけど，エーミールに言われたことがなのか，自分がしたことがなのかってちょっと違う。はい，じゃあね，まだまだいろんな意見が出ると思うんですが，そろそろまとめの方考えていきますけれども。

注：T は教師，S は生徒を指す。

は他の多くの生徒の記述内容にもみられる。

協同探究過程の分析

　表5-5で示したような個人内変化がどのような要因によって生じているのかを分析するために，クラス全体の協同探究場面の発話を分析した。生徒が多様な解釈を発表した後の「それらの考えの似ているところはどこか」という問いから始まる関連づけのプロセスに対応する発話を表5-6に示す。

　表5-6にみられるように，多様な意見の間の共通点，相違点を探していくことで，先の5つのカテゴリーが見出され，生徒自身のことばで関連づけられていった（網掛け部分）。また，「償うため」という意見に対して，「償えない」という本文に即した意見も表現され，教師による焦点化の発問（償，までは同じかな？：下線部分）によって対比が明確になり，「償えない罪を自ら受け入れるしかない」というこの物語の本質に迫ることができていたと考えられる。

5　子どもの「わかる学力」は高まったか

　前節の個別探究過程の分析でみたように，各生徒の主発問に対する記述内容は，協同探究場面を経験することを通じて，他者が示した視点を含む多面的な記述に変化し（多様性），さらに本文の記述内容に即して，この物語の本質に迫る説明へと変化する（深化）者が多くみられたことから，物語教材における中学生の「わかる学力」が協同的探究学習を通じて深まったと推察される。この小説（物語）の解釈は多様であり，そうであるからこそアイデンティティ形成期において自己と対照させながら理解を深める中学生の教材として適している面がある。一方で，読みの多様性が広がるだけでは不十分であり，本質に迫ることが物語文の読解としては重要であり，本授業においては，それが生徒の発言に依拠してテキストを参照させる，教師の「焦点化発問（追究型発問）」によって促されていることも示唆された。

■ コラム ■
「書く」領域につながる協同的探究学習

　わが国のこれまでの国語科教育においては，読書感想文などで「書く」指導が行われてきてはいるものの，小論文やレポートを「論理的に書く」ということについては，各教師の創意工夫に任され，系統的な教育はあまり行われてこなかったのではないか。「書く」力は，近年ますます重要視され，それを裏付けるかのように大学入試でも小論文などが課される例が増えている。このような時代の要請もあり，名古屋大学教育学部附属中・高等学校では『はじめよう，ロジカル・ライティング』[*1]（以下「同書」と省略する）という教材を作成し，実際に授業で使用している。なお，同書では，対象読者に中学生を含んでいることもあり，小論文ではなく，意見文と呼んでいる。

　意見文には主張を支える理由が不可欠だが，書いた本人は「適切な理由だろう」と思っていても，実際には，独りよがりの説明であったり，話題の中心とつながらない内容を理由としてあげていたりすることが多々ある。他者を説得するに足る，理由の適切さについての自覚を深めさせるため，与えられた意見文を批判的に読み，そこに書かれた「理由」の部分について，協同的探究学習を用いながら理解を深めるという授業を中学校3年生で実施した。[*2]

　「海外で本来日本料理ではないものが，日本料理として出されている場合がある。誤解を防ぐため，農林水産省が，海外の日本料理店を評価し，認定する動きがある。日本料理が健康によいという理由でこれに賛成する」といった主旨の，話題と理由がうまくつながらない文章を読ませ，「この文で挙げられた理由について，それが「主張」を説明するのに適切か不適切か答えなさい。適切でない場合は，そう考えた「理由」も書きなさい」という問いに取り組ませた。海外で日本料理が誤解されないために，日本料理店を評価，認定するかどうかという話題と，健康によいからという理由が合致していないことに気づかせ，各自が意見文を書く際にも，「なぜなら…から」という形式さえ用いれば，適切に理由を書いたことにはならないという自覚を深めさせることをねらいとした授業である（この課題は，後に同書の127頁に掲載）。

　表5-7で簡潔に授業の流れを紹介する。

---

*1　名古屋大学教育学部附属中・高等学校国語科著，戸田山和久執筆協力（2014）。「主張」「理由」などの用語を使って，論理的に書く力を養成することをめざした教材である。
*2　この授業の詳細は，加藤（2011）を参照のこと。

表 5-7　意見文に取り組む授業の流れ

時間	学習内容	学習方法
1	・理由の適切性について，個人で考える（個別探究Ⅰ）。	・意見文についての注意事項を説明する。 ・各自で練習問題に取り組む。
2	・理由の適切性について，4人グループで考える（協同探究Ⅰ：前段階としてのグループ探究）。	・各自の意見をグループ内で発表する。 ・グループとしての意見をまとめる。
3・4	・理由の適切性について，クラス全体で考える（協同探究Ⅱ：クラス全体での探究）。 ・理由の適切性について，再度，個人で考える（個別探究Ⅱ）。	・グループの意見をクラス全体で発表する。 ・各グループの意見を各自で分類し，共通点，相違点について考察する。 ・再度，各自で練習問題に取り組む。

　個別探究Ⅰでは不適切な理由が書かれているにもかかわらず適切だと答えた生徒が，個別探究Ⅱでは「この話の話題となっている農林水産省が区別することが必要か，必要じゃないか，ということの理由になっていなくて，そもそも論点とずれている」と不適切さに気づくことができた，あるいは，個別探究Ⅰでは「積極的に世界に知らせていきたいのならば評価しなくても良いし，本当に健康に良いとは限らない」と不適切であるということはわかっていてもその理由をうまく説明できなかった生徒が，個別探究Ⅱでは「この話の話題となっている農林水産省が区別することが必要か，必要じゃないか，ということの理由になっていなくて，そもそも論点とずれている」とうまく説明できるようになった，といった記述の変化がみられた。

　高校では，「他者の意見文を踏まえた上で，意見文を書く」（同書第8章），「データを読み取った上で，意見文を書く」（同書第9章）といった，より高度な課題について，協同的探究学習を用いた授業を行いながら，本格的に意見文を書かせる段階に進んでいる[*3]。「書く」ことが苦手な生徒にとっても，協同での探究を経ることで，自分も書いてみようという意欲が増すように思われる。このように，協同的探究学習は「書く」領域においても有効な学習方法といえる。

　*3　これらの授業については，加藤（2014）に掲載した筆者の公開授業の指導案や，加藤（2015c）で，簡略にではあるが紹介している。

引用・参考文献

藤村宣之（2012）．数学的・科学的リテラシーの心理学——子どもの学力はどう高まるか——　有斐閣

加藤直志（2011）．「協同的探究学習」を用いた国語教育——中学校における実践例「説明文の読み比べ」及び「意見文を書く」——　同志社国文学　**74**，151-163.

加藤直志（2014）．資料4　SSH3年次研究発表会　③高校1年生　国語総合（現代文・漢文分野）「他者の意見を踏まえた意見文を書く」　名古屋大学教育学部附属中・高等学校紀要，**59**，122-123.

加藤直志（2015a）．清少納言評を読み比べる——高校二年生・古典（古文・漢文）の授業実践——　同志社国文学，**82**，129-141.

加藤直志（2015b）．公開研究授業報告——漢文の基本構造の理解と，漢文に親しむこととの両立を目指して——　新しい漢字漢文教育，**61**，52-59.

加藤直志（2015c）．協同的探究学習を用いたサイエンス・リテラシーの育成　3・国語における実践例　名古屋大学教育学部附属中・高等学校紀要，**60**，14-15.

名古屋大学教育学部附属中学校・高等学校国語科（2014）．はじめよう，ロジカル・ライティング　ひつじ書房

山本洋一（2014）．ヘッセ再考——実像を求めて　上——　中日新聞12月19日朝刊

第6章

高等学校国語「せきをしてもひとり」

──感情をどう表現するか──

1 高等学校国語でめざす「わかる学力」

高等学校国語（現代文）としてのねらい

　高校の現代文の授業は，さまざまな文章を読み，その内容を正確に読み取ること（書くこと）が中心に行われている。論説文（客観的に書かれた文）や小説は，大学入試で扱われる主要な文章であるため，特に授業で多く時間を割いたり，演習を行ったりしていることが多い。「書くこと」の分野においては，「読むこと」の評価としての記述型問題に対応するための演習や，小論文課題に対応するための授業が行われている。いずれも要求された課題に対して論理的に文章を書くことが求められる。つまり，自分の考えたこと，感じたことを，根拠をもって書くことが求められるのである。

「現代の俳句──俳句十二句」単元としてのねらい

　国語（特に現代文）は，言語運用能力を鍛える中枢を担う教科であり，ある意味，論理的思考のトレーニングをする教科でもある。大学受験を意識して授業を展開すると，より論理的，客観的に文章を理解したり書いたりすることが重要となり，主観的に書かれた文章（小説，詩，短歌，俳句等）をどのように読み取るか，感じたことをどのように表現するかを深めるための授業は相対的に少なくなってしまう。

　このようなことから，主観的に書かれた文章にはさまざまなものがあるが，特に短い文で自分の考えることを表現する韻文系の文章に高校生が触れる機会は，高校生の生活実態をみる限り，あまりない。そのため，現代の短歌，俳句

96

は生徒たちにとって，ともすれば縁遠い存在になりがちな状況がある。そこで本章では，生徒たちが触れる機会が少ない俳句を取り上げることにした。

　本単元は，三省堂教科書『高等学校現代文』第2部のなかにある。名古屋大学教育学部附属高等学校では高校3年生で履修する教材である。16句の現代俳句を作者ごとに取り扱うのではなく，8つの題材に対して異なる作者によって書かれた俳句を2つずつ扱うという構成になっている。指導書によれば，

　　「俳句によく取り上げられる六つの語を選出し，その語ごとに二句を掲載
　　した。取り上げた八語の中で，「鞦韆」「燕」「咳」は，季語としても代表
　　的なものである。取り上げた題ごとに，そのイメージをよく表現している
　　句を二句取り上げることで，印象的な対照をなすよう吟味をして組合せの
　　構成をした。題詠的な発想（俳句のお題を先に指定し，その題に合う俳句
　　を詠むというような発想）で二句を取り合わせたといってもよいだろう。
　　また，近代から現代に至るまでの様々なスタイルの俳句を収録するように
　　も留意してある。」

とある。生徒たちが，これらの句の読み取りや主題への迫り方を学ぶことで，自分が伝えたいことの多様な表現方法を学び，自分が表現したことを効果的に表現する際に使えるようになるために適切な教材であると考えた。

　本単元で扱う俳句とその題を以下に記す。

　〈鞦韆〉
　鞦韆は漕ぐべし愛は奪ふべし　　　　　三橋鷹女
　鞦韆を漕ぐとき父も地を離る　　　　　鷹羽狩行
　〈鳥〉
　雉子の眸のかうかうとして売られけり　加藤楸邨
　揚雲雀空のまん中ここよここよ　　　　正木ゆう子
　〈海〉
　海に出て木枯帰るところなし　　　　　山口誓子
　しんしんと肺碧きまで海のたび　　　　篠原鳳作

〈戦争〉

戦争が廊下の奥に立つてゐた　　　　　　　　渡辺白泉

戦争と畳の上の団扇かな　　　　　　　　　　三橋敏雄

〈燕〉

つばくらめ父を忘れて吾子伸びよ　　　　　　石田波郷

子燕のこぼれむばかりこぼれざる　　　　　　小澤　實

〈広島〉

広島や卵食う時口開く　　　　　　　　　　　西東三鬼

彎曲し火傷し爆心地のマラソン　　　　　　　金子兜太

〈咳〉

咳の子のなぞなぞあそびきりもなや　　　　　中村汀女

せきをしてもひとり　　　　　　　　　　　　尾崎放哉

〈こども〉

裸子がわれの裸をよろこべり　　　　　　　　千葉皓史

宿の子を寝そべる秋の積木かな　　　　　　　田中裕明

「現代の俳句——俳句十二句」授業のねらい

　筆者はこの教材を高校3年生の表現に関する最後の授業（11月頃）に設定している。受験勉強で四苦八苦しているからこそ抱く強い想いを表現させるのに適した時期だと考えたからだ。そういった強い想いを表現したいというモチベーションを，自分の表現方法をブラッシュアップしたいという向上心と掛け合わせて，各個人の表現力の向上をねらったのがこの授業である。

　スマートフォンの普及にともない，「ツイッター（twitter）」や「ライン（LINE）」等の短文の投稿を共有するウェブ上の情報サービス（SNS）を利用する人が増えている。その内容は，単なる連絡事項の書き込みもあるが，事実から自分が感じたことをそのまま書いているものも多くみられる。自分の感じたことを短い文章で書くことは，身近になっているといえるだろう。そこで，短い文章で自分の伝えたいことを伝える手法を，現代俳句の作者に学ぶというかたちで現代俳句の授業ができないかと考えた。俳句を選んだのは，短いからこそ，本質

を効果的に伝えるための工夫がされているからだ。感じたこと（本質）を，自分たちが生きている世界のなかで経験したことにもとづいた感性を活かして表現させる授業をすることで，生徒の表現力を伸ばす試みが本実践である。この授業における「わかる学力」とは，「主観的に書かれた文から作者の感じたことをつかむ力」と，「自分が感じたことをさまざまな方法を使って効果的に表現する力」のことである。主として次のようなねらいをもって，この教材を扱うこととした。

① 　俳句鑑賞に関する既習事項の確認
② 　主題（作者が俳句を作りたいと思った動機となる想い）と句意（この俳句の内容を散文で書いたもの）をつかむための方策の確認
③ 　各俳句の主題と句意の考察
④ 　感情の表現の探究

　①は俳句全般の基本的事項（五七五のリズム，季語，句切れ，表現技法）の確認である。②は，各俳句の主題と句意をつかむために，破調，句切れ，切れ字の有無の確認，表現技法の有無と内容の確認，季語と季節，難語句，作者の経歴と作風の確認，よくわからない表現の確認等をすることである。いずれも「できる学力」の向上をめざすねらいである。③は①，②で確認した内容を利用したり組み合わせたりして，自分なりに主題と句意を考えること（概念的理解），④は①～③の学習を踏まえて自分なりに表現してみることをめざしており，どちらも「わかる学力」の向上を目標としている。

2　協同的探究学習の導入場面と授業過程

単元計画

　この「現代の俳句」は，作者がつくった俳句の主題と句意をつかむなかで，作者がさまざまな思いを表現する方法の多様さを知り，自分の感情の表現に活かすことを目標にしている。協同的探究学習としては，実際に自分が作品をつくってみることで，自分の想いを効果的に伝える表現を個別的に，そして協同（グループ，クラス）で探究する目的で取り入れた。したがって，まずはさまざ

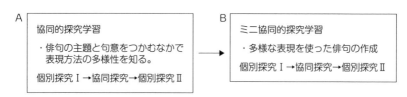

図6-1　本授業の協同的探究学習の流れ

まな作者の俳句の表現から主題と句意を考えるなかで，多様な表現方法があることや，表現の効果を実感するという段階があり（図6-1A），次に，そのことを自分なりに「わかる」ために俳句をつくってみるという2段階の構成となっている（図6-1B）。

　各俳句の主題と句意を考えさせる際，必ず，①破調の有無，②句切れ切れ字の有無，③表現技法の有無と場所，④作者の経歴作風等について，⑤意味がよくわからないところの確認といった5項目について考えさせることにした。また，それぞれの俳句が叙景詩（景色を描いたもの），叙事詩（出来事を描いたもの），叙情詩（気持ちを描いたもの）のいずれに相当するかも考えさせた。これらの項目は，俳句の主題と句意を理解するためにいつもすべて役立つとは限らないが，生徒が考察する際の手がかりとなるものであるために，各俳句において検討させることとした。また，このような項目が主題や句意に迫るために必要であることを実感させるために，自分で俳句を作成させるときにも，解説に用いる項目としてあげさせた。

　協同的探究学習は，この単元で一番重要な概念的理解を深めさせる場面（俳句の主題と句意をつかむなかで表現方法の多様性を知る場面）で用いるほか，第5章でも述べられていた簡略版の協同的探究学習（通称「ミニ探究」）も後続する発展場面として実施している。本単元のミニ探究は，俳句の主題を把握した後に，そのわかり方が多様な方法であることの例として「自分なりにつかんだものを使って俳句を作る」という活動である。各自がつかんだものを自分なりの方法で表現し，発表し合って多面性を知ることで，再び自分の表現にその手法を活かせるかを考えさせる「ミニ探究」は，他の生徒の多様な考えに学ぶ機会を提供するものだと考える。本単元の具体的な流れは，表6-1に示す。

表6-1　高校国語「現代の俳句──俳句十二句」単元計画

時間	学習内容	学習目標	学習方法
1	・俳句鑑賞に関する既習事項を確認する。 ・主題と句意をつかむための方策を確認する。	・今までに学習した俳句に関する事項（リズム，句切れ，破調，季語季節，表現技法）を押さえる。 ・主題と句意をつかむために確認することと，それが主題や句意につながる理由を知る。	・俳句の観賞に関して必要な事項について，なぜそのことを押さえる必要があるのか考えさせる。 ・俳句の解釈のためのさまざまな確認事項（①破調の有無，②句切れ切れ字の有無，③表現技法の有無と場所，④意味がよくわからないところの確認，⑤作者について）を押さえさせたうえで主題や句意を考えさせる。
2〜4	・尾崎放哉「せきをしてもひとり」以外の俳句の主題と句意を考える。	・主題と句意をつかむための糸口とその方法を使って，それぞれの句の解釈をする。	・それぞれの俳句について①〜⑤を確認させ，その俳句が叙景詩か，叙事詩か，叙情詩かを考えさせたうえで，主題と句意を考察させる。
5 展開①	・「せきをしてもひとり」の主題と句意を考える。 ・主題を感じさせる表現の効果について，理解を深める。	・「せきをしてもひとり」の句の主題と句意を考える。 ・さまざまな観点から効果を考える。	・①〜⑤の確認と作者のそのときの状況から主題と句意を考えさせる。 ・表現技法や使う文字，語感等，さまざまな観点で自分のことばを考えさせる。（**協同的探究学習**）
6 展開②	・感情の表現の効果的な利用を考える。 ・「寂しさ」という主題で俳句をつくる。	・「せきをしてもひとり」の主題を明確にしている表現を多面的に考える。 ・効果的な表現の使い方を考え，実践する。 ・自分で意識して多様な表現効果を駆使させる。	・感情を表現する際の効果的な方法を考えさせたうえで，その効果を活かした俳句を作らせ，自分なりの表現方法を考えさせる。（**ミニ探究**）

本授業の構成（全6時間中の5，6時間目）

【学習指導案】

1．教材・単元　『現代文』（三省堂），「現代の俳句──俳句十二句」

2．対象生徒　　高校3年C組（男子19名，女子20名，計39名）

3．学習活動

（1）目標　「寂しさ」に関わる自分の感情を工夫して表現する。

（2）指導計画（全6時間）

　　　　1時間目：俳句鑑賞に必要な既習事項と主題，句意をつかむための方策
　　　　　　　　を考える。

　　　　2～4時間目：「せきをしてもひとり」以外の俳句の主題と句意を読解
　　　　　　　　する。

　　　　5時間目：「せきをしてもひとり」の主題と句意の読解（展開①の個別探
　　　　　　　　究Ⅰ）をする。（本時）

　　　　6時間目：「せきをしてもひとり」の表現の効果について，クラス全体
　　　　　　　　による協同探究と個別探究Ⅱで考える。

　　　　　　　　自分なりの方法で同じ題で俳句をつくる。（展開②の個別探究
　　　　　　　　Ⅰ→クラス全体の協同探究→個別探究Ⅱ，ミニ協同探究）（本時）

　(3) 授業形態　一斉授業
4．展開　6時間中5，6時間目の展開は表6-2参照。

3　協同的探究学習としての工夫

生徒の実態

　本実践を行った高校3年生は，筆者が中学校1年生から3年生までと，高校
2年生から3年生までの計5年間関わってきた。その間ずっと藤村宣之教授の
助言のもとに，協同的探究学習に取り組んできた生徒たちである。したがって，
協同的探究学習授業過程には慣れており，授業中の挙手による自主的な発言も
きわめて多い。このことは，協同的探究学習を進めるうえで，きわめて有利な
実態であった。もちろん，最初からすんなりと協同的探究学習が成立したわけ
ではないが，クラス全体で討論ができるようにするために，さまざまな配慮を
してきた。たとえば，生徒が間違えた発言をすることに対して，成績には入ら
ないので，自由に話すことが重要であると伝えたり，教師が受容的態度で生徒
の話を聞くことで，発言のハードルを下げる配慮をしたり，発言した内容をそ
のまま黒板に書いたりして，生徒の発言をきちんと受け止めて授業をしてきた。
優秀な発言だけでなく，間違った発言でさえも，「同じ間違いをしていた他の
生徒が間違いに気づくチャンスをもたらした」という点で重要であり，人に伝

表6-2　5，6時間目の授業展開

時間	学習内容	学習活動	＊指導上の留意点 評価観点： ○できる学力　●わかる学力
［第5時］ 導入 （5分）	本時の予告	・俳句「せきをしてもひとり」の句意と主題を考える。	
展開①	「せきをしてもひとり」の主題と句意	さまざまな確認事項（①破調の有無②句切れ切れ字の有無③表現技法の有無と場所④意味がよくわからないところ⑤作者について）を確認する。主題と句意を考える。	○さまざまな確認事項を考えることができたか，プリントの記述から評価する。 ○主題は「寂しさ」であることを確認する。
個別探究Ⅰ	「せきをしてもひとり」の「寂しさ」の表現効果	主題「寂しさ」が容易にわかる理由（表現の効果）を考える。	●表現の効果を考えることができたか，プリントの記述から評価する。
［第6時］ 導入 （5分）	前時の復習 本時の予告	・前時の復習と本時の学習内容を知る。	●自分のことばで表現の効果について書いてあるか，プリントの記述から評価する。
展開① （7分） クラスでの **協同探究** から **個別探究Ⅱ**	「せきをしてもひとり」という俳句が漂わす「寂しさ」の原因を考える（表現の効果を考える）。	・各自で考えた表現の効果を発表する。 ・出された意見の違いについて考える（全体討論）。 ・表現の効果について自分のことばでまとめる（**個別探究Ⅱ**）。	●表現のどんな点が効果に寄与しているかを考えさせる。 ●表現技法，リズム，表記方法，書き表し方等，さまざまな観点で考えさせる。 ●さまざまな観点から自分のことばで表現の効果について考えたか，プリントの記述から評価する。
展開② **個別探究Ⅰ**	表現の効果を考えた俳句を創作する。	・「寂しさ」を主題とした俳句を一句考える。	●「寂しさ」を表現するために工夫した点の説明も合わせて書かせる。
展開② クラスでの **協同探究**	つくった作品とその説明の推敲をする。	・つくった作品をクラスに発表し，批評し合う。	●どのような点を工夫したか，自分なりの考えを，根拠をもって発表させる。 ●理解できない点があれば，指摘させる。
展開② **個別探究Ⅱ**	自分でつくった俳句の再推敲をする。	・クラス討論を踏まえ，自分のつくった俳句をもう一度推敲する。	●感情を工夫して表現し，その説明を自分のことばで記述できたか，プリントの記述から評価する。

えることの重要性を感じられるよう取り組んできた。協同的探究学習が活きる
生徒を長い目でみて育ててきたのである。

課題の設定──なぜ「せきをしてもひとり」なのか

　俳句「せきをしてもひとり」は尾崎放哉の無季，自由律俳句で，誰もが一度
は聞いたことがある有名な俳句である。そして，その俳句から「寂しさ」を感
じることも容易だ。だからこそ，すべての生徒が「なぜみんなこの俳句から
『寂しさ』を感じることができるのか？」といった，思わず考えたくなる「発
問」に向き合うことができる。このように，教材としては，主題をとらえるこ
とが容易なうえ，その根拠を多数考えることができるので，協同的探究学習に
向いていると考え，この課題を設定した。確かにこの俳句の主題（作者が感じ
たこの俳句をつくろうと思った感情や情景，出来事）が，本当に「寂しさ」で
あるのかという議論もあるが，この授業ではそこを議論することが目的ではない
ので「寂しさ」に焦点化して進めた。また，この課題の展開問題2（発展的課
題）としてもうひとつ課題を用意した。それが，「『寂しさ』という主題で一句
つくろう」という課題である。この授業では，それぞれが理解したことを使っ
て表現し，その結果の多様性をもう一度みんなで共有することをねらった。

展開①の個別探究Ⅰ──なぜみんな主題が「寂しさ」だとわかるのか

　実際には5時間目に取り組んだものである。「せきをしてもひとり」という
無季自由律俳句の主題（作者が思わず俳句をつくりたくなった想い）について，
それを「寂しさ」と規定したうえで，「どうしてみんながこの俳句の主題を寂
しさとすることに納得できるのか，その原因を考えよう」という発問をした。
プリントには，「この句において，主題を効果的に強調している表現を抜き出
し，どのような効果があるのか説明してください」と記した。生徒たちにとっ
て，書いてあることの説明や心情理解についての発問は慣れているものの，表
現の効果を考えることはあまりないので，その説明に苦労している者もみられ
たが，ほぼ全員が5分間の個別探究Ⅰの時間をとることで，自分なりの説明を
記述した。

展開①のクラス全体の協同探究——「寂しさ」を感じる原因を多面的に探ろう

　表6-2の指導案にある6時間目の授業はここからである。この学年の生徒は協同的探究学習に慣れているので、高校3年生においても自分の考えを挙手して発言することに抵抗がない。また、他者の意見に絡めた発言をすることも、他者の意見に疑問を呈する発言をすることもできるので、ペア交流等をせずに、いきなり全体討論に移行することができた。

　討論で最初に注目が集まったのは、「〜しても」という表現であった。特に「も」という助詞の使い方が強調になっていると考えている生徒が多かった。たとえば、「せき」をしている＝風邪を引いているので、普段より人の助けが必要な場面であるのに「ひとり」なので、「せき」が強調になっていると考える生徒や、「せき」をしたら、普段は気を使う人の声がするはずだが、そういった声もなく「ひとり」だと考えて、返事のない時間の空白が強調になっていると考える生徒がいたりするなど、さまざまな意見が出された。この意見から、「せき」であることの適正さや、その後の「ひとり」という表現と体言止めの効果の説明がなされた。別の観点では、平仮名表記のことや、読んだリズムの単調さをあげた生徒もいた。多様な解釈がある発問であったが、生徒たちは、その多様さがそれぞれ独立しているのではなく、複合的に絡み合って全体としての効果になっていることに気がついていったようである。

展開①の個別探究Ⅱ——自分が納得した説明を書いてみよう

　さまざまな意見が出たあとに、自分なりの納得の仕方でもう一度課題に対する解答を書く時間が、個別探究Ⅱである。クラス討論で出た多様な考えのなかから自分が一番納得したかたちで自分なりの解答を書くことで、本質の理解を図るという協同的探究学習のなかで一番大切な時間である。クラス討論で教師が内容をまとめるのではなく、あくまで自分で本質をつかませるためには、自分で解答を書かなくては意味がない。教師はその解答が書かれたプリントから、各自が本質をつかめたかどうか確認するという方法をとるのである。

展開②の個別探究Ⅰ——実際に自分で俳句をつくって，わかったかどうか確かめよう

　多様な表現による感情表現の手法を学んだ生徒が，その手法を使って自分の感情を表現してみる授業を次に用意した。主題は同じ「寂しさ」として，自分が今まで経験した「寂しさ」でも，自分が考える現代的な「寂しさ」でもかまわないので，自分でその感情を表現してみようというものである。

　発問としては，「今度は自分が考える寂しさを俳句に表現してみよう」となったが，プリントには従来の俳句の解釈のためのポイントを書かせた。自分の俳句の解説にも使えるようにするためである。各自は，俳句をつくったうえで，①破調の有無，②句切れ切れ字の有無，③表現技法の有無と場所，④意味がよくわからないところの確認，⑤作者について，の５項目について考えた。ただし，④の「意味がよくわからないところ」は「工夫した表現」とした。また，必要に応じて⑤の「作者について」も書かせた。どうしてもうまく浮かばない生徒には，「せきをしてもひとり」の「せき」の部分を他のものに置き換えることで俳句をつくるように指示した。それがどんな論理で「寂しさ」につながるのかを考えさせるのもよしとしたのだ。

展開②のクラス全体の協同探究——みんなで確認しよう

　自分でつくった俳句とその解説を発表した。五七五でつくった生徒もいれば，「せき」を異なる表現に変えてつくった生徒もいたが，どの生徒も自分なりのこだわりをきちんと伝えていた。生徒たちはこの場面でも自分の俳句に参考となる考え方をメモしていた。全員の俳句を検討するわけではないので直接その考え方が使えなくても，自分の表現に照らして使えるかどうかを考えているようだった。そのなかのいくつかを紹介する。

〈生徒作品の例〉

・学校で話す相手はぬいぐるみ

　　多数の生徒や友達がいるはずの学校で話をしないのは，かなり寂しい状況である。もちろん授業中に当てられれば発言はするはずであるが，ここでの「話す」は，友達との会話を意味すると受け取られる。

・聖夜の夜母のチョコがただ一つ

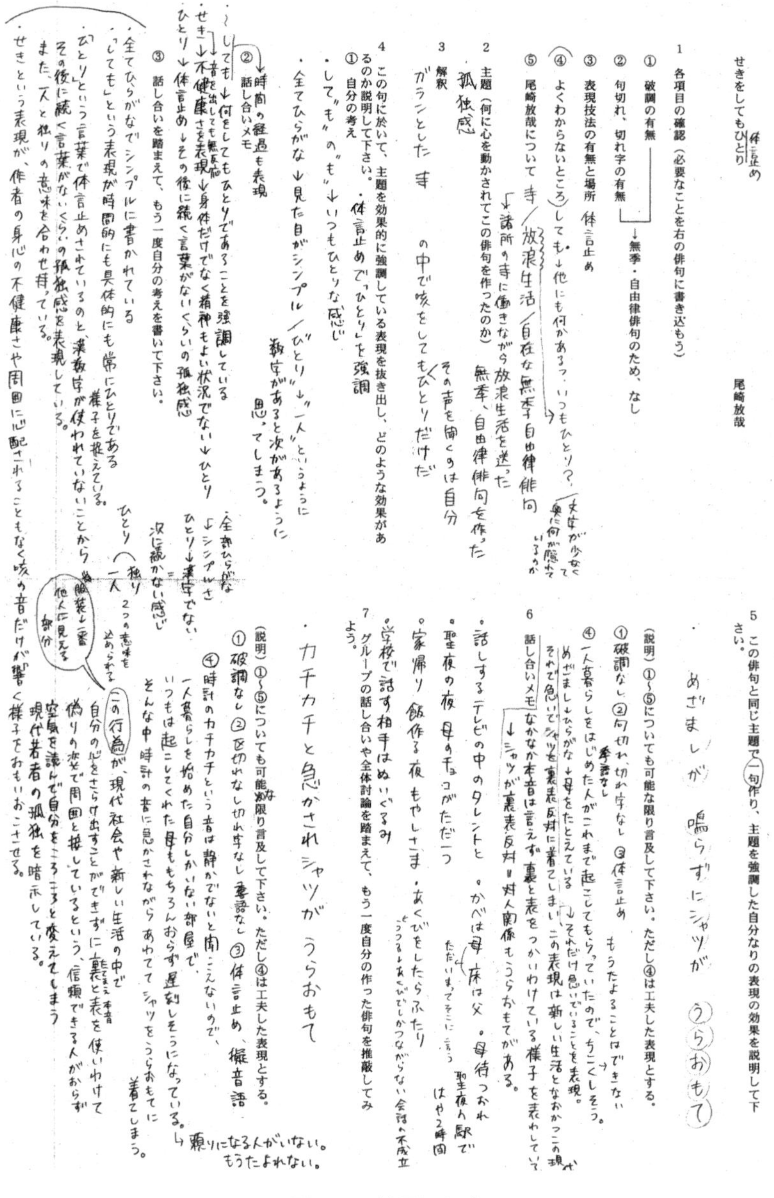

俳句学習プリント

せきをしてもひとり

尾崎放哉

組（　　）番　氏名（　　　　）

1　各項目の確認（必要なことを右の俳句に書き込もう）
① 破調の有無
② 句切れ、切れ字の有無　　→無季・自由律俳句のため、なし
③ 表現技法の有無と場所　　体言止め
④ よくわからないところ（　　　）
⑤ 尾崎放哉について書いてみよう（　　　）

2　主題（何に心を動かされてこの俳句を作ったのか）

3　解釈

4　この句に於いて、主題を効果的に強調している表現を抜き出し、どのような効果があるのか説明して下さい。

5　この俳句と同じ主題で一句作り、主題を強調した自分なりの表現の効果を説明して下さい。

（説明）①〜⑤についても可能な限り言及して下さい。ただし④は工夫した表現とする。

6　話し合いメモ

7　（説明）①〜⑤についても可能な限り言及して下さい。ただし④は工夫した表現とする。

図6-2　使用したプリント

　　「聖夜」はクリスマスイブではなく，バレンタインデーかと思われる。また，「母の」との記述から，男子生徒の作品だろう。昨今は異性からの告白としてチョコを渡すだけでなく，「義理チョコ」や「友チョコ」など，バレンタインデーにチョコレートを渡す対象は増えている。つまり，以前に比べ少なくともチョコをひとつはもらえる可能性は高くなっているはずだ。にもかかわらず，もらえたのは母からのチョコだけであるというのは，現代ならではの「寂しさ」ということができよう。

- 話するテレビの中のタレントと

　　この作品は家での会話の不成立を表している。ひとり暮らしの寂しさを生徒が想像して書いたものかと思われる。

展開②の個別探究Ⅱ──もらった意見をもとに推敲しよう

　今回は図6-2に取り上げた生徒を例にみていく。この生徒は，個別探究Ⅰでは「めざましが　鳴らずにシャツが　うらおもて」という俳句を詠んだ。しかし，クラス討論を踏まえて推敲した結果，「カチカチと急かされシャツがうらおもて」に表現を変えている。毎日家族に起こしてもらっていた生徒が，この先，春からひとり暮らしを始める際に起こる出来事について，朝の一瞬に感じる「寂しさ」を表現したものだという。工夫した点に，「カチカチと」という表現に変えた理由として，前提となる静けさの存在を書いている。家族がそこにいないことを表現したのだ。このように，各自がそれぞれに工夫をして，表現に深みがみられるようになった。

4　子どもの探究と協同はどのように進んだか
──高等学校国語科授業の心理学的分析

　本授業では，俳句「せきをしてもひとり」の主題と句意をつかみ，協同的探究学習を通じて表現の効果について理解を深めること，そして，生徒自身が感情（本授業で焦点化されたのは「寂しさ」）を俳句で効果的に表現することを重視した取り組みがなされた。本節では，生徒のワークシートと授業中の発話か

ら，協同的探究学習の過程を検討していく。

ワークシートの分析

　初めに，なぜこの句の主題が「寂しさ」であると考えられるかを個別に検討する「個別探究Ⅰ（展開①）」，クラスでの全体討論を通じて主題の表現の効果を多面的に検討する「協同探究（展開①）」，さらに，個別に説明を再検討する「個別探究Ⅱ（展開①）」，個別に俳句を創作する「個別探究Ⅰ，Ⅱ（展開②）」の４場面における生徒のワークシートの記述内容を検討した。

　その結果，主題「寂しさ」を強調する表現の効果について，生徒の記述内容は，８つの小項目に分けることができた。さらに，これらは４つの大項目に分類された（表6-3）。

主題を強調する表現の効果——小項目の検討

　４つの場面それぞれについて，各小項目の言及率を算出した。個別探究Ⅰ（展開①）の場面から個別探究Ⅰ，Ⅱ（展開②，俳句創作）の場面にかけて，各小項目の言及率がいかに変化したかを検討したところ，小項目「ネガティブな事柄を示唆」する効果への言及が有意に増える傾向がみられた（表6-3）。このことから，協同的探究学習を通じて，ネガティブな事柄をさらに強調する効果を活かして自分なりの「寂しさ」を表現する生徒が多くなったことが示唆された。

　次に，小項目の記述数について，４つの場面間でどのような関連がみられるかを検討した。その結果，個別探究Ⅱ（展開①）と個別探究Ⅰ，Ⅱ（展開②）の間，協同探究（展開①）と個別探究Ⅰ，Ⅱ（展開②）の間，個別探究Ⅰ（展開①）と協同探究（展開①）の間で，それぞれ有意な正の相関関係（２つの場面のうち，一方の場面の値が高いと他方の場面の値も高い関係）がみられた（図6-3）。

　以上のことから，協同後の個別探究時に記述した小項目数が多いほど，また，協同探究場面で記述した小項目数が多いほど，その後の俳句創作場面においても多様な小項目の記述がみられることが示された。さらに，協同探究前に個々の生徒が多様な考えを記述することが，協同場面で話し合われたことを主体的

表6-3　主題「寂しさ」を強調する表現と効果における各場面での言及率

表現「せきをしてもひとり」より	効果（大項目）	効果（小項目）	生徒の記述例	言及率（%）			
				展開①「せきをしてもひとり」			展開②創作
				個別探究Ⅰ	協同探究	個別探究Ⅱ	個別探究Ⅰ，Ⅱ
「～しても」	変化のない現実	「何をしても変わらない」ことを示唆	「『～しても』は何をしてもひとりであることを強調している。」	50	47	53	47
		「時間の長さ」を示唆	「『～しても』→それ以前の長い時間の経過」	6	25	6	9
「せき」	状況の変化への期待	「ネガティブな事柄（不健康さ等）」を示唆	「『せき』という言葉がマイナスイメージをげんしゅつし，自分をいたわってくれる人がいないことをかんじさせる。」	22*	63	16	47*
		「音に対する静けさ」を示唆	「音を立てても周りに誰もいない。」	6	28	19	16
「ひとり」	解釈の多様性	体言止めによる「余韻」を示唆	「体言止めで，その後に続くことばがなく，ひとりである余韻をもたせている。」	13	47	22	6
		掛詞による「意味の多重性」を示唆	「ひとり→独り・一人の2つの意味をこめられる。」	3	56	19	16
		漢字を使用しないことで「シンプルさ」を示唆	「見た目がシンプルで，"ひとり"→"一人"というように数字があると次があるように思ってしまう。」	9	47	28	6
その他（例：無季）	その他	その他（例：「限定しないこと」を示唆）	「あえて季語を使わないことで季節を限定せず，季節的にも時間的にもいつも孤独。」	9	0	6	16

注：＊マクニマー検定，かく.10。

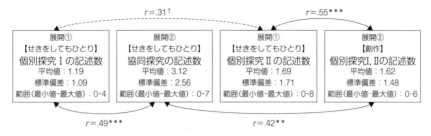

図6-3　各場面の記述（小項目）数の相関

注：*** $p < .001$（検定の結果，0.1％水準で統計的に有意であることを示す）。
** $p < .01$, † $p < .10$。
図中の r は，相関係数（2つの変数間の直線的関係の方向と強さを表す指標）を示す。

にメモしようとする態度に結びつくことが示された。

主題を強調する表現の効果——大項目の検討

　生徒のワークシートの記述や教師と生徒の発話を詳しく検討すると，主題「寂しさ」を強調するうえで，「変化への期待」と「変化のない現実」の双方を示す表現や効果が本授業における理解の本質と関連しているように考えられる。たとえば，「せきをしてもひとり」の俳句では，「せき」という表現に「変化を期待させる」効果が含まれ，「～しても（ひとり）」という表現に「変化のない現実」を示す効果が含まれると考えられる（表6-3の大項目に対応）。両者が含まれることで，期待と現実の感情が不揃いな「寂しさ」を効果的に表現し得るとも考えられる。もちろん，「せきをしてもひとり」の俳句には，「寂しさ」を強調する表現と効果が他にも多様に含まれると考えられる（たとえば，体言止めや掛詞の効果など）。一方で，図6-4にも示されるように，協同的探究学習を通じて，「変化への期待」と「変化のない現実」の両者の効果に気づき，それを利用して「寂しさ」を表す俳句を創作した生徒は全体の44％（32名中14名）みられた。

協同探究（展開①）場面における発話の分析

　協同探究（展開①）の場面では，俳句の主題を効果的に強調している表現について，生徒から多様な意見が出された。それらの意見は，多様さに加え，関

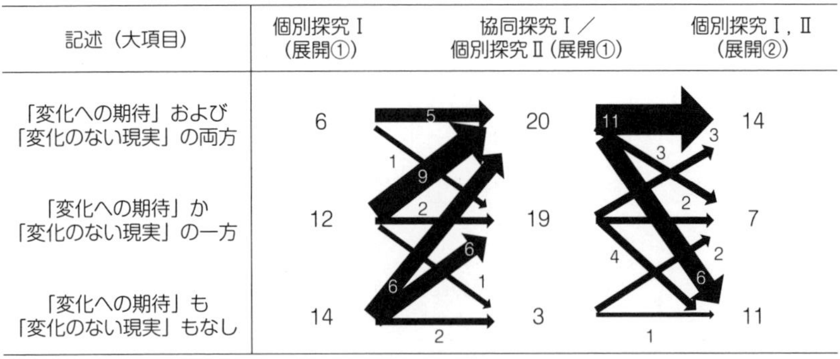

記述（大項目）	個別探究Ⅰ （展開①）	協同探究Ⅰ／ 個別探究Ⅱ（展開①）	個別探究Ⅰ, Ⅱ （展開②）
「変化への期待」および 「変化のない現実」の両方	6	20	14
「変化への期待」か 「変化のない現実」の一方	12	19	7
「変化への期待」も 「変化のない現実」もなし	14	3	11

図6-4　大項目「変化への期待」「変化のない現実」の記述の推移

注：図中の数値は人数を示す。

連づけられながら展開されていたと考えられる。表6-4には，協同探究の一場面の発話過程を示した。まず，「何をしてもずっとひとり」という「変化のない現実」を示唆する意見（No.4）が生徒から出された後，他の視点から，「せきという不健康さを表現」し，そのような状況でもひとりであるという「変化への期待」を内包する意見（No.6）が出された。その後，「変化への期待」に関わる説明を拡張するように，「音（せき）に対する周囲の反応の無さ」（No.10）について，さらに，No.4の「変化のない現実」を拡張するように「変化しないまま長く時間が経った」様子（No.16）について，それぞれ結びつきをもつかたちで意見が展開されていった。

5　子どもの「わかる学力」は高まったか

　以上の分析から，協同的探究学習を通じて，個々の効果（大項目）の意味を統合づけて（具体的には，大項目「変化への期待」と「変化のない現実」の両方を示す表現や効果），俳句の創作時に自分なりに利用する生徒が多くなったことが示唆された。その過程では，クラス全体での協同探究を通じて，多様な考えに結びつきをもたせながら，展開されていく様子が見受けられた。また，教師は，日常から生徒に自分のことばで説明させることを重視し，その場で生徒の意見

表6-4　協同探究（展開①）を通じた考えの関連づけの場面

No.	話者	発話内容	効果（小項目）	効果（大項目）
1	T	この俳句の孤独感をにじませているのはどんな表現か。あら。手を挙げる代わりに（笑）違う（笑）手を挙げる代わりに立つて新しいな（笑）はい, S1。	（主発問）	
2	S1	そのせきをしてもの「しても」。		
3	T	うん「しても」。はい。		
4	S1	「しても」が, なんか, その何をしてもひとりで, なんか, せきしてもひとりだし, 他の事をしててもずっとひとりみたいな。	「何をしても変わらない」ことを示唆	変化のない現実
5	T	ああ。じゃあ, （板書しながら）何々してもってとこね。何をしてもひとりであることを, ひとりっていうかひとりか, ひとりであることを強調しているって, そういうふうね。はい, 他どうですか。はい S2。		＋（他の視点）
6	S2	せきをしてもの「せき」っていうのが体の不健康さみたいなものを連想させて, そこから精神, 精神的なとか, 自分の周りの状況の健全じゃないっていうか, みたいなものを表してるから, まあ あまりいい状況じゃないんだろうなということで, さっき言った〈？〉	「ネガティブな事柄」を示唆	変化への期待
7	T	（板書しながら）まあ, 不健康さを表現していて, そこから心身, それから, なんだ, 体だけじゃなくて, ひとりっていうところをこう, かもしだしているんじゃないかって話ね。はい, 他どうですか？　じゃあ S3。		（拡張）
		((中略)「ひとり」の表現の効果について議論)		
8	S6	せきをしてもって, せきっていうのはコホンって音が出るじゃないですか。		
9	T	うん, 音が出るね。		
10	S6	「しても」っていうところで, たとえば本を読んでたり, 掃除してたりしてもひとりなのに, 音がしてさえもひとりってことは, ほんとに周りに誰もいなくて, ほんとに孤独。	「音に対する静けさ」を示唆	変化への期待
11	T	おおー, 音が出る, なるほど。せきをすれば音は出るけど反応はないと。		
12	S6	はい。		
13	T	おおーなるほどね, 「せき」のところだね, これね。不健康さだけでなくて, （板書）周りに聞こえるような状況でも, それに対する返事がないと。はい, なかなか出てきたね。もう既に私の予想を超えたものがいっぱい出てきています。なるほどって感じですね。もう他ないですか？　孤独感満載って。他どうですかね。		（拡張）
14	S2	先生, なんか微妙なところなんですけど,		

No.	話者	発話内容	効果（小項目）	効果（大項目）
15	T	（笑）微妙なところ，はいどうぞ。		
16	S2	最初の，なになにをしてもっていうところで思ったのが，その何をしてもひとりであるというのを強調しているっていうのもあり，それ以前に，同じようなことなんですけど，<u>長い時間，長いっていうか時間があったことを思わせて，その間もやっぱりひとりだったのかなっていう，時間の幅を持たせるっていう効果もあるかなとは。</u>	「時間の長さ」を示唆	変化のない現実 ←
17	T	ああ，時間の経過も表しているんじゃないかっていうところ。してもっていうところが？　なるほど。（板書）これは，もうちょっと詳しく説明して。どういう感じ？　それって。		
18	S2	えっと，「せきをしても」っていうのは，やっぱり，「も」っていうから，何かしら，一応ここに書いたのは，<u>「しても」とすることで，それ以前にも何度かの試行，いろいろなことを試したっていうことがあったっていうことを思わせて，</u>		（関連）
19	T	ああ，なるほど。		
20	S2	<u>それ以前の情景まで自分の頭の中に，あ，ひとりでこんなこといろいろしてたんだっていうのを今度は人に思わせるっていう。</u>		（強調）
21	T	ああ，じゃあ，「しても」ってことは，その「も」だから，累加なんで，何かその前にした行為があるってことも想像させると。で，そういう，必ずそこには時間の経過があるはずで，ついにこんなことになっちゃってもひとりっていう結果として，それでもひとりだから，ずっとひとりっていう時間的な経過も表現してるんじゃないかっていう話ね。		変化のない現実
22	S2	<u>しかも場所とか状況を指定していないんで，その時間はけっこう長いとか，永遠に自分だけのように感じられるから。</u>	「限定しないこと」を示唆	変化への期待

注：Tは教師，Sは生徒，〈？〉は聞き取り不明瞭な箇所を指す。

を的確にとらえ，他の意見との結びつきを示唆するフィードバックを行っていた。

　これらのことから，生徒の「わかる学力」を高める準備状況のもと，実際に生徒の「わかる学力」が高まっていたといえるだろう。

■ コラム ■
「評論文」における協同的探究学習

　現代文で評論文を教材として扱う場合，協同的探究学習で授業を行うには扱いにくいことがある。なぜなら，筆者の意図を正確に読み取ることが授業の目的となる場合には，発問に対する解答に多面性を入れることが難しくなるからだ。筆者の書いた意図がさまざまな解釈を許すことは，自分の考えを論じる文章（＝評論文）としては，原則としてないのである。それでは，「評論文」を教材とした協同的探究学習はどのように進めていけばよいのだろうか。このコラムではその疑問に対するひとつの実践を紹介する。

　教材として扱う際に着目すべきことは，生徒の身近な話題について書いてある文章であるかどうかというところだ。書いてある内容が抽象的概念で難しくとも，生徒の身近な話題が書かれている文章であれば，その抽象的概念で表された内容の具体例を，自分の経験や既有知識から考えて説明させるという授業ができる。生徒たちは教科書に書かれた抽象的概念の説明を自分なりの知識や経験を用いて説明することで，書かれた内容の本質を理解することができるのだ。

　三省堂の『高等学校　現代文』の３年生の教科書に，「南の貧困／北の貧困」（見田宗介）という評論文がある。間違った「貧困」の定義からくる現代の問題点を，南（貨幣が流通していない世界）と北（貨幣が流通している世界）の双方について論じている文章である。この「北の貧困」について書いた文章中に，以下のような記述がある。

　　　現代の情報消費社会のシステムは，ますます高度の商品化された物資とサービスに依存することを，この社会の「正常」な成員の条件として強いることを通して，本来的な必要の幾重にも間接化された充足の様式の上に，必要の常に新しく更新されてゆく水準を設定してしまう。新しい，しかし同様に切実な貧困の形を生成する。
　　　この新しくつり上げられた絶対的な必要の地平は，このようにシステムが自分で生成し設定してしまうものだけれども，同時にこの現代の情報消費社会のシステムは，この新しい必要の地平を含めて，必要から離陸した欲望を相関項とすることを存立の原理としている。本来的な必要であれ新しい必要であれ，既に見たように現代の情報消費社会は，人間に何が必要かということに対応するシステムではない。「マーケット（市場）」として存在する「需要」にしか相関することがない。システムがそれ自体の運動の中で，ますます複雑に重層化され，ますます増大する貨幣量

　　によってしか充足されることのできない必要を生成し設定しながら，必要に対応
　　することはシステムにとって原理的に関知するところではないという落差の中に，
　　「北の貧困」は構成されている。（下線筆者付記）

　自分が生きている社会において，貧困が生成する過程を説明した部分であるが，そも
そも資本主義社会がどのようなものであるかを知らないと理解できないうえ，抽象的な
表現が多いので，意味がつかみにくい部分となっている。この部分の概念的理解を促す
ために，協同的探究学習が有効である。本文中の下線部の理解に必要な協同的探究学習
の学習計画について，表6−5に記す。
　このように，自分の身近なことに関する抽象的な記述が含まれる文章の内容を理解す
る際に，協同的探究学習を使うことで，より深い概念的理解が期待できる。

表6−5　協同的探究学習の学習計画

時間	学習内容	指導上の留意点と学習方法
1	• 「ますます高度の商品化された物資とサービス」とは，企業がものを売り続けることであることを知る。 • ものを売り続けるために，企業はどんなことをしているか考える。	**協同的探究学習** （さまざまな新製品を開発する，購入したくなる宣伝をする，等のことを，自分の知っている具体的な例を使って説明する。） • 個別探究Ⅰ→クラス討論→個別探究Ⅱで課題の解答を考える。
2	• 「本来的な必要の幾重にも間接化された充足の様式の上に，必要の常に新しく更新されてゆく水準を設定してしまう」とはどういうことか考える。 • 下線部全体の意味を説明する。	**ミニ探究** • みんなが使ったり持ったりして「あたりまえ」になっていることを考える。 　（携帯電話，パソコン等，持っていて常に新しいものにしなければ不便なもの） • 個人で例と説明を考えたうえで，皆で討論し，もう一度個人で説明を書く。

引用・参考文献

高等学校現代文B編集委員編（2015）．指導資料④　2部②　詩歌　高等学校現代文B　三
　　省堂
高等学校現代文B編集委員会（2014）．鞦韆は──俳句十六句──　高等学校現代文B
　　三省堂
藤村宣之（2012）．　数学的・科学的リテラシーの心理学──子どもの学力はどう高まる
　　か──　有斐閣
見田宗介（1999）．南の貧困／北の貧困　現代社会の理論　岩波書店

第7章

中学校数学「文字と式」
──カレンダーの秘密を探る──

1　中学校数学でめざす「わかる学力」

中学校数学のねらい

　数学という教科において，公式を利用して計算をすることが得意な生徒であっても，その公式の意味や活用する理由を答えられないことがある。これでは，その問いを本当に理解しているとは言い難い。筆者は，数学を教えるにあたり，なぜそのように思ったのか，どうしてそれを思いついたのかを，生徒自身が自分のことばで人に説明できるようにすることを目標としている。

　学習指導要領解説編（2017年改訂）によると，中学校数学の目標は，数学的な見方・考え方をはたらかせ，数学的活動を通して，数学的に考える資質・能力を育成することをめざすものである。これより，中学校数学でめざす「わかる学力」は，

- 数量や図形などに関する概念や原理・法則についての本質的理解を深めること。
- 事象を数理的に考察し表現する能力を高め，他との関連づけができること。

の2つがあると考える。

　中学校数学における協同的探究学習は，各単元の導入場面や活用場面を中心に行うことが多い。導入場面で活用する際には，教科書に載っている公式がなぜ成り立つのかという理由を問う。これは，それまでに学習した内容に関連づけて，その単元の本質に迫ることが重要だと考えるからである。中学校1年生では未履修の分野も多いが，本質に迫ることに関しては，知識不足による影響よりも，その考え方自体に重点を置いている。また，活用場面としては，その

単元のまとめの演習としてだけでなく，次の単元への橋渡しとして用いることもある。これは，数学の単元は独立しているのではなく，相互に関連しているということを意識づけるためである。

単元「数と式」におけるねらい

「数と式」における中学校１年生における目標は次の３つである。

- 数を正の数と負の数まで拡張し，数の概念についての理解を深める。
- 文字を用いることや方程式の必要性と意味を理解する。
- 数量の関係や法則などを一般的にかつ簡素に表現し処理したり，一元一次方程式を用いたりする。

本単元では，生徒がプラスやマイナスの計算ができるだけでなく，その計算式の意味や関係性を理解することが重要である。これより，単元「数と式」でめざす「わかる学力」は以下のように分けられると考える。

① 数の概念についての本質的理解を深めること

小学校で負の数は学習していないが，気温の表記など，日常に負の数は存在しているため，生徒にとって負の数という数自体への抵抗は少ない。そこで，たとえば「(マイナス)×(マイナス) はなぜ (プラス) になるのか」と発問し，数の概念について自分のことばで説明しようとすることで，本質的理解を促す。ここでは，「借金をマイナス回繰り返す」など日常のことばを使って表現できていれば，本質的理解ができているとみなす。

② 文字を用いることや方程式の必要性と意味の本質的理解を深めること

文字や記号は，数を一般的に表すための手段であることから，a, x, yといった文字を使ってさまざまな公式を作ることは，文字の利点を活かしているといえる。しかし，公式をただ覚えるだけでは理解したことにならないので，「なぜ文字が異なると和が成立しないのか，一方でなぜ積は成立するのか」など文字の四則計算についての発問をし，本質的理解を促す。ここでは，「ノート２冊と男の子３人は足すことができない」「長方形の面積は，縦と横がどんな数であっても，積で求めることができる」といった表現ができていれば，本質的理解ができているとみなす。

③　数量の関係や法則などを一般的にかつ簡素に表現し処理する能力を高め，他との関連づけができること

　ある数量関係を文字式で表すことができる，というだけでなく，文字式がどのような数量関係を表しているかを生徒自身解釈できるようにする。また，身近な話題を用いて，さまざまな事象に対し文字を用いて表現でき，自分のことばで説明できるようにする。例として，「カレンダーから規則性のある数字の列を探し，その法則を一般的に説明する」ことがあげられる（本章で紹介している授業）。また，同じ事象でも複数の表し方があることを理解し，異なる式どうしや，式と図とを関連づけることによって，生徒の本質的理解を促す。ここでは，文字で表すことで，数の性質や関係性への理解が深まることが重要であるため展開問題に対し，自分のことばや文字を使って表現できているとき，本質的理解ができているとみなす。これは，中学校2年生の「数と式」の目標や，高校生の整数論や数列の考え方に通じる。

本授業「カレンダーの秘密を探る」のねらい

　本時は，単元「数と式」において，最後の総合演習の時間にあたる。また，次単元である「方程式」への橋渡しの役目も担っている。

【目標】
- 規則性のある整数がもつ性質を理解し，自分のことばで説明できるようにする。
- 複数の考え方どうしを関連づけ，図と式の意味やつながりを理解する。

【課題】
- 連続する3つの整数の和が3の倍数になることを説明しよう。
- カレンダーの中から3つ以上の整数の性質をみつけ出し，その理由を説明しよう。

　文章題を読み取り，その関係性について，文字を使った式で表すことを苦手とする生徒は多い。そこで筆者は，日頃の授業より，中学生が興味関心をもって取り組むことができるよう，身近な話題を取り上げるようにしている。本時は「カレンダーという見慣れたもののなかに隠れている法則を探す」というク

イズ形式の出題から，本時の目標である「連続した３つの数の性質」の理解へつなげた。これは，本単元において，中学校１年生または２年生の多くの教科書に掲載されている問題例である。

　数と文字がもつ性質の違いとして，有限なものである前者に対し，後者は，無限なものである。本時は，相手を納得させるという問題形式をとることで，無限なものの扱いや説明をどのように行うとよいかを，生徒が自分自身で考えやすいようにした。相手を納得させようと考えることで，生徒は自分のアイディアの本質的理解につなげることができる（図7-1）。

　また，複数の生徒の考え方どうしを比較検討することで，文字の式は計算だけでなく，図や表を用いても考えることができることに気づかせ，他分野との関連づけを行った。さらに，本時のなかでxを使った等式を取り扱うことにより，次章「一次方程式」ならびに，中学校２年生「文字式」への橋渡しを行う。展開問題において，自ら規則性をみつける場面では，１週間の数の和に注目した生徒もおり，これは高校生での漸化式の考え方につながる。

2　協同的探究学習の導入場面と授業過程

単元計画

　本単元の目標としては，文字を使った式の計算ができる「できる学力」と文字を利用して表現することができる「わかる学力」を身につけさせることである。協同的探究学習では，主に「わかる学力」を中心に高める授業を行っている。本単元の具体的な流れは表7-1に示す。

本授業の構成　（全18時間中の17時間目）

【学習指導案】

1　教材・単元　『中学校　数学1』（数研出版），「数と式」

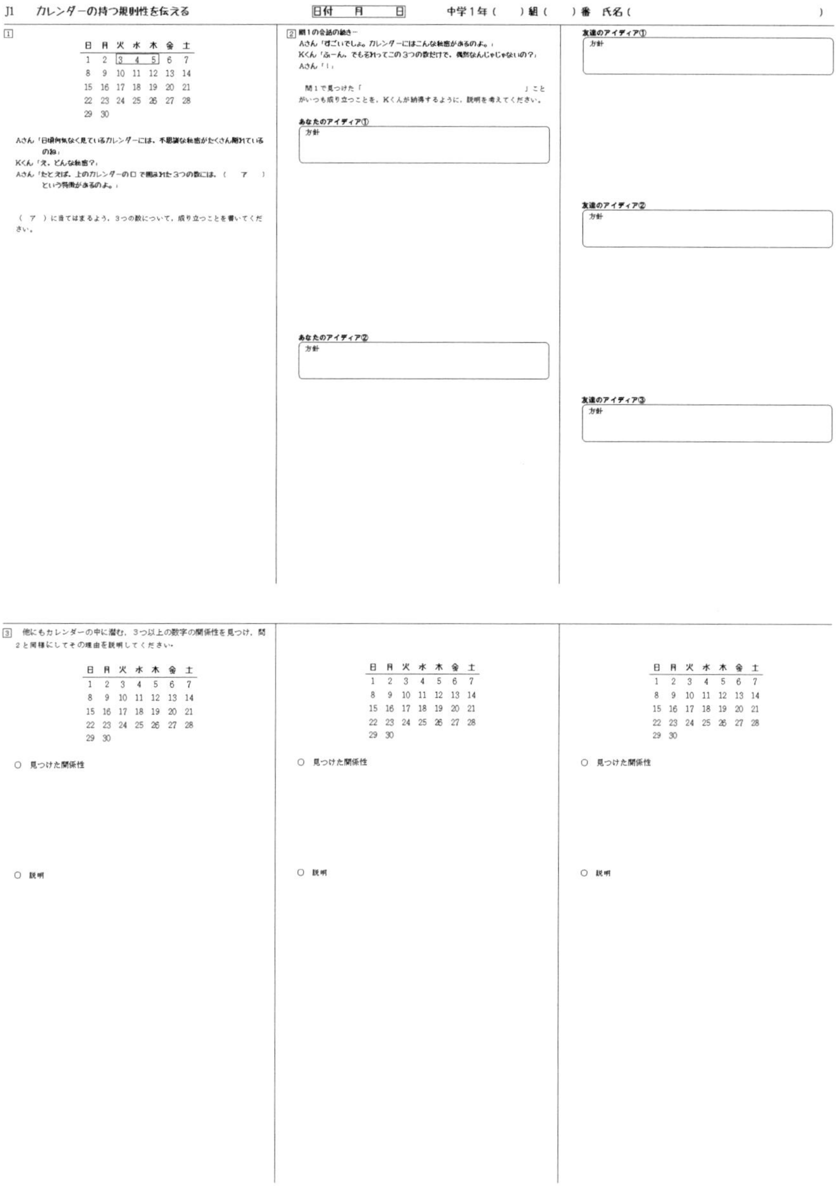

J1　カレンダーの持つ規則性を伝える　日付　月　日　中学１年（　）組（　）番　氏名（　）

1

日	月	火	水	木	金	土
1	2	3	4	5	6	7
8	9	10	11	12	13	14
15	16	17	18	19	20	21
22	23	24	25	26	27	28
29	30					

Aさん「日頃何気なく見ているカレンダーには，不思議な秘密がたくさん隠れているのね。」
Kくん「え，どんな秘密？」
Aさん「たとえば，上のカレンダーの□で囲まれた３つの数には，（　ア　）という特徴があるのよ。」

（　ア　）に当てはまるよう，３つの数について，成り立つことを書いてください。

2 問１の会話の続き…
Aさん「すごいでしょ。カレンダーにはこんな秘密があるのよ。」
Kくん「ふーん，でもそれってこの３つの数だけで，偶然なんじゃじゃないの？」
Aさん「！」

問１で見つけた「　　　　」ことがいつも成り立つことを，Kくんが納得するように，説明を考えてください。

あなたのアイディア①
方針

あなたのアイディア②
方針

友達のアイディア①
方針

友達のアイディア②
方針

友達のアイディア③
方針

3 他にもカレンダーの中に潜む，３つ以上の数字の関係性を見つけ，問２と同様にしてその理由を説明してください。

日	月	火	水	木	金	土
1	2	3	4	5	6	7
8	9	10	11	12	13	14
15	16	17	18	19	20	21
22	23	24	25	26	27	28
29	30					

○ 見つけた関係性

○ 説明

日	月	火	水	木	金	土
1	2	3	4	5	6	7
8	9	10	11	12	13	14
15	16	17	18	19	20	21
22	23	24	25	26	27	28
29	30					

○ 見つけた関係性

○ 説明

日	月	火	水	木	金	土
1	2	3	4	5	6	7
8	9	10	11	12	13	14
15	16	17	18	19	20	21
22	23	24	25	26	27	28
29	30					

○ 見つけた関係性

○ 説明

図７－１　実際に使用したワークシート

注：上段は表，下段は裏に印刷されたもの。

表7-1　中学校数学「数と式」単元計画

時間	学習内容	学習目標	学習方法
1・2	文字を使った式	文字を用いて考えることの必要性やよさに関心をもち，文字を用いた式で表したり，式の意味を読み取ったりしようとする。	小学校で学習した文字を用いた関係式から，本格的な文字式へと発展させ，そのルールを確認する。導入として，**協同的探究学習**を活用する。 (例) 　「マッチ棒を並べて，つながった家をつくるには何本必要？」 (導入問題) 　10個のつながった家をつくるために必要なマッチ棒の数を数える方法を考えよう。 (展開問題) 　100個のつながった家をつくるために必要なマッチ棒の数を数える方法を考えよう。
3・4	文字式の表し方	事象のなかにある数量やその関係性について，文字を用いて式に表すことができる。積や商を×や÷の記号を用いて表すことができる。	文字式の積や商の表し方について，教科書の例などを用いて説明し，適宜演習を行う。また，文字が表せるものの違いを理解する際に，**協同的探究学習**を活用する。 (例) 　「こたえが $3x+5y$ になる問題を考えよう！」 (導入問題) 　式が $3x+5y$ になる問題を自分でつくろう。 (展開問題) 　つくった問題をグループ分けし，文字が表すものについて考えよう。
5・6	いろいろな数量と文字式	文字を用いることで数量やその関係性を一般的に表現し，式の意味を説明することができる。	代金とお釣りの関係や，速さの問題などの文字式での表し方について，教科書の例などを用いて説明し，適宜演習を行う。
7	式の値	式の値の意味を理解し，文字に値を代入して，式の値を求めることができる。	代入する，式の値といったことばの意味を理解するため，繰り返し反復演習を行う。
8〜11	1次式の計算	項，係数，1次式などの意味や同類項のまとめ方を理解し，計算することができる。	1次式の加法と減法について，教科書の例などを用いて説明し，適宜演習を行う。式をまとめる方法や分配法則について，**ミニ探究**を行う。
	関係を表す式	数量が等しいことを表す等式，数量の大小関係を表す不等式の意味をそれぞれ理解し，表すことができる。	文字式を用いると，いろいろな現象を表すことができることを，**協同的探究学習**を用いて理解する。 (例1) 　「等式ってなんだろう？」 　$x(g)$ の鉛筆4本を，$y(g)$ の筆箱に入れたとき，70(g) である。この関係性を，x と y を用いた式

			で表そう。 （展開問題） 　x(円)のリンゴを 3 個と y(円)のみかん 7 個が 　1000円で買えた。この関係性を，x と y を用いた 　式で表そう。
12 〜 18			（例 2 ） 「カレンダーの秘密を探ろう！」（活用編） （導入問題） 　連続する 3 つの整数の和が 3 の倍数になることを 　説明しよう。 （展開問題） 　カレンダーのなかから 3 つ以上の整数の性質を見 　つけ出し，その理由を説明しよう。

2．対象生徒　　中学校 1 年 B 組（男子20名，女子20名，計40名）

3．学習活動

　（1）目標　　•規則性のある整数がもつ性質を理解し，自分のことばで説明で
　　　　　　　　きるようにする

　　　　　　　•複数の考え方どうしを関連づけ，図と式の意味やつながりを理
　　　　　　　　解する

　（2）指導計画（全18時間）

　　　　　1・2 時間目：文字を使った式

　　　　　3・4 時間目：文字式の表し方

　　　　　5・6 時間目：いろいろな数量と文字式

　　　　　7 時間目：式の値

　　　　　8〜11時間目：1 次式の計算

　　　　　12〜18時間目：関係を表す式

　（3）授業形態　　一斉授業

4．展開　　17時間目の授業展開は表 7 - 2 を参照。

表7-2　17時間目の授業展開

時間	学習内容	学習活動	＊指導上の留意点 評価観点： ○できる学力　●わかる学力
導入問題① 個別探究 Ⅰ-1 協同探究 （10分）	3つの数「3・4・5」について，成り立つことを調べよう！		
	カレンダーに含まれる，連続する3つの数の性質を理解する。	自分の考えをワークシートに記入する。 自分の考えを発表する ・合計すると3の倍数 ・必ず3の倍数が含まれる ・外側の数の和と真ん中の数を2倍した数は同じになる ・すべて正の数・自然数・整数 ・7を足すと，翌週の日付になる ・和が12 ・3で割ったとき，余りが0，1，2 ・かけると3の倍数	＊手が止まっている生徒には，数学的なことばでなくても構わないので，自分の考えを書くように伝える。 ●連続する3つの数の性質について，考えようとしている。
導入問題② 個別探究 Ⅰ-2 （10分）	連続する3つの数について，その和が3の倍数になる理由を考え，相手を納得させよう！		
	連続する3つの数の和が3の倍数になることを理解する。	自分の考えをワークシートに複数記入する ・一番小さい数を文字でおく ・真ん中の数を文字でおく ・具体例をいくつかあげる ・3つの数をブロックとして，図を用いて考える ・3つの数の前後の関係性から考える ・ことばを用いて説明する ・平均を考える 他者と相談しながら考える。	＊まずは個人で考える時間をとる。その後，他者と相談してもよいと促す。 ●一般性を損なわず，自分のことばで説明しようとしている。 ●他者と共有しながら，新たな考えを見出そうとしている。
協同探究 （20分）		自分の考えを板書し発表する。 ワークシートに友人のアイディアも自分のことばで記入する。	＊正解にたどり着かない考えも板書し，その際は必ずそう考えた理由も聞く。 ●論理的に自分のことばで説明できている。
	これらのアイディアを仲間分けしよう！　何か共通点はないだろうか。		
		各アイディアの関連づけを行い，グループ分けをする。 ⓪複数具体例をあげる ①文字を用いて説明する ②ことばを用いて説明する ③図や表を用いて説明する	＊グループ分けだけでなく，そのグループの名前づけも生徒に質問する。

展開問題 個別探究 Ⅱ （10分）	カレンダーに含まれる、3つ以上の数の関係性を考える。	他にもカレンダーに含まれる3つ以上の数の秘密を探し、その理由を説明しよう！	
		自分の考えをワークシートに複数記入する。 • ななめの和は7で割り切れる • 正方形の和は4の倍数になる • 縦3つの中に必ず3の倍数がある • 1週間の和は49ずつ増える • ×（バツ）形に足すと、5の倍数になる　　　　　など 一般的に説明する際の文字の有用性を考える。	＊手が止まっている生徒には、前問のアイディアを使うよう、促す。 ●3つ以上の数の関係性について、一般性をもって説明している。

3　協同的探究学習としての工夫

問題の構成・提示

　本時のカレンダーを利用した「数と式」の問題は，多くの教科書や問題集で取り上げられている。今回は，中学校2年生の教科書に掲載されている問題を，中学校1年生の既習段階に合わせて選んだ。中学校2年生の教科書では，1問目からカレンダーの特性に着目し，縦の列の和や規則性について問うているが，本授業の対象は中学校1年生であるため，連続した3つの数の特性を1問目とし，2問目にカレンダーの特性について考察するかたちにした。

　協同的探究学習をする際の問題選びとして気をつけている点のひとつに，全員が取り組むことができるものである，という点がある。1問目の個別探究において，数学が苦手な生徒も発想できるようなアイディアがひとつは含まれる問題を選び，その問題へ取り組みやすくしている。語尾を「〜しよう！」というかたちにするのも，そのためである。しかし，難易度が高い問題や全員の共通理解を図るために準備が必要な場合は，個別探究の前にその導入の問題に取り組むようにしている。これを前提問題と呼ぶ。

　具体的に本授業では，前提問題として，3つの連続する数の組を複数用意し，その共通点や特徴を考えさせた。そして，生徒のなかから出てきた意見を採用

し，個別探究Ⅰである「3つの連続した数の和が3の倍数になること」の説明に取り組んだ。本授業では，前提問題を用意することで，生徒たちは個別探究Ⅰの疑問自体を自分たちで見つけたように感じることができる。これは，問題に取り組むための意識づけとして，とても重要なことだと考える。

　個別探究Ⅱでは，協同探究で考えた問題を利用し，かつやや難易度を上げたものを選ぶようにしている。このとき，やや難易度を上げたものを選ぶのは，生徒にとって，個別探究Ⅱは問題の練習ではなく，問題の活用・実践であるからである。個別探究Ⅰで得た知識を使って，個別探究Ⅱで活用することにより，さらに本質的理解が深まると考える。本授業は，自分でカレンダーの特性を考え，数の規則性を発見し，説明するものを選んだ。

個別探究Ⅰ

　本時は個別探究Ⅰとして，「連続した3つの数の和は3の倍数になること」を相手に納得させるには，どのようなことばを使ったらよいかを考えた。

　協同的探究学習の一環として問題に取り組ませる際，ワークシートの解答枠に2つ工夫をしている（図7-1参照）。ひとつは，複数解答が書けるような解答枠と大きな余白を用意することである。このとき，枠名を「解答」ではなく「アイディア」と書くことで，生徒たちが答えを書くためのハードルを下げるようにしている。さらに，「自分のアイディア」欄と「友人のアイディア」欄を用意することで，生徒は協同探究の際の板書を取りやすくなる。友人の考えであっても，自分のことばで解答欄に記入することにより「わかる学力」の育成につながると考える。

　もうひとつは，各解答欄に「方針」欄を作っていることである。これは，その解法の概要を書く欄である。この欄があることで，生徒は発表の際など，自分の意見を明確化できる。また，教師は，この欄を確認することで，その生徒の考えをすぐに確認することができる。これは，机間指導の際，発表する生徒を決めるのにも役立つ。一方，この「方針」欄はうまく書くことができない生徒もいるため，答えを導くためのアイディアだけでも，その欄に書くよう指示をしている。表記の方法については，数学の用語にしばられることなく，図や

図 7 - 2　板書例

絵，また直感的なことばでも構わないとも伝えている。大切なことは，自分の
ことばで，自分の考えを書くことである。「わかる学力」育成のため注意して
伝えていることは，なぜそのように思ったのか，どうしてそれを思いついたの
かを大切にし，自分の考えを自分のことばで人に説明できることであり，この
プロセスが本質的理解につながるのである。

　個別探究Ⅰにおいて，生徒は席が近くの子と相談することもあるが，問題を
考える最初から相談しないよう，声掛けをしている。これは，まず十分に個々
で考える時間をとるためである。その後，適宜生徒の様子から，隣や前後の生
徒と相談し，アイディアを共有することを促す場合もある。

協同探究

　個別探究Ⅰの間に，キーポイントとなる生徒に板書をしてもらう。このとき，
可能であれば数学が得意な生徒から苦手な生徒まで，さまざまな生徒に声をか
けるようにしている。また，事前に黒板を 5 つほど縦に仕切っておき，どの生
徒の板書がどこにあるのかがわかりやすいようにしている。このとき，色チョ
ークを使うこと，図や表を書くことも自由にし，生徒に任せているが，方針欄
に書いたことばは，必ず書くよう指示している（図 7 - 2）。

　板書をお願いする生徒を決める際に，気をつけていることがもうひとつある。
それは，その生徒のアイディアによって板書する順番やタイミングを変えるこ
とである。ある生徒が板書し始めると，他の生徒の意識はそちらを向いてしま
うので，個人で考える時間が止まってしまう可能性がある。一方で，ヒントや

導入となるようなアイディアだけを先に示すことで，個人の考えを手助けすることができるからである。また，問題の難易度が高く，手が止まっている生徒が多い場合には，数名の生徒に，先に方針欄のみを板書してもらい，しばらく時間をあけてから，すべてを板書してもらうこともある。

　本時の例をあげると，まずは，⓪具体的に他の３つの数字の例を複数あげているアイディアは，図７-２の⑦の枠へ，比較的早めに書いてもらった。その後，①文字を用いたものや，②ことばを用いたもの，③図や表を用いて説明しているものを選び，⑦～⑦の枠へ板書してもらった。このとき，３つの連続した数の文字にする部分が異なるアイディアや，ことばでの説明の補助として図やグラフを用いて説明するアイディアもすべて異なるものとして扱った。発表の順番は，例をあげている⑦，文字を使った⑦・⑦，文字に図を加えた⑦，ことばで説明した⑦，ことばに記号や表を加えた⑦の順とした。

　次に，板書にもとづき生徒自身に解説してもらうのだが，このときは必ず手を止めて聞くよう全員に指示している。また，生徒は解説をする際，板書には書いていないが，大切なキーワードとなることばを言うことがある。筆者は生徒の解説を聞きながら，そのキーワードは板書し，授業の最後に，すべてのキーワードが視覚的に残るようにしている。

　そして，生徒の説明が終わったら，すべてを板書に残したままで，各解法の共通点を探し，「グループ分け」を行う。これが，アイディアの関連づけである。生徒にとってはアイディアの共通点を見つけることが難しい場合もあるため，「グループ分け」ということばを使って，取り組みやすくしている。この関連づけで，それまで独立していたアイディアがまとまり，生徒のなかで整理されていくと考える。また，グループの名づけも生徒自身の発想を大切にすると，よりその効果は高まると思われる。

　本時では，生徒がまとめたグループは大きく分けて３つであり，⓪具体的に複数例をあげる解法，①文字を使った解法，②ことばを使った解法があった。さらに，文字やことばを使った解法のなかに，③補助として図や表を用いたものもあった。今回，表７-２において複数例をあげる解法を⓪としたのは，この解法は本問において，厳密な意味では正答ではないからである。しかし，他

分野（確率や数列など）において具体的に事象を考えることは，とても重要な考え方である。このように，本問では正答ではないが，数学的なアイディアとして重要な考えも取り上げるようにしている（図7-2参照）。

　関連づけで大切なことは，どの解法がベストだという順位づけはしないことである。これは，順位づけをしてしまうと，その解法だけが正しいという印象を与えてしまうからである。展開問題に取り組む際，自分でみつけた法則を説明するのにどのアイディアが適切か，自分で選び取り組むことを重要視している。また，協同探究ではさまざまな意見が出るため，板書も見づらくなることがある。そのため，授業の最後にワークシートを回収し，次の授業で，生徒たちのアイディアをグループ分けしてまとめたものを配布するようにしている。

個別探究Ⅱ

　個別探究Ⅱは，例題の演習ではないため，個別探究Ⅰよりやや発展的な問題を選ぶ。ここで大切なことは，生徒が1問目の協同探究を経て，問題が解けるようになったという実感をもつことであるので，いきなり難易度を高くし過ぎないようにしている。

　展開問題は，「カレンダーのなかから3つ以上の数字の規則性をみつけ，成り立つ理由を考える」ことを行った。正方形で囲んだ数字の和は必ず4の倍数になる，1週間の和は49ずつ増えるなど，多くの数を取り扱った解法が多く，文字を使った説明の有用性を実感できたようである。本時では，展開問題の解説をする時間は取れなかったため次の授業で行ったのだが，このとき，複数の生徒のアイディアをまとめたプリントを利用した（図7-3）。このまとめプリントは，関連づけのグループ分けをまとめたものが表面，展開問題のアイディアを紹介したものが裏面となっている。

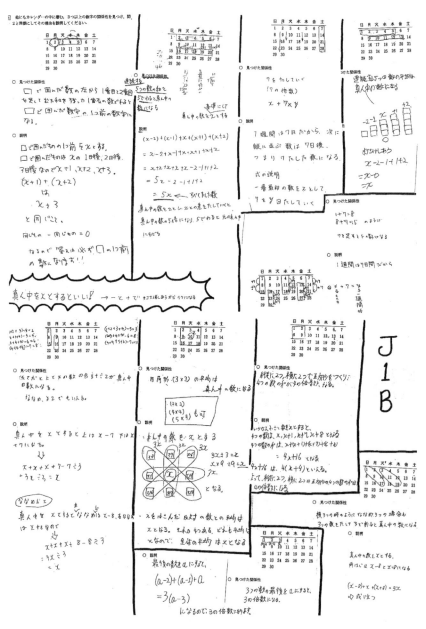

図7-3　まとめプリント（裏面）

4　子どもの探究と協同はどのように進んだか
―――中学校数学科授業の心理学的分析

個別探究過程の分析

　本授業における個別探究過程（Ⅰ，Ⅱ）において一人ひとりの子どもはどのように考え，その考えには変化がみられたのか，理解の深まりがみられたのかを明らかにするために，本授業のワークシートにおける導入問題（個別探究Ⅰ）と展開問題（個別探究Ⅱ）に対する各生徒の記述内容を分析した。その結果，生徒の記述内容は，7つのカテゴリー（問題解決方略）に分類できた。各問題解決方略の特徴，具体例（導入問題について），導入問題・展開問題における利用率（当該方略を用いた人数の割合）を表7-3に示す。

　方略利用率の変化から，具体例の提示が減少する一方で，文字の利用が増加し，また，倍数の性質と関連づけた問題解決方略（ことばや図式を用いた説明）も増加することが統計的に有意な結果として示された。このことから，協同探究場面で多様な問題解決方略について検討することで，別の場面（展開問題）では自分の試みていなかった方略での説明を試みるようになることや，ことばや図式等による説明など，発見した法則が成り立つことの具体的な意味づけも求めるようになることが明らかになった。

協同探究過程の分析

　以上のように，各個人が他者の問題解決方略を自身の方略に統合していくようになるには，クラス全体の協同探究場面で多様な知識が関連づけられていたことが可能性として考えられる。そこで表7-4に，7つの問題解決方略（表7-3のカテゴリー1〜5，7）の発表時の話し合い場面での発話の推移の一部を紹介する。表7-4から生徒が自分のことばや図式を用いて解法（問題解決方略）を説明するとともに教師からの発問を手がかりにして，複数の解法を結びつけていることがうかがえる。

表7-3　「カレンダーの問題」に対する多様な問題解決方略とその利用率の変化

問題解決方略（解法）とその特徴	各方略の具体例（導入問題）	利用率（導入問題）	利用率（展開問題）
1. 具体例の提示（帰納的方法） 法則が成り立つ例を「3，4，5」以外に示す（例の数は問わない）	「たとえば，9，10，11だったら，連続する3つの数の和を計算すると30になり，3で割り切ることができるから成り立つと思う」	63%	20%
2. 文字の利用Ⅰ（最小数） 3数の最小の数をxとし，式変形で法則の普遍的成立を示す	「x+(x+1)+(x+2)=3x+3=3(x+1)　3の倍数になって成り立つ」	5%	28%
3. 文字の利用Ⅱ（中央数） 3数の中央の数をxとし，式変形で法則の普遍的成立を示す	「左の数は(x−1)，右の数は(x+1)と表せる。3つの数の和は(x−1)+x+(x+1)。計算すると，x+x+x−1+1=3x になって成り立つ」	15%	45%
4. 倍数の性質の利用Ⅰ（言語） 数列内の連続する任意の3数の和が剰余系に着目すると常に3の倍数であることを文章で示す	「まず3つの数の中に必ず3の倍数が入っている。3の倍数ではない，あとの2つの数字を足すと必ず3の倍数になる。3の倍数＋3の倍数＝3の倍数だから成り立つ」	15%	43%
5. 倍数の性質の利用Ⅱ（図式） 数列内の連続する任意の3数の和が剰余系に着目すると常に3の倍数であることを図を用いて示す	「　　+2　　　　　+1　+2　　　　　+1 …　間　3の倍数　間　間　3の倍数　間… ←―――――→ ←―――――→ 　←―――――→ これがずっと続く」	18%	28%
6. 平均の利用（言語） 3数を平均すると中央の数（整数）になると考える	「3つの数を平均するとまん中の数になる。それが3つあるから和は3の倍数になる。」	15%	8%
7. 平均の利用（図式） 最小の数にそろえると他の2数の増加分は1+2=3になる，あるいは，最大の数のうちの1を最小の数に移すと同じ数が3つできると考える	「3つの連続した数をブロックの高さと考えxの高さまで3つずつに分け，残りのブロックの数，つまりy−xとz−xは1+2となる。つまりxの高さまで分けて余った数は必ず3の倍数になるため成り立つ」	5%	8%

注：同一の生徒が複数の方略を用いた場合には，それぞれの人数に含めた。

表 7 - 4　多様な問題解決方略を関連づける発話

話者	発話内容
\multicolumn{2}{l}{(表 7 - 3 の問題解決方略（解法）1 ～ 3 が発表された後の，問題解決方略間の関連性などの検討場面)}
T	あなたなら，2 と 3 のどちらを選ぶ？
S1	一番最初を x とする方。
T	どうしてそうした？
S1	マイナスになるといけないので，最初を x にした。
T	じゃあ，どうして解法 3 は真ん中が x になるの？
S2	右（x ＋ 1）から 1 をもってきて，最後が簡単になるようにした。
T	自分だったら，どっちを選ぶ？
S3	1，2，3 だと，マイナスの数を表せないから，解法 1 がいい。
S4	解法 3 の方が＋1 と－1 が打ち消せて計算が楽になる。
T	では，他の解法の説明をしてもらいましょう。
S5	ブロックを上に積んで，それを日付と考えた。（右端の日付の）一番上のブロックを左端に移すと，（同じ高さのブロックが 3 つできて）下にいくら積んでも 3 の倍数になる（解法 7）。
T	文字だとどうなるの？
S5	これ（解法 3）と似ている。＋1 がここ（右端のブロック）で－1 がここ（左端のブロック）になる。
T	他の説明は？
S6	3 つの数のなかには必ず 3 の倍数が入っていて，あとの 2 つの数を足すと（余り 1 と余り 2 があって）3 の倍数になるので，3 の倍数＋3 の倍数で，3 の倍数（解法 4）。
T	それを図で表したのが？
S7	3 の倍数がああいうふうに（表 7 - 3 の解法 5 の図），間，3 の倍数，間，間と並んでいて，そのなかから連続したひとつ（3 数）を選ぶと 3 の倍数になる（解法 5）。
T	これは考え方でいうとどれに近い？
S8	これ（解法 2）かな。

注：T は教師，S は生徒を指す。

5　子どもの「わかる学力」は高まったか

　以上の分析から，導入問題から展開問題にかけて，各生徒の問題解決方略は，単元内の学習内容を統合したもの（「文字の利用」）や意味づけを深めるもの（「倍数の性質の利用」）へと移行することが明らかになった。またその過程では，クラス全体の協同的探究場面で，多様な問題解決方略が発表されて共有されると同時に，それらの方略が関連づけられていたことが見出された。これらのことから，単元の終末時における協同的探究学習において，各生徒の概念的理解は全般的に向上していた，すなわち「わかる学力」が高まっていたと考えられる。

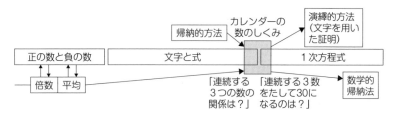

■単元における直接的な目標
　「文字を用いて説明することの意義」の理解
　共通の日常的事物（カレンダーの数）を用いた単元間の接続
■子どもの視点に立った目標：発達的観点からの統合的目標
　「数の関係性（規則性）とその根拠」についての深い理解
　（日常的事象に活用可能で，他者に説明できるだけの深い理解）

図7-4　「カレンダーの数のしくみ」の授業は何を目標とするか

　本授業における成果は，単元内の知識を関連づけるという直接的な意図を超えるものでもあった。すなわち，生徒は，平均や倍数といった小学校の算数等で獲得してきた知識や，具体的事例で確かめるという帰納的方法といった日常的知識も関連づけて，本授業における非定型問題に取り組んでいた（図7-4）。そこでは，次学年以降の中学校・高校の数学での学習内容につながる内容（演繹的方法，数学的帰納法など）も引き出されており，単元を超えて発達的視点から多様な知識が統合され，理解が深まっていく様相（「わかる学力」の向上）が明らかになった。

■ コラム ■

統計や幾何における協同的探究学習

■中学校1年生　資料の活用「グラフのもつ特徴」

【目標】

　複数のグラフの特徴や利用例を考え，データの種類による違いを理解する

【課題】

　さまざまなグラフ（棒グラフ・円グラフ・ヒストグラム・折れ線グラフ・レーダーチャート・散布図）には，どんな特徴があるか考えよう。

　（導入問題）それぞれのグラフの長所・短所・使用例を考えよう！

　（展開問題）登校時間の特徴を示すには，どのグラフが適しているか考えよう！

【概要】

　導入問題として，それぞれのグラフの長所・短所，使用例を個別探究した。これは，各々のグラフの特徴を考えることにより，そのグラフに適した用途がみえてくると考えたからである。そして，個別探究の考えをもとに，まずグループで協同探究を行った。このとき，自分のアイディアを付箋に書き，他のメンバーのアイディアと比較し，もっとも適切だと思うものを提出用プリントに貼るよう指示をした（図7-5）。そして，クラス全体の協同探究として，グループのアイディアを板書し，全員で共有した。この際，棒グラフとヒストグラムの相違点を考えることで，それぞれの用途の違いを見出した。また，用途（項目・変化・割合など）に着目して，グラフのグループ分けも行った（図7-6）。

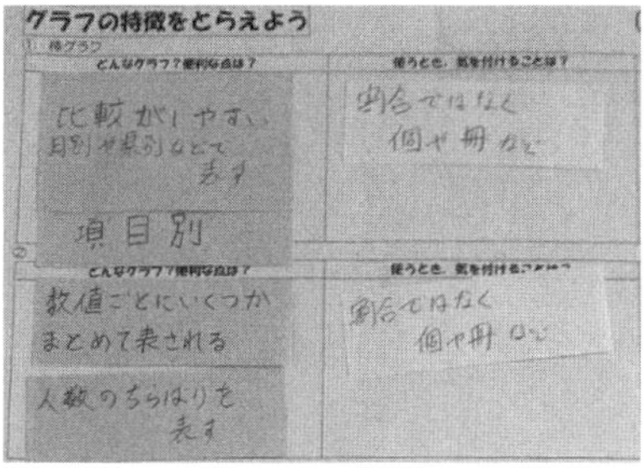

図7-5　生徒のアイディア1

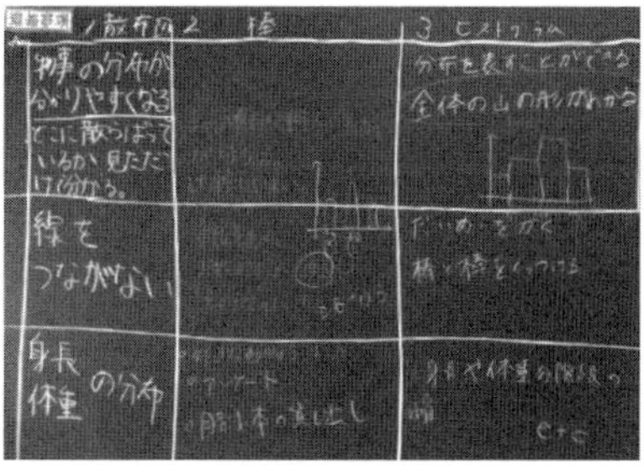

図7-6　生徒のアイディア2

　展開問題としては，クラス全員の登校時間を調査し，そのデータを目的に合わせて分析するためには，どのグラフが適切かを考える問題に取り組んだ。登校時間を選んだ理由は，平均値・中央値・最頻値に違いが生まれやすいため，目的に応じて，グラフを選びやすいと考えたからである。生徒は平均値を考えるだけでなく，他の要因も検討し，経年変化をみる場合にはヒストグラム，項目別でみる場合には棒グラフや円グラフなど，目的に合わせて選ぶことができた。

■中学校3年　平面図形「角の二等分線」
【目標】
　角の二等分線の証明を考えることにより，補助線の引き方を理解する。
【課題】
　角の二等分線による，三角形の辺の比の性質を証明しよう。
　（前提問題）
　　図において，線分 AD と線分 EC は平行であり，△ AEC は二等辺三角形である。BD ＝3 cm，DC ＝2 cm のとき，AB：AC を答えなさい（図7-7）
　（導入問題）AB：AC ＝ BD：DC を証明しなさい
　（展開問題）補助線を必要とする入試問題

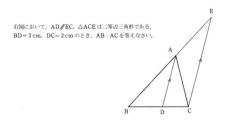

右図において，AD∥EC，△ACE は二等辺三角形である。
BD＝3 cm，DC＝2 cm のとき，AB：AC を答えなさい。

図7-7　前提問題

【概要】
　前提問題として，角の二等分線の公式（AB：AC ＝ BD：DC）を帰納的に導き出し，公式の確認を行った後，個別探究に取り組んだ。個別探究において，数学を苦手とする生徒は，前提問題を利用して，平行線を引くというアイディアを用いることができていた。また，協同探究においては，同じ平行線でも三角形の外側に引くのか（図7-8），内側に引くのか（図7-9）で証明方法が異なることを知り，自己の理

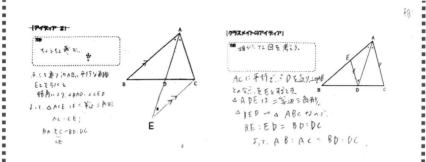

図7-8　図の外側に補助線を引くアイディア　図7-9　図の内側に補助線を引くアイディア

　解を深めることができていた。さらに，垂線を引く，面積を用いて考える解法もクラス全員で共有した。関連づけにおいて，問題を解くうえで大切なことは，自分の知っている形をつくることであり，本時では相似な三角形をつくるために補助線を引き，そのアイディアとして平行線や垂線があることを確認した。

引用・参考文献
岡部恒治（代表著作）(2014)．改訂版 中学校数学1　数研出版
岡部恒治（代表著作）(2014)．改訂版 中学校数学2　数研出版
岡部恒治（代表著作）(2014)．改訂版 中学校数学1──指導書──　数研出版
文部科学省（2017）．中学校学習指導要領解説──数学編──

第 8 章

高等学校数学「数列」
——和から広がる世界——

1　高等学校数学でめざす「わかる学力」

高等学校数学のねらい

　高等学校数学でめざす「わかる学力」は，それぞれの分野で学ぶ内容についてその意味や意義，しくみなどを説明することができる力だと考える。多様な考え方や解法がある問題に取り組むことを通じて，異なる分野や内容どうしを関連づけることでそれぞれの理解を深め，数学的な概念の本質を理解することが「わかる学力」の向上につながる。

　高校数学においては，定義や性質を理解し教科書の例題として扱われているような基礎的な定型問題を解くことができるようになる（「できる学力」が身につく）までに一定の努力が必要であるが，その過程の特に導入の場面において協同的探究学習を活用することは十分可能であると考える。また，高校数学では「できる学力」が高まると，より協同的探究学習を用いやすくなるため，各単元の後半で行うことも多い。「わかる学力」を伸ばすことによって，「できる学力」で必要な手続き的・定型的に処理していたことにどういった意味があったのかを深く理解することができ，「できる学力」もさらに高められると考えられる。また，当該の分野の理解が深まるだけでなく，それと関連した分野の理解も深めることができる。

単元「数列」におけるねらい

　この単元でめざす「わかる学力」は，初めて扱うような事象においても，規則や法則性などをこれまでの経験と関連づけて帰納的に予想し，その予想を演

繹的に表現できることである。表現の仕方は，一般項を示すことや数学的帰納法による証明だけでなく，漸化式を導くことやことばや図による説明であってもよいと考える。

　ここで述べている規則や法則性を予想することやみつけるといったことは，数列という単元に限ったものではない。数列で学んだそれらのことを他の分野でも活かせるようになることが肝要である。そのためにも数列と他の分野との関連性を学ぶことも，ここでの「わかる学力」を高めることにつながると考える。具体的には，等差数列は1次関数，等比数列は指数関数，階差数列と元の数列の関係は微分法・積分法，漸化式は関数（写像）といった関係がある。また，離散量という観点から整数分野との関わりも重要であると考える。この単元における「わかる学力」として他の分野との関わりを通じて，変化の仕方をとらえる力や未知の部分を予測する力を高め，「規則的なものは一般化することができる」ことを理解させたい。

本授業「数列の和から広がる世界」におけるねらい

　与えられた数列の和の変化の仕方を複数の方法でとらえることで，数列と関数の関係性についての理解を深めるとともに，それらを活用して問題の答えを導くことでこの単元における「わかる学力」を高める。

　（問題1）

　　初項から第 n 項までの和が $S_n = n + \dfrac{12}{n}$ と表される数列について，初項から第何項までの和が最小になるか求めよ。またその和を求めよ。

　（問題2）

　　初項から第 n 項までの和が $S_n = \dfrac{n^2 + 9}{n}$ と表される数列について，初項から第何項までの和が最小になるか求めよ。またその和を求めよ。

　本問は「初項が-9，公差が2である等差数列において，初項から第何項までの和が最小となるか」といった，基本的な問題が「できる」ことが前提である。しかしそれができる生徒でも和と一般項との関係から一般項を求めたあと，その式がやや複雑なため手が止まってしまうと思われる。

　まずは，初歩的ではあるが，$n=1$，2，3，…と順に当てはめていき，グラフを利用しながら視覚的にかつ具体的に和の変化をイメージさせる。また同時に，式の形から相加平均・相乗平均の関係を利用させグラフの最小値との関連，数列との関連について考えさせたい。

　この問題の本質は，「一般項（S_n の差）の符号が和（S_n）の増減を示している」であると考えられる。すなわち微分法の考え方である。本時の段階で微分法は未習であるが，数列の和を通じて関数の増減の考え方に関する概念の精緻化を図るねらいがある。

　なお，問題1を最後まで解決するには，

$S_n - S_{n-1} = a_n$ を利用し一般項 $1 + \dfrac{12}{n+1} - \dfrac{12}{n}$ を求め，

（ⅰ）通分し分子を因数分解することで，$n>4$ において $a_n>0$ を示す。
（ⅱ）$n=11$ までは具体的に示し，$n>11$ について $a_n>0$ を示す。
という2通りの示し方が考えられるが，どちらも最小値を与える n をとったあと，a_n は常に正であるという共通点に気づかせ，本質的な理解を深めさせたい。

　本授業における目標を達成するために問題1（導入問題）で個別探究Ⅰおよび協同探究を行い，問題2（展開問題）を用いて個別探究Ⅱを行う。

　個別探究Ⅰでは

　　方針①：当てはめて調べる

　　　$n=1$，2，3，…と順に当てはめていき，具体的に調べることで答えをみつける。

　　方針②：相加平均・相乗平均の関係を活用

　　　相加平均と相乗平均の関係を上手く利用することで最小値を求める。

　　方針③：$S_n - S_{n-1}$ を調べる

　　　$S_n - S_{n-1} = a_n\ (n \geqq 2)$ を利用し，一般項を求め，その符号を調べることで S_n の最小値を求める。

　　方針④：$\dfrac{S_n}{S_{n-1}}$ を調べる

$$\frac{S_n}{S_{n-1}} \geqq 1 を満たす n を求め，最小値を求める。$$

といった方針を想定している。

　協同探究では，生徒から出た上記のような方針をもとに協議を行う。ただし，必ずしも4つすべての方針が生徒から出なくてもよい。本授業では方針④は生徒から出なかったことと，①〜③で十分協議できるため，扱わなかった。生徒からあまりにも方針が出ない場合は，別のクラスで出されたアイデアなどとして教師が提示してもよい（ただし，教材が対象の生徒に適していない可能性もあるので，授業後検討する必要があるかもしれない）。逆に想定していない方針が出てくることもあるが，それは歓迎すべきことであり他の方針と同等に扱えばよい。

　方針が出揃ったところで，それぞれに共通することなどを生徒に発言させる。このとき，教師はそこで共有させたいことのイメージやキーワードをもって臨みたい。なぜなら，生徒が自由に自分のことばで発言することは望ましいが，全体としての終着点がないまま自由に発言させると，授業としてのまとまりがなくなってしまうためである。本時においては，「グラフを用いて視覚化すればつながる」というテーマ（理解させたい本質）を教師が密かにもちながらファシリテートすれば，生徒のことばでそれと同等なものが複数出てくると思われる。それらを生徒もしくは教師がまとめる。

　個別探究Ⅱでは各自で問題2（展開問題）に取り組む。協同探究で協議された内容の理解が深まるように，個別探究Ⅱの展開問題を設定しなければならない。具体的には，導入問題と本質は変えずに表面的な部分を変えた問題が適していると考える。難易度に変化があってもよいと考えるが，大きく変化があるものは扱わないようにしている。この展開問題に取り組むことで，和の最小値を求める問題への習熟度が増すだけでなく，数列と関数の関係性といった概念的理解が深まると考える。

2　協同的探究学習の導入場面と授業過程

協同的探究学習の導入場面

単元における協同的探究学習の導入場面について以下に示す（表8-1）。

協同的探究学習①（8時間目）「和の性質を理解して活用しよう」

　和は足す順番を変えてもその結果は変わらない。それを利用して，生徒から多様な解法を引き出し，共同探究を行う。

　　（導入問題）$\Sigma k + \Sigma k^2 + \Sigma k^3$ を計算せよ。（k＝1，2，3）

　　（展開問題）$1 \cdot n + 2(n-1) + 3(n-2) + \cdots + n \cdot 1$　を計算せよ

協同的探究学習②（13時間目）「数列の和の最小値を求めよう」

　数列の和と関数のグラフを関連づけて，和の最小値を求める方針を生徒から引き出し，協同探究を行う（表8-2）。

　　（導入問題）$Sn = n + \dfrac{12}{n}$ の最小値を求めよ

　　（展開問題）$Sn = \dfrac{n^2 + 9}{n}$ の最小値を求めよ

協同的探究学習③（22時間目）「数学的帰納法とその他の方法との比較」

　5＝4＋1として二項定理を活用する，因数分解を活用する，合同式を活用する，といった証明法と数学的帰納法による証明法とを比較する。

　　（導入問題）$5^n - 1$ は4の倍数であることを証明せよ

　　（展開問題）$2n^3 + 3n^2 + n$ は6の倍数であることを証明せよ

本授業の構成（全24時間中13時間目）

【学習指導案】

1．教材・単元　　『数学Ｂ』（数研出版），「数列」

2．対象生徒　　　高校2年Ｂ，Ｃ組（男子18名，女子14名，計32名）

3．学習活動

表8−1　高校数学「数列」単元計画

時間	学習内容	学習目標	学習方法
1	数列	数列の定義と一般項の意味を理解し，規則が与えられた数列の具体的な項を求めることができる。	• 講義形式中心で行う。 • 具体的な数値を多く用いて説明する。
2・3	等差数列とその和	等差数列について理解し，それらの一般項及び和を求めることができる。	• 講義形式中心で行う。 • 生徒自身が一般項や和を発見できるように掲示する。
4・5	等比数列とその和	等比数列について理解し，それらの一般項及び和を求めることができる。	• 講義形式中心で行う。 • 生徒自身が一般項や和を発見できるように掲示する。
6〜8	和の記号Σ	和の記号Σの意味と性質を理解し，与えられた数列の和を求めることができる。	• 和の公式や性質までは講義形式中心で行う。 • 多様な求め方ができる和の計算において**協同的探究学習**を通して理解を深めさせる。
9・10	階差数列	階差数列を用いて数列の一般項を求めることができる。	• 講義形式中心で行う。
11〜13	いろいろな数列の和	工夫の仕方を学び，いろいろな数列の和を求めることができる。	• 工夫の仕方を学んだあとで，**協同的探究学習**を用いて数列の和について理解を深めさせる。
14〜18	漸化式と数列	これまでに学んだ数列を漸化式で表現することができる。漸化式で与えられた数列の一般項を求めることができる。	• 特性方程式を利用した解法だけでなく，階差数列を利用した解法も用いて説明する。
19〜22	数学的帰納法	数学的帰納法という証明方法を理解し，等式・不等式，整数の性質などを証明することができる。	• 数学的帰納法の手順を等式・不等式の証明で確認したのち，整数の性質の証明を**協同的探究学習**を通して行い，理解を深めさせる。

(1) 目標　規則が与えられた数列の一般項や和を求められる。また，自然数を定義域とする関数の値としてとらえることができる。

(2) 指導計画（全24時間）

　　1時間目：数列

　　2・3時間目：等差数列とその和

　　4・5時間目：等比数列とその和

　　6〜8時間目：和の記号Σ（協同的探究学習①（8時間目））

表 8-2　13時間目の授業展開

時間	学習内容	学習活動	＊指導上の留意点 評価観点： ○できる学力　●わかる学力
確認問題 （7分）	等差数列の和の最大値を求めよう。		
	（問） 「初項9, 公差 −2の等差数列は，初項から第何項までの和が最大となるか」 に取り組む。	自分の解答をワークシートに記入する。 別解を考える。 ・一般項を求め，第何項から負の値になるかを求める。 ・初項から第 n 項までの和を n で表し，2次関数の最小値を利用して求める。	○解答を求めることができるか。 ○別解を理解しようとしているか，ワークシートの記述や発言の様子から調べる。
個別探究Ⅰ 導入問題 （10分）	初項から第 n 項までの和　$n+\dfrac{12}{n}$　の最小値を求めよう。		
	（問題1） 「初項から第 n 項までの和が $n+\dfrac{12}{n}$ と表される数列について，初項から第何項までの和が最小となるか」 に取り組む。	各自で問題に取り組む ・第 n 項までの和から第 $n-1$ 項までの和との差から一般項を求め，その符号を調べる ・相加平均と相乗平均の関係を利用して，最小値を調べる ・n に具体的な数値を代入していき，帰納的に調べる ・和のグラフを利用して考える 方針にそって解答を書く	●既有知識を活用して和の変化の仕方を調べようとしているかをワークシートの記述や発言の様子から調べる。 自分の方針をワークシートに記入する。 ＊方針を書くのは解答を書いた後でもよいことを知らせる。
協同探究 （20分）	自分と他者の方針や解答を比べ，それらの間にある共通点や差異について考えよう。		
		・自分の考えや解答を発表する ・他者の考えや解答を聞く ・ワークシートに他者の方針や考えを自分なりの表現で記入する。 ・自分と他者の方針や解答を比べ，それらの間にある共通点や差異について考え，それらを発表し合う。	○自分なりの表現で説明できているか，板書や発言の様子から調べる。 ●共通点や差異をみつけることができるか。 ＊どの解法が一番よいかといった順位づけはしない。
個別探究Ⅱ 展開問題 （10分）	初項から第 n 項までの和　$\dfrac{n^2+9}{n}$　の最小値を求めよう。またその和を求めよう。		
	（問題2） 「初項から第 n 項までの和が $\dfrac{n^2+9}{n}$ と表される数列について，初項から第何項までの和が最小となるか。またその和を求めよ」に取り組む。	問題1を振り返りながら類題に取り組むことで，問題1で考えたことを整理する。 問題1と共通することとしないことを考える。	○問題1で考えたことを活用して取り組むことができているか。 ＊複数の方法で取り組むよう促す。

まとめ （3分）		・感想欄に自分が考えたこと感じ たことを記入し，発表する	

　　　9・10時間目：階差数列

　　11〜13時間目：いろいろな数列の和（協同的探究学習②（13時間目，表8
　　　　　　　　　－2））

　　14〜18時間目：漸化式と数列

　　19〜22時間目：数学的帰納法（協同的探究学習③（22時間目））

　　23・24時間目：演習問題（全2時間）

　（3）授業形態　一斉授業

4．展開　13時間目の授業展開は表8-2参照。

3　協同的探究学習としての工夫

課題設定について

　協同的探究学習を行う場合，そこで扱う課題には多様な解法やアプローチの
しかたがあることが前提である。しかし，単に解法を複数知ることが目的では
ないため，方針や解法を複数並べた後の協議で深まる課題を設定したい。具体
的には，複数の解法やアプローチに共通点すなわち「つながり」があるもの，
またその「つながり」に何かテーマもしくは名前をつけられるものが望ましい。
もちろんそのテーマと授業で身につけさせたい力はリンクしている必要がある。
本授業においては「グラフによる視覚化」がテーマである。協同探究の終着地
を意識した課題設定が必要であると考える。

　次に問題に出てくる数字をシンプルなものに変える，抽象度の高いものを具
体的な数値や図形などに変えるといった作業を行う。これはより多くの生徒を
参加させる工夫であるのと同時に，考え方を深めることが協同探究の大きな目
標であるため，それ以外の要素で生徒を悩まさないための工夫である。

　実際に問題を設定するときには，教科書や傍用の問題集などに載っている一
般的な問題を参考にすることが多い。これまで見たこともないような新しい問

題を1からつくる必要はかならずしもないと考える。

ワークシート作成について

　問題が設定できたら，授業で活用するワークシートを作成する。ワークシート作成の意図は，次の6点である。

① 　自分の解法だけでなく解答の方針を記入させることにより自分の思考プロセスを認知させる。

② 　教師が生徒の方針や解法を確認しやすくする。

③ 　生徒が他者の考え方や解法を書きやすくする。

④ 　複数の考え方や解法に共通することや差異の発見およびグルーピングをしやすくする。

⑤ 　感想を記入させることで授業の内容を振り返させる。

⑥ 　それぞれの生徒が書いた内容をまとめて次の授業などで紹介する。

　構成はおおむね，「問題1」の問題文のあとに「（方針欄・解答欄）」と，解法どうしの共通点等を記入する「MEMO欄」を用意し，「問題2」の問題文のあとに「（方針欄・解答欄）」を用意し，最後に「感想欄」を設けている（図8-1）。

　方針欄には，その名の通りどのような方針で解くかを書けばよいのだが，その書き方は生徒にまかせている。具体的に書ける生徒には具体的に書かせ，そうでない生徒には「〇〇の定理を使う」というものや，関連しそうな図やグラフを書いてもよいことにしている。方針欄をとばして直接解答を書く生徒もいるが，そういった場合は解答を書いたあとでもよいので，記入させるようにしている。解き方にタイトルや作戦名をつけなさいと指導してもよいだろう。数学の授業では数学ができる生徒中心に発言がなされることが多いと思うが，思いついた方法で最後まで計算して答えを出す力はなくても，だいたいの方針は立てられる生徒や，既にパターンを知っている生徒ではなかなか思いつけないような発想を出す生徒もいる。そういった生徒に活躍の場を与えるためにも方針欄を活用したい。

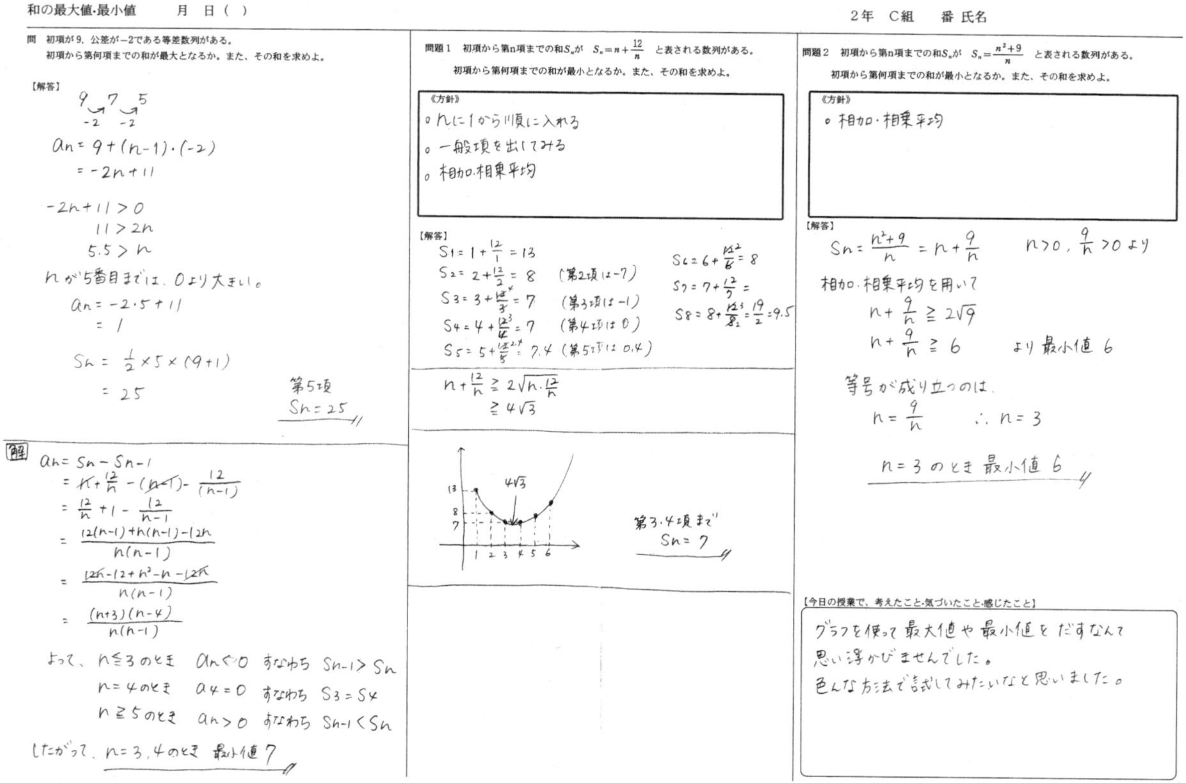

和の最大・最小値　　　　月　日（　）　　　　　　　　　2年　C組　番　氏名

問　初項が9、公差が-2である等差数列がある。
初項から第n項までの和の最小となるか。また、その和を求めよ。

問題1　初項から第n項までの和S_nが $S_n = n + \dfrac{12}{n}$　と表される数列がある。
初項から第n項までの和が最小となるか。また、その和を求めよ。

問題2　初項から第n項までの和S_nが $S_n = \dfrac{n^2+9}{n}$　と表される数列がある。初項から第n項までの和を求めよ。

【解答】
$9 \to 7 \to 5$
　-2　-2
$a_n = 9+(n-1)\cdot(-2)$
　　$= -2n+11$

$-2n+11 > 0$
$11 > 2n$
$5.5 > n$
nが5番目までは、0より大きい。
$a_n = -2\cdot5+11$
　　$= 1$

$S_n = \dfrac{1}{2}\times5\times(9+1)$
　　$= 25$

第5項
$S_5 = 25$

【解答】
o n=1から順に入れる
o 一般項を出してみる
o 相加相乗平均より

$S_1 = 1 + \dfrac{12}{1} = 13$
$S_2 = 2 + \dfrac{12}{2} = 8$　（第1項は-7）
$S_3 = 3 + \dfrac{12}{3} = 7$　（第2項は-1）
$S_4 = 4 + \dfrac{12}{4} = 7$　（第3項は0）
$S_5 = 5 + \dfrac{12}{5} = 7.4$　（第4項は0）
$S_6 = 6 + \dfrac{n^2}{12} = 8$
$S_7 = 7 + \dfrac{n^2}{2}$
$S_8 = 8 + \dfrac{n^2}{2} = 9.5$

$n + \dfrac{12}{n} \geq 2\sqrt{n\cdot\dfrac{12}{n}}$
　　　　　$= 4\sqrt{3}$

第3,4項まで"
$S_n = 7$

【別解】
$a_n = S_n - S_{n-1}$
$= \left(n + \dfrac{12}{n}\right) - \left((n-1) + \dfrac{12}{n-1}\right)$
$= \dfrac{12}{n} + 1 - \dfrac{12}{n-1}$
$= \dfrac{12(n-1) + n(n-1) - 12n}{n(n-1)}$
$= \dfrac{12n - 12 + n^2 - n - 12n}{n(n-1)}$
$= \dfrac{n^2 - n - 12}{n(n-1)}$
$= \dfrac{(n+3)(n-4)}{n(n-1)}$

よって、n=3のとき $a_n < 0$ だから $S_{n-1} > S_n$
　　　n=4のとき $a_n = 0$ だから $S_3 = S_4$
　　　n=5のとき $a_n > 0$ だから $S_{n-1} < S_n$

したがって、n=3, 4のとき 最小値7

【解答】
$S_n = \dfrac{n^2+9}{n} = n + \dfrac{9}{n}$　　　　$n > 0$, $\dfrac{9}{n} > 0$ より

相加・相乗平均を用いて
$n + \dfrac{9}{n} \geq 2\sqrt{9}$
$n + \dfrac{9}{n} \geq 6$　　　より　最小値 6

等号が成立するのは、
$n = \dfrac{9}{n}$　　∴ $n = 3$

n=3のとき　最小値 6

【今日の授業で、考えたこと・気づいたこと・感じたこと】
グラフを使って最大値や最小値にするととか
思いうかべまにつきましたですとなて。
色々な方法で試してわかりやすかったと思いました。

図8-1　生徒のワークシート例

147

授業における工夫

　協同的探究学習を行ううえでまず気をつけたいことは，生徒が発言しやすい状況をつくるということである。個別探究Ⅰの後の協同探究ではクラス全体に発問し指名された生徒は全体の前で発言することになるため，このことは非常に重要である。クラス，学年，学校ごとにそれぞれ特質が異なるため，発言しやすい雰囲気づくりのための工夫はさまざまであると思うが，ここでは2つほど紹介したい。

　ひとつめは，正解に至らない方針や解法を肯定的にとらえることである。本時の例でいえば，問題1は相加平均・相乗平均の関係を利用する方法では正答にたどり着くことはできない。しかし，この方針は協議の材料として非常に価値があり，実際に多くの生徒はその解法を前向きにとらえていた。既知の内容とのつながりを認識しながら現在取り組んでいる課題をより深く理解することが目的であるから，正しいか間違っているかよりも探究の中身をより豊かにするかどうかが重要である。このことを生徒に認識させたい。2つめは，オープンな発問をするということである。答え方に自由度がある発問をすることで，生徒の考え方や感じていることなどを引き出すことができる。計算過程や結果を聞くような発問に対しては，合っているかどうか不安な生徒にとっては発言しにくいが，考えたことや感じたことであれば発言しやすくなる。具体的には「なぜその定理が関係すると思ったのですか」「解法Aと解法Bで共通することをさがしてください」「解法Aに名前をつけてください」といったものがある。解法どうしを比較検討する場面ではこのような発問を増やして，解法に共通することなどをみつけて，問題1をまとめていきたい。

　一方，生徒が発言しやすい雰囲気がつくれたとしても，想定していた解法がすべてではないことがあり得る。その場合は，教師が提示してもよいと考える。もちろん生徒が提示した解法をもとに協議したほうが活性化すると思われるが，協議の中身を充実させることのほうが優先順位は高いので，必要な解法は必ずしも生徒から引き出さなくてもよいと考える。

　解法が複数提示されたあとは，それらをまとめることが必要になってくる。協同的探究学習では解法どうしの比較検討が重要になってくるので，その部分

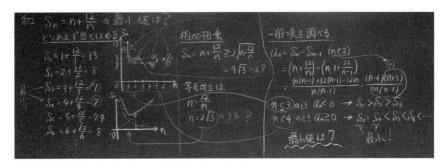

図8-2　板書例

を黒板にわかりやすくまとめていきたい。黒板には，必ずしもすべての解法を書く必要はないだろう。もちろん授業中に最低ひとつは提示すべきであるが，解法どうしの比較検討に力点を置きたいので，黒板にはそれぞれの解法の方針や要点・関係する図やグラフを比較しやすいように記述する（図8-2）。比較検討時には，つながりのあるものどうしを色チョークなどで結び，その上につながり方のキーワードなどを記入する。このときそれぞれの方針に名前があると説明しやすくなるので，それらも明記したい。

4　子どもの探究と協同はどのように進んだか
——高等学校数学科授業の心理学的分析

本授業では，数列の和の変化について，関数等の既有知識と結びつけて理解を深める協同的探究学習が展開された。本節では，生徒のワークシートの記述と授業中の発話から，協同的探究学習の過程を検討していく。

ワークシートの分析

本授業で実施された確認問題（等差数列の和の最大値を求めよう）および導入問題①（初項から第 n 項までの和 $n+\dfrac{12}{n}$ の最小値を求めよう）における生徒のワークシートの記述内容を検討した。なお，分析対象とした記述は，個別探究／協同探究の区別はなされていない。

表8-3　問題解決方略とワークシートへの記述率

問題解決方略	特徴	具体例（導入問題）	記述率（確認問題）	記述率（導入問題）
値のあてはめ	$n=1, 2, 3, \cdots$ と具体的な数値をあてはめ，解を求める。	n に1から順に数を入れる。 $S_1 = 1 + \frac{12}{1} = 13$, $S_2 = 2 + \frac{12}{2} = 8$, $S_3 = 3 + \frac{12}{3} = 7$, $S_4 = 4 + \frac{12}{4} = 7$, $S_5 = 5 + \frac{12}{5} = 7.4$, $S_6 = 6 + \frac{12}{6} = 8$, $S_7 = \cdots$	63%	83%
一般項の符号利用	一般項を求め，a_nの符号との対応関係から，解を求める。	一般項を出してみる。 $n=1$の場合 $a_1 = S_1 = 1 + \frac{12}{1} = 13$ $n \geq 2$の場合 $a_n = S_n - S_{n-1} = n + \frac{12}{n} - \left\{ (n-1) + \frac{12}{n-1} \right\} = \cdots$	100%	90%
相加平均・相乗平均の利用	相加平均・相乗平均の関係を利用し，最小値を求める。	相加・相乗平均 $n + \frac{12}{n} \geq 2\sqrt{n} \cdot \frac{12}{n} = 4\sqrt{3}$	—	54%
グラフ化	グラフ化し，和の変化をイメージする。		30%*	57%*

注：＊マクニマー検定，$p < .10$。

　生徒の記述内容は，4つの問題解決方略（「値のあてはめ」，「一般項の符号利用」，「相加平均・相乗平均の利用」，「グラフ化」）に分類された。表8-3には，各方略の特徴，具体例，ワークシートへの記述率を示した。確認問題から導入問題にかけて，各方略の記述率がいかに変化したかを検討したところ，「グラフ化」の記述が有意に増える傾向がみられた（表8-3）。このことから，協同的探究学習を実施した導入問題を通じて，和の変化のイメージをグラフ化することを意識した生徒が増えたといえる。

　なお，導入問題において，板書をそのままワークシートに記述していた生徒

表 8 - 4　授業における協同探究場面

No.	話者	発話内容	問題解決方略
1	T	（中略）他の人がどんなことを考えているのかちょっと聞いてみましょう。まずは S1 さん。	
2	S1	〈?〉n に数字を 1 から入れてって，今 4 までなんですけど，	①「値のあてはめ」
3	T	4 までいった？　1 の次が？	
4	S1	$+\dfrac{12}{1}=13$	
5	T	次が，…（中略：n=2，3，4 について確認する）	
6	T	その後も同じように〈?〉それともやめてもいい？	
7	S1	規則性はわからない。	
8	T	規則性はわからない。ちなみにね，こう数列何個か書くとき，和の場合とかも，だいたい 3 つくらいしか書かないことが多いのだけれど，3 つとかだと，それでわかるものもたくさんあるんだけれど，初めて見る問題とかは，面倒くさくてももうちょっと，7，8 個とか 10 個くらいやると見えてくることもあるから。この問題はぜひ，…（中略：n=5，6 を確認する→説明）	
9	T	あとおもしろそうなのが，S2 さん。	
10	S2	a1 = S1 =，	②「一般項の符号利用」
11	T	a1 = S1 で，1 入れると，13。	
12	S2	Sn － Sn － 1 ってすると，$n+\dfrac{12}{n}-\left\{(n-1)+\dfrac{12}{n-1}\right\}=\cdots$	
13	T	（中略：この手続きにより，一般項を求めていることを確認）	
14	T	なんで一般項出すんでしょう。根拠は何？　だって問題に書いてないよね。一般項求めよなんて。あればみんな結構やれるけど，ないのにやれるっていうのはなかなかすごいよね。	
15	S2	とりあえず，一般項を出せば何かが見えてくる。	
16	T	（中略：一般項に関する説明）	
17	T	じゃあ S3 さん。	
18	S3	相加・相乗平均。	③「相加平均・相乗平均の利用」
19	T	（中略→相加・相乗平均の説明）	
20	T	なんで使おうと思った？	
21	S3	かたちが。使える〈?〉ルートがきれいになるんで，〈?〉気がするけど。	
22	T	（中略：相加・相乗平均の関係を利用し，最小値を求めることを説明→確認問題に戻り，グラフ化，数列と関数との関係について示唆）	
23	S	（問題に取り組む）	
24	T	（中略：n=10 まで代入し，値を求める→グラフ化→ Sn の式とグラフの関係について説明する）	④「グラフ化」（①〜③の関連づけ）
25	T	…最小値。この辺が最小だぞってことがわかればいい。ちなみに最小値自体は，さっきの S3 の相加・相乗平均が教えてくれる。$4\sqrt{3}$，6.9。ただこの値が，等号成立で調べると，3.4 くらいかな，になるので，今回，数列と関数の違いは整数しかとれないから，最小値ではない。答えは，この両サイドにいる 7。答えは 7。3 か 4 のとき最小値は 7。ただこのグラフも値をとっているだけなので，回答としては不十分なわけね。	
26	T	なので，さっき S2 さんが言ってくれた，これ，一般項を見る。一般項を計算していって，その一般項が，（Sn と Sn－1 の）差の分が，今回は負から正に変わる。足されるものが，a₁，a₂，a₃っていうふうに増すんだけど，今回 a₁は 13 だけど，a₂とか a₃は負の値になる。負の値を足したら当然（Sn の）値はこう減ってくるよね。だけどそのうち，正の値に変わる。それ以降も常に正だよ，ということを示すことができれば，正のものを足したら当然グラフは増えていくので，最小値はここまで，負のところまで足した値が最小になるよね，っていう，要は確認問題と同じようなタイプ。…	

注：T は教師，S は生徒，〈?〉は聞き取り不明瞭な箇所を指す。

は13.3％（30名中4名），板書に自分なりの表現を加えた記述がみられた生徒は86.7％（30名中26名）であった。そのうち2名は，「グラフ化」に関して，自分なりの表現を加えた記述がみられた。

協同探究場面における発話の分析

　表8-4には，個別探究Ⅰ（導入問題）の後に行われたクラス全体での協同探究場面の一部を示した。

　はじめに，3名の生徒により複数解法が発表された（「値のあてはめ（発話No. 2-8）」，「一般項の符号利用（No. 10-16）」，「相加平均・相乗平均の利用（No. 18-22）」）。それに対し，教師は，「なんで一般項出すんでしょう（No. 14）」など，各解法について，本質的な理解へ結びつける問いかけや補足説明を加えていた。それにより，それぞれの解法のよさや限界点についてクラスで理解を共有していく過程がみられた。

　その後，教師は板書を用いて「グラフにより視覚化」しながら，各解法の関連づけを促した（「グラフ化（No. 24-26）」）。ここで深められた各生徒の理解の様相は，本時以降に実施された個別探究Ⅱにおける展開問題や，類似の課題への取り組みにおける生徒の解答の分析により，さらに明らかになると考えられる。

5　子どもの「わかる学力」は高まったか

　本授業で用いられた導入問題は，複数の解法により，数列の初項からの和の変化をとらえることが可能であり，さらに，それらの解法をグラフ化により関連づけることで，数列の和と一般項の関係の意味づけや，数列と関数の関係についての理解を深めることのできる内容であった。生徒の「わかる学力」を高めるうえで，協同的探究学習を通じて生徒が複数の知識をいかに関連づけ，本質的な理解を深めるかを問う課題を設定するかが重要な意味をもつ。本授業は，教師による丁寧な教材研究のもと，その点がクリアに設定されており，関数や整数といった数列の単元を超えた多様な知識にもとづき，個々の生徒が理解を

深め得る仕掛けがなされていた。今後，個々の生徒の協同探究前後の個別探究の状況を比較検討することで，本授業を通じた生徒の「わかる学力」の変化をより明確に示すことができると思われる。

　一方で，第 4 節の分析では，確認問題から導入問題（協同的探究学習）にかけて，グラフ化に関する記述が増える傾向がみられ，グラフとして視覚化することで解法をとらえ直し，数列と関数の関係を主体的に検討しようとした生徒の様子がうかがえた。また，導入問題について，全体の87％が自分なりの表現を加え，問題文を整理し直したり，考えのプロセスをことばで示したりする様子がみられたことも，生徒の主体的な取り組みを示唆するものといえる。また，発話の分析から，各解法の意味を考えさせる教師の問いかけや，解法間の関連づけを通じて，生徒の探究を促す過程がみられた。

　よって，本授業では，随所に生徒の「わかる学力」を高める工夫が施され，生徒が知識を関連づけていく思考過程が支援されていたと考えられる。

■■■　コラム　■■■

数列以外の単元における協同的探究学習

■■■「整数問題における必要条件の活用」（高校１年　数学Ⅰ集合と命題）

（問題１）

　　a を負でない整数とする。X が整数のとき，等式 $X^2=12-2\sqrt{36-a}$ をみたす a の値を求めよ。

（問題２）

　　x の２次方程式　$x^2+2px+3p^2=8$　について

(1)　p を用いて，方程式の解を表せ。

(2)　x, p が整数であるとき，この方程式の解を求めよ。

【目標】

　与えられた条件を同値な条件に変えることが困難であるとき，必要条件を活用して解を導くという考え方に触れることで，必要条件や十分条件や同値関係といったことばがなぜ存在するのかを理解し，活用できるようにさせる。

【学習過程】

　個別探究Ⅰ

　　各自で問題１に取り組む。解答だけでなく方針も記入する。別解も考える。

　協同探究

　　生徒を指名し

　　方針①　「$36-a=0, 1, 4, 9, 16, 25, 36$ の７通りに絞ってから確かめる」

　　方針①′　「$a=0, 1, 2, \cdots, 36$ の37通りに絞ってから確かめる」

　　方針②　「X^2 は０以上12以下（９以下）を用いて，$X=0, 1, 2, 3$ の４通りに絞ってから確かめる」

　　方針②′　「X^2 は０以上12以下の偶数であることを用いて，絞ってから確かめる」

　　方針③　「$X=0$ かつ $a=0$」

　　方針④　「両辺を２乗することで $\sqrt{}$ をなくしてから計算する」

　　といった多様な方針や解答を引き出し板書する。これらを「必要条件」というキーワードでつながるように全体で協議を行う。

　個別探究Ⅱ

　　必要条件を活用して解を導くという考え方の理解を深めるために問題２に取り組

む。

【授業風景】

　以下は，上記の協同探究の場面における教師（T）と生徒（S1，S2，S3，…）とのやりとりである。

　　T　　それぞれのやり方に共通することや関係を考えてみましょう。

　　S1　方針③④以外は，<u>答えの候補</u>をまずあげています。

　　S2　①は√　の中が正になること，②は√　自体が正であること，どちらも"正になる"という条件を使っています。

　　T　　共通することはそれだけでしょうか。候補をみつけた後にも注目してみてください。

　　S3　どちらも候補をあげてから本当に正しいか確認しています。

　　T　　そうですね。今回はなぜそのようなことをするのでしょうか。

　　S3　あくまで候補であって，そのすべてが与えられた条件を満たすかどうかわからないからです。

　　T　　その通りです。ではこれらと③との違いは何でしょう。

　　S1　a＝0は<u>答えの一部</u>であって，まだ足りないかもしれないから<u>本当の答え</u>ではないと思います。

　　T　　①や②で考えた候補と③の答えの一部と本当の答えにはどのような関係があるでしょうか。

　　S4　『③は本当の答えに含まれ，本当の答えは①や②に含まれる』のではないでしょうか。

　　S2　③は十分条件で①や②は必要条件です。

　　T　　そうですね。普段は問題の条件にぴったり合うもの，すなわち同値な条件に変えることでみつけたい答えを過不足なく求めていましたが，今回はそれが難しいので「必要条件」を使って解の候補を大雑把にみつけておいて，不適なものを除外（十分性の確認）して，本当の答えをみつけました。

　　　　それではここで学んだことを踏まえて問題2をやってみましょう。

【まとめ】

　協同的探究学習を行うときには，「答えの候補」「答えの一部」「本当の答え」といった生徒のことばを大切にしたい。それらを使いながら協議させまとめることで，それぞれの生徒が学習前に理解していたことと教師が理解させたいことがつながると考える。協議は生徒中心に行わせ，この授業における「数学において解を求めるという

ことは，条件を満たす集合と同値な集合の要素をすべて答えることである」といった
まとめは，生徒の多様な考えに関連づけて教師のことばで要約する方がよいと考える。

■「わかる学力」が高まったかどうかがわかる問題
　「わかる学力」が高まったかどうかを調べるひとつの手段として表 8 - 5 のような問
題をあげる。これらは現在，定期試験などでは出題しにくいが，課題や授業中の発問
等に活用することができるのではないかと考える。

表 8 - 5　「わかる学力」が高まったかどうかがわかる問題

数学Ⅰ	数と式	方程式や不等式を解くときには右辺を 0 にすることが多いが，その理由を説明しなさい。
	2 次関数	判別式の符号を調べれば 2 次方程式の解の個数を知ることができる理由を説明しなさい。
	三角比	$\sin^2\theta + \cos^2\theta = 1$が成り立つ理由を説明しなさい。
数学A	場合の数	$_nC_r = {}_{n-1}C_{r-1} + {}_{n-1}C_r$ （$1 \leq r \leq n-1$, $n \geq 2$）を 2 通りの方法で示せ。
	確率	2 枚のコインを投げたとき，2 枚とも表が出る確率が$\frac{1}{3}$でない理由を説明せよ。
	図形の性質	2 つの平行な平面と他の平面が交わってできる交線が平行である理由を説明せよ。
数学Ⅱ	三角関数	$\sin A = \sin B$ が成り立つとき A を B で表せ。
	対数関数	常用対数を用いることで非常に大きな数の桁数がわかる理由を説明しなさい。
	微分法	ある関数の導関数を調べることでもとの関数のグラフの概形をとらえることができる理由を説明しなさい。
	積分法	積分法の計算はなぜ微分法の計算の逆になるか説明しなさい。
数学B	数列	$a_n = p_n + q$ で表される数列 $\{a_n\}$ は等差数列であることを示しなさい。
	ベクトル	A$(\vec{a})$，P$(\vec{p})$ とする。$\vec{n}\cdot(\vec{p}-\vec{a})=0$　は点 A を通り $\vec{n}$ に垂直な直線を表す理由を説明しなさい。
数学Ⅲ	微分法	$y = x$ と $y = \sin x$ が原点で接する理由を答えなさい。
	積分法	置換積分法 $\int f(x)dx = \int f(g(x))g'(t)dt$ （ただし，x=g(t)）が成り立つことを説明しなさい。

第9章

中学校理科「細胞分裂」
——瞬間から時の流れを予想する——

1 中学校理科でめざす「わかる学力」

中学校理科のねらい

　10年ほど前，高等学校の生物を担当しており，「学習」と「知能行動」という項目を教えていてハッとしたことがある。経験によって行動が変化するときその行動を「学習」といい，経験したことに照らし合わせて考え，未経験の物事に対しても対応できることを「知能行動」という。その教科書には天井から吊るされたバナナを箱に乗って取ろうとしているチンパンジーのイラストが書いてあった。目の前にいる生徒にさせていることが学習ばかりで，知能行動を発動させるようなことができていないのではないか，と感じたのである。

　中学校理科は小学校よりもやや難解な概念を扱い，かつ高等学校で学習することの基礎になる部分にもなる。そのため，小学校で習ったことを手掛かりにしながら，また，高校での学習内容への接続にも配慮しつつ，新しく学ぶことを予測させながら進めていくことが大切である。「既知のものを組み合わせて未知のものを想像する力」を発揮させながら展開していきたいものである。

「細胞分裂」のおもしろさ

　今回，紹介する授業例の主題は「細胞分裂の分裂期を過ごす時間を求めること」であるが，導入として「細胞を生かしたまま，観察や時間の計測をすることができるか」という問いから始めた。細胞を観察するためには固定や染色をすることを学んでいるので，それは不可能であることを導くことができる。そこで，間接的に求める方法を考えるというように展開した（表9-1）。

表9-1　中学校理科「生物の成長とふえ方」単元計画

時間	学習内容	学習目標	学習方法
1	生物の成長と細胞	• タマネギの根の成長を観察することにより，どの部分でどのように成長しているのかを予測させ，さらに顕微鏡で観察することにより，細胞が分裂することと，分裂した細胞が元の大きさにまで大きくなることにより，生物のからだは成長することを理解させる。	• 染色したタマネギの根の成長のしかたを観察することにより，先端に近い部分がよく成長することに気づかせる。 • タマネギの根端のプレパラートを顕微鏡で観察することにより，根の先端から離れた部分の細胞よりも先端に近い細胞の方が小さいことに気づかせる。 • 先端から離れた部分では細胞がほぼ同じ大きさであることや，根の先端では頻繁に細胞分裂が起こっていることに気づかせる。
2	根の細胞分裂の観察	• タマネギの根を用いて細胞の大きさや核の変化のようすを観察させ，分裂前に染色体が複製され，分裂後の細胞に均等に分配されることを理解させる。	• 細胞が分裂するときに細胞の内部で何が起こっているかを予想させる。同じ細胞をつくるために，分裂する前に複製が起こっていることに気づかせる。 • タマネギの根端を固定，染色，押しつぶし法で観察する。染色液によく染まることから染色体と呼ばれることに触れる。
3・4	細胞分裂にかかる時間を予測する	（本文参照）	（本文参照）
5	無性生殖	• 無性生殖は体細胞分裂で個体がふえることであるということを理解させる。 • 元の個体と同じ遺伝子を受けつぎ，同じ形質を示すことを理解させる。	• 単細胞生物はどのように増えているかと問い，体細胞分裂で増えていることに気づかせる。酵母菌でも同様だが，大きさに差が生じることに触れる。 • セイロンベンケイを2週間ほど前から教室に置いておき，栄養生殖の理解を助ける。
6	植物の有性生殖	• 被子植物では，めしべの柱頭におしべの花粉がつくと花粉管がのび，胚珠まで達することにより，卵細胞の核と精細胞の核が合体し，受精が行われることを理解させる。	• めしべの柱頭に似た条件をつくり，花粉管がのびるようすを顕微鏡で観察させ，記録させる。 • 模式図を描かせて，受精のしかたを理解させる。 • 受精が終わると体細胞分裂が始まり，からだがつくられ始めることを気づかせる。
7	動物の有性生殖	• 写真や動画を用いて，ウニやカエルの発生の様子を理解させる。	• 受精後，何が起こるかを予測させる。初期の体細胞分裂は成長をともなわないことに気づかせる。 • 同じ細胞をつくっているにもかかわらず，それぞれの部分に応じたはたらきをもつようになっていくことにも触れる。

8	減数分裂	• 有性生殖では減数分裂により生殖細胞をつくり，子は両親の染色体を半分ずつ引きつぐことを理解させる。そのため，同じ親から生まれた子どうしでも異なる特徴を示すことを理解させる。	• 生殖細胞は通常の細胞と同じか異なるかについて考えさせる。合体したときに，元の個体と同様であるためには生殖細胞の染色体はどのようであるか予測させる。 • 通常の細胞は2本ずつの染色体をもっているが，生殖細胞は1本ずつもっていることに気づかせる。 • 2種類の染色体があると，それぞれについて，2本のうちいずれかを受け取ることから4通りの可能性があることを理解させる。ヒトの場合では23種類の染色体があることにも触れる。

　細胞分裂は生物にとって最も根源的な活動といえる。卵割や多細胞生物の成長と結びつけるとともに，単細胞生物と多細胞生物の生き方の違いにも触れた。極端な言い方をすれば単細胞生物には生理的な死がない。われわれは衣食住が満たされていてもいつかは死ぬが，単細胞の細菌やアメーバなどは水や養分などの条件がそろっていれば，しばらく生きては分裂をしてということを繰り返していって，それぞれ元の個体と同じであるようなそうでもないようなという生き方をしている。

　また，細胞分裂は単細胞生物にとっては生殖活動といえる。原初の命は原核生物であったろう。皆，分裂で増えていた。生物は共通の DNA をもち，原核生物の生き方を受け継いでおり，われわれの皮膚の表面や腸の中にも細菌は多数存在していて共に生きていることなどにも触れながら進めた。また，癌は細胞分裂の異常による病気だということにも触れた。生きていくために必要な細胞分裂が，個体の死をも招くことは，実に興味深い現象といえる。

2　協同的探究学習の導入場面と授業過程

単元計画

　今回，協同的探究学習を用いる授業では「生物の成長とふえ方」という単元における「細胞分裂」について扱った。固定されたタマネギの根端細胞を観察した結果から分裂期にかかる時間を予測して求める方法について，顕微鏡観察

を行いながら考える授業を実施した。根端細胞を染色・固定して観察させる方法もあるが，そうすると分裂している細胞を見つけるのが精一杯で数を数えるところまでには至らないことが多いので今回は既製のプレパラートを用いた。

「分裂期の細胞の数から分裂期にかかる時間を求める」という考え方は，通常は高等学校で扱うことが多いが，時間をかけて言及されることは稀である。この考え方を抵抗なく受け入れる生徒と「意味がわからない」と拒絶する生徒がはっきりと分かれることが多く，概念を理解しないまま手続き的にとらえている生徒が少なくないという印象がある。

中学生にとってはやや発展的な内容ではあるが，実際に観察をしたり対話をしたりしながら進めていけば多くの生徒にとって理解が可能になるのではないかと考え，以下のような授業を考案した。2時間続きの内容であるので，2時間分の学習指導案を示す。

本授業の構成（全8時間中の3，4時間目）

【学習指導案】

1．教材・単元　『理科の世界』（大日本図書），「生物の成長とふえ方」

2．対象生徒　　中学校3年生B組（男子20名，女子20名，計40名）

3．学習活動

（1）目標　細胞分裂にかかる時間を予測する

（2）指導計画（全8時間）

　　　1時間目：生物の成長と細胞

　　　2時間目：根の細胞分裂の観察

　　　3時間目：細胞分裂にかかる時間を予測する（個別探究Ⅰ，協同探究Ⅰ，個別探究Ⅱ）

　　　4時間目：同上（個別探究Ⅲ，協同探究Ⅱ，個別探究Ⅳ，協同探究Ⅲ）

　　　5時間目：無性生殖

　　　6時間目：植物の有性生殖

　　　7時間目：動物の有性生殖

　　　8時間目：減数分裂

表 9-2　3 時間目の授業展開

時間	学習内容	学習活動	＊指導上の留意点 評価観点： ○できる学力　●わかる学力
導入 （5分）	細胞分裂に かかる時間 を予測する	• タマネギの根端細胞の前期，中期，後期，終期にかかる時間の求め方を問う。 • いちばん単純な方法を問う。「細胞を生かしたまま，細胞分裂にかかる時間を測る」という答えが予測される。 • 「細胞を生かしたまま，染色体を観察することはできるか」と問い，固定や染色をしなければならないことを復習し，細胞を生かしたまま，細胞分裂にかかる時間を測ることはできないことを確認する。	○染色体を観察するには固定や染色が必要であることを理解しているか。
個別探究 I （10分）	顕微鏡のピントの合わせ方 顕微鏡観察をしながら予測の方法を考える	• 顕微鏡観察を低倍率から行うことは，ピント合わせのために必須であることを確認する。低倍率でピントを合わせた後，高倍率にするとほぼピントが合うように作られていることを伝える。 • 固定されたタマネギの根端細胞のプレパラートを顕微鏡観察し，各分裂期や間期を過ごす時間を予測する方法を問う。細胞周期を30時間とする。 • 顕微鏡観察をすることにより，「たくさんあるならばその状態である可能性が高い」→「過ごしている時間が長い」という連想が起こることが期待される。	＊低倍率でピントを合わせ，レボルバーを回した後，鏡筒を大きく動かさないことを強調する。 ●ワークシートに，自分の考えを自分のことばで記述できているか。
協同探究 I （10分）	顕微鏡	• 個人で考えたことをグループで話し，意見を交換し合う。 • グループで話したことを全体で共有し，「各分裂期や間期に相当する細胞の数を数えることが，時間の予測につながる」ことを導く。 • 補足説明として，たとえ話をする。 （詳細は第3節）	●話すことで考えを明確にし，他の意見を聞くことにより自分の意見を相対化できているか。
個別探究 II （25分）	観察と計算	• 各自で顕微鏡観察をし，視野のなかで範囲を決め，30個程度，各分裂期や間期に相当する細胞の数を数え，各分裂期や間期を過ごす時間を計算する。	○細胞周期と分裂期の細胞数と全体の細胞数から分裂期にかかる時間を計算できるか。

表9-3　4時間目の授業展開

時間	学習内容	学習活動	＊指導上の留意点 評価観点： ○できる学力　●わかる学力
個別探究Ⅲ （7分）	空間から時間への変換	• 顕微鏡で観察したことの意味を，図9-1を用いて，線を引いたり，○をつけるなどして「何を観察したのか」を各自で考察する。	●ワークシートの図に線や○などを書き込み，「何を観察したのか」を自分のことばで記述しているか。
協同探究Ⅱ （15分）		• 個人で考えたことをグループで話し，意見を交換し合う。グループで話したことを全体で共有する。	●**協同探究Ⅰ**と同様
個別探究Ⅳ （3分）	予想が成り立つための前提を考える	• 各分裂期の細胞の数を数えることにより，それぞれの時間を予測できると仮定しているが，この予測が成立するための前提を考える。	●予測が成立しない状況と成立するための前提を考え，ワークシートに自分のことばで記述できるか。
協同探究Ⅲ （25分）	まとめ	• **協同探究Ⅱ**と同様。 • 「分裂が同期せず，一様にそれぞれのタイミングで分裂している」「各細胞の細胞周期が同じである」等の前提を導き，そうみなしても問題がないと考えられることを確認し，理解を深める。	●**協同探究Ⅰ**と同様

（3）授業形態　一斉授業

4．展開　3時間目と4時間目の授業展開は表9-2，表9-3参照。

3　協同的探究学習としての工夫

直接測定できない時間を求めるには（個別探究Ⅰ・協同探究Ⅰ・個別探究Ⅱ）

　発問して個別探究Ⅰをしばらく行ったところで「数が多い方が過ごす時間が長いのではないか」と何も助言のないままに考えつく生徒が数名あり，一方「よくわからない」「何を考えたらよいのかわからない」といった様子の生徒も多くみられた。協同探究Ⅰに入り，アイデアをもつ生徒が説明し，わからない生徒が質問をしたりするうちに，なんとなく「数えるといいようだ」という雰囲気ができたところで，次の指示を出した。

　「視野のなかで範囲を決めて30個の細胞に注目して，間期，前期，中期，後

期，終期の数を数える」こととし，「数がそのまま時間になること」を思いついてほしいという意図で「細胞周期を30時間」とした。クラスの半数くらいの生徒は意図を理解していたようで，「間期と前期が見分けがつかない」などと言いながら懸命に数えていた。しかし残りの半数の生徒は理解をしていない様子であった。

　この考え方を受け入れられない生徒が多いときは，たとえ話をすると受け入れる生徒が増える実感をもっていたので以下のような話をした。

　「保護者会で，お母さんが『うちの子はいつも見るたびに寝ているかマンガを読んでいるかゲームをしているかなんです』と言う。生徒としては勉強している時間もあるのだけれど，時間が短いので母親がたまたま部屋を見たときに勉強している可能性が低い。一方，テスト前などで勉強時間が長いときには，たまたま部屋を見たときに勉強している可能性も高い。」

　今回も，「そういうことか」と言う生徒は多く，一定の効果はあると感じた。個別探究IIでは「数の比から時間の比を求めること」を理解しながら計算を進めている生徒が半数以上はみられた。なんとなくはわかるが，まだよくわからないという表情をしている生徒も少なくなかった。

空間から時間への変換（個別探究III・協同探究II）

　生徒が腑に落ちないと感じる部分は「空間に占める割合から，ある細胞の各分裂期にかかる時間の割合への変換」ではないかと思い至り，その変換を促すために「何を観察したのか」を図9-1を使って考えさせた。話を単純にするために，まずは分裂期と間期だけで考えるようにした。

　個別探究IIIでは，何も書けない生徒や「細胞によって分裂していたり，していなかったりすることを見た」という段階で，過ごす時間への変換には至っていない生徒もあったが，図9-2のように書いた生徒が何人か出てきた。また，線だけや○だけの場合もあった。協同探究IIでは，自分で図に書き込んで，まわりの生徒に説明をしていた生徒に黒板の前で説明をさせた。

　ある瞬間を見たときに分裂していたりしていなかったりする割合が，過ごしている時間の割合に変換されることを理解した生徒が増えた様子であった。

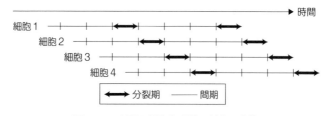

図9-1 空間の割合と時間の割合の変換

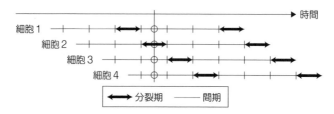

図9-2 生徒の解答例（個別探究Ⅲ・協同探究Ⅱ）

注：間期と分裂期にかかる時間の比が3：1のとき，ある瞬間に見ると，細胞の数の比が間期：分裂期＝3：1となる。

予想が成り立つ前提を考える（個別探究Ⅳ・協同探究Ⅲ）

　さらに別な側面からも理解を深めるため，直接，測定することが困難な場合に，近似値を求める方法を考える際，前提とみなしている事柄が事実とかけはなれていないかを検証することが重要であることを伝え，空間に占める割合から時間の割合への変換で近似的な予想が成り立つ前提を考えさせた。難しく感じる生徒が多い様子であったので，逆に，予想が成り立たない場合を考えてもよいと言うと，より取り組みやすく感じるようであった。

　個別探究Ⅳは考えが浮かばない生徒が多い様子であったのでやや短めにし，協同探究Ⅲに進めた。アイデアをもった生徒が積極的に意見を言い，聞くことが多くなっている生徒もみられたが，聞いている側も「どういうことなのか」と積極的に質問し，グループ討議は盛り上がっていた。積極的に意見が出ていたグループの代表者に，前に出て説明させた。以下に，協同探究Ⅲで出てきた生徒たちの解答例を示す。

　図9-3の解答例は，すべての細胞が同時に分裂していることを示すものである。図9-3を用いた生徒の説明は，全部の細胞が同時に分裂していると，

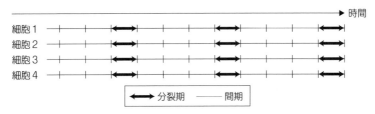

図9-3　生徒の解答例（個別探究Ⅳ・協同探究Ⅲ）

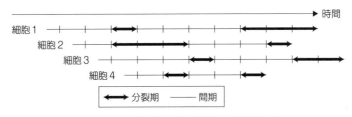

図9-4　生徒の解答例（個別探究Ⅳ・協同探究Ⅲ）

全部が分裂していたりしていなかったりするからこの予測はできない。そのた
め，前提は「分裂が同期せず，一様にそれぞれのタイミングで分裂していると
する」というものであった。

　「卵割の初めは同期しているのではないか」と質問をする生徒がいたので，
もっともな指摘であることを伝えたのち，初めは同期しているが，徐々にずれ
てくることを説明した。

　また，図9-4は，各分裂の間期や分裂期の時間がそれぞれの細胞で異なる
例を使って説明した生徒の解答例である。その説明としては，「間期や分裂期
の時間がそれぞれの細胞で大きく違ったらこの予測はできない」，そのため，
前提として「細胞周期が同じであるとする」ことが必要であるとの答えを導き
出すことができた。

　「できるだけ多く数えると，より正確になる」ということも生徒から発言され
れ，自分では思いつかなかった生徒もグループで話したり，全体で話したりす
ることを通して理解したようである。

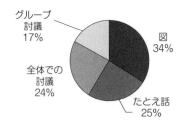

図9-5　理解の助けになったこと

理解の助けになったこと

　授業後に80名（2クラス）にアンケートを行い，「理解するのに助けになったことは何か」と質問したところ，「図」と答えた生徒が最も多かった。手を動かし，書き入れることで変換がみえてくることが効果的だったのではないかと考える（図9-5）。

　また，「グループで話したことが助けになった」と答えた生徒より，「クラス全体で話したときにわかった」という実感をもったという生徒の方が多かったが，はじめから全体で話した場合にはこのような結果は得られないと思われる。生徒どうしの対話においてそれぞれが自分なりの思考回路をつくろうとした後に，全体に向けて説明をしたことで理解が深まったように感じられる。

　イメージをするのが困難な概念を学習する際に協同的探究学習は特に有効であると感じている。黙って聞いているだけでは既有知識と結びつけにくい内容を学ぶ際に，はじめから解法が与えられると，明快な解法であっても，自分のなかのどこにつなげたらよいのかがわからず，しっかりと認識をすることができない。考える動機も得られず，釈然としないまま終わってしまう。

　一方，グループで説明し合う段階とクラス全体で検討・共有する段階を入れると，それぞれが自分のなかに結びつける場所を見出していくことができるようである。つかみにくいものをつかむ前には，はっきりとはわからないながらも対話をする時間が必要なのではないかと感じる。

たとえ話・似ているものの話

　適切な例であればたとえ話は有効だと考えるが，そのものの説明をしていないという批判をまぬがれ得ない。そこで考えたいのが「わかるということはどういうことなのか」ということである。論理的に正しく説明すれば，どんなこともわかるのであれば誰も苦労はしない。教科書は正しく書いてあり，教師はたいてい正しく説明しているが，生徒はなかなかわからない。

　他人の話を聞いたときに，同じ体験をしていなくてもかなり深く共感することがある。「わかるー！」と言いながら話を聞くときに，聞き手は全く別な状況で全く別な人に関わる，類似の事例を思い起こして深く共感している。わかるという感覚は基本的にそういうことなのではないかと考える。その点において，生徒にとって身近なたとえ話は，そのことそのものを説明していなくとも，既有知識とこれから学ぼうとしていることをつなぐことを助けるものとして有効だと考える。

　また，「直接つながっていなくてもなんとなく似ている」という話は興味深く，「表皮細胞には葉緑体がないが，気孔には葉緑体がある」ということを「とにかく覚えなさい」と言うよりも，「私たちの体にも表面にあるけれど，表面の色とは違って内側の色と似ているところがありますね。どこでしょう？　形も気孔に似ています」と言うと，生徒は「口！」と答える。「唇は内胚葉由来で内側の色と似ていて，皮膚よりちょっと乾燥にも弱いですね。内側と外側をつなぐ部分です。気孔も葉肉細胞と表皮をつなぐところですね。なんか似ていますね」と話すと，直接的には何の説明にもなっていないにもかかわらず「なるほどー！」という雰囲気になる。

自分のことばで表すこと

　理解の程度を把握する目安として，「自分のことばで表すことができる」かどうかという点は重要である。生徒が授業内容を自分の問題として引きつけて考えて，自分のことばで言い換えることができれば，本質的に理解したと評価できる。生徒自身のことばで説明をさせる機会を授業のなかでできるだけ多く設定し，それぞれの良さを大いに評価していくことで自分のことばで表す力が鍛えられていくと感じている。

　生徒が自分なりのことばで言い換えをしようとする際に，教師が思い描いているイメージとは異なる場合も少なくない。そのようなときは，まずは肯定できる部分を明確にして積極的に肯定するとよい。肯定しないまま，さらにこちらが言い換えてしまうと，どこまで理解が共有されているのかが不明瞭になる。共通理解している部分を明確にしながら話を進めていくことが重要である。

　また，生徒に自由に意見を言わせることを教師がためらうのは，想定外の質問や発言が出ることを恐れてのことではないだろうか。それらを活かす力量をつけていくことも必要であるが，まずは，活かしやすいものを引き出すことが肝要である。ある程度の勘違いは深い理解を助けるのに役立つが，度を超えると混線状態のような現象を引き起こすので，ある程度の自由度をもたせながらも，伝えたい主題を明確にしておく必要がある。

4　子どもの探究と協同はどのように進んだか
——中学校理科授業の心理学的分析

　本授業では，細胞分裂の各分裂期にかかる時間をいかに予測するかをテーマに協同的探究学習が展開された。この内容を学ぶにあたり，ある時点における各分裂期の細胞が空間に占める割合と各分裂期にかかる時間の割合を結びつけて理解することが必要となる。全8時間中の3時間目には，細胞分裂にかかる時間を予測し，実際に植物の根端の細胞を顕微鏡で観察し，各分裂期の細胞数を数え，時間を算出する，という取り組みがなされた。全8時間中の4時間目には，ある瞬間において，各分裂期の細胞が空間に占める割合を，各分裂期にかかる時間の割合に変換することの理解に焦点化した授業が展開された。両時限において，協同的探究学習が取り入れられた。

　本節では，細胞分裂にかかる時間について生徒が自分なりに予測を立て，検証を行った全8時間中の3時間目の授業における発話の分析を中心に，協同的探究学習過程を検討していく。

協同探究場面における発話の分析

　分析においては，授業での生徒の発話場面を抽出し，生徒の協同探究の過程の事例的特徴を検討する。

　表9-4，9-5に示した発話記録は，グループ数名で生徒が各自の考えを相互にやりとりしている協同探究場面の一部である。表9-4は，観察を行う前に，3名の生徒が細胞分裂にかかる時間をどのように求めるか予想している場面で

表9-4　細胞分裂にかかる時間に関するグループでの協同探究場面

No.	話者	発話内容
	S	（各分裂期や間期の時間とその予測の仕方を考える）
1	S1	俺全部1時間にした。
2	S2	全部1時間だったら，え，（全体が）30時間でしょ。
3	S1	だって，（ワークシートの図①〜④を指して）①（前期），②（中期），③（後期），④（終期）…30。その④のなかで，①，②，③，④。DNA合成時間かかりそうだし，合成する時期も時間かかりそうだし，
4	S2	準備は？
5	S1	準備は，あー，でも分裂の方が意外と早いんじゃない。
6	S2	やっぱあれでしょ，まさしく全体が30時間で，比を求めればいけそうじゃない？
7	S1	比……？
8	S2	状態の比。
9	S3	1本の特徴を求めて，……
10	S2	だってさ，全体で10個あったとするじゃん。で間期が5個で，こんなようなのがさ，4，4ではない……。3，1，1，1とかだとしたら，わかることない？
11	S3	でもさー，そんなにはっきり決まらなくね？
12	S2	数えればいい。
13	S3	染色体が，まず，細胞壁が，
14	S2	細胞壁が見えるかはわかんなくない？

注：Sは生徒を指す。

表9-5　細胞数のカウントに関するグループでの協同探究場面

No.	話者	発話内容
15	S4	どうやったらわかるの？
16	S5	だからその個数が多いやつほど一番時間かかってる。だからそれ以外の他の〈？〉

注：Sは生徒，〈？〉は聞き取り不明瞭な箇所を指す。

ある。S1は，各分裂期に細胞内で起こるできごとの内容から想定される時間を割り当てようとしており（発話No. 1，3，5），観察結果をいかに活用して時間を推論するかという点はまだ明確でない状況であったと考えられる。一方で，S2は，「比を求めればいけそうじゃない（No. 6）」と，観察される各時期の細胞数の比を時間の推論に結びつけようとしていた。それに対するS1やS3の反応「S1：比…？（No. 7）」，「S3：でもさー，そんなにはっきり決まらなくね？（No. 11）」からも，この考え方は，S1やS3にとって新たな視点であったようである。S1，S3の考えに，この後S2の説明がいかに影響をもたらしたか，さらなる詳細な検討が必要となる。

表9-6　細胞分裂にかかる時間に関するクラス全体での協同探究場面

No.	話者	発話内容
17	T	じゃあ最初の質問。どうやって考える？みんな。トータルの時間が仮に30時間だとしたら，何を，どう，この今の観察も踏まえて，どうやってこの実際の分裂している時間はどれだけか。まぁ準備にかかる時間はどれだけかとかね。その分裂しているなかでも中期はどれだけなのかとか，皆ならどうやって予測しますか。さっきね，いいこと言ってた人がいたよ。まず何をしなきゃいかんのか。
18	S6	数える。
19	T	そう。数える。（S6を指して言う）言って，言って，すぐ。数えてどうすればいい？
20	S6	数えて，その種類ごとに分けて，それを比で出して，出せばいい。
21	T	完璧。そうそう，（拍手する）今みんな，言ったこと意味がわからんて人，はーい。
22	S7＋複数	（挙手）
23	T	そうやなぁ，もっとわかりやすく私なら言えるっていう人はいない？　そんなの言いにくいか。でも，今の，もうちょっと，もうちょっと言っていいかもね。みんなにもうちょっと伝わりそうな，もう一声。
24	S6	えっと，見えている範囲で，まず，分かれているやつとか，ぐちゃぐちゃのやつとか，比で分けて，それが何個ずつかを数えて，それを比で出して，その，比が大きければ大きい程，数が多いから，時間がかかってるってことだから。
25	T	そう，良い説明になってきた。今のだったらわかる？　今のだったらわかるかな。S7さん今のだったらわかるかな。
26	S7	（頷く）
27	T	うんうん。いい，そうだね。（普段の家での勉強時間の長さと親がその姿を見るタイミングとの関係を例に説明する）

注：Tは教師，Sは生徒を指す。

　表9-5の例は，細胞の観察を行いながら，S4が観察結果をどのように活用し解答を検討するとよいかS5に尋ねている場面である。S5は，「その個数が多いやつほど一番時間かかってる（No.16）」と観察された細胞の数から各分裂期にかかる時間を予測することを自分なりのことばで説明し，伝えようとしている様子がみられた。

　次に，観察の途中で，細胞分裂にかかる時間をどのように予測するかをあらためて，クラス全体で確認する場面のやりとりを表9-6に示した。教師は，S6の説明（No.20）を多くの生徒が理解できるよう配慮し，さらなる詳細な説明を生徒に求めた（No.21，23）。再びS6がより具体的な内容を含めて詳細に

言い換えると（No. 24），その説明に他の生徒も納得を示す様子が見受けられた（No. 25，26）。このように，教師のことばでまとめるのでなく，生徒のことばを通じて，説明を精緻にしていく過程で，聞き手の生徒だけでなく説明者自身も理解が深められる可能性が示唆された。

5　子どもの「わかる学力」は高まったか

　以上より，授業におけるやりとりの一部の分析のみからも，さまざまな理解状況，既有知識をもつ生徒同士のやりとりを通じて，生徒が相互に「わかる学力」を引き上げる可能性をもつことなど，協同的探究学習の有効性を示唆する授業であったと考えられる。

　ある時点における各分裂期の細胞が空間に占める割合から各分裂期にかかる時間の割合を予測するという，2つの概念を統合づける理解は，高次な論理的な思考を必要とするため，生徒によっては難しさを感じることも考えられる。一方で，本授業では，図示によるイメージの再構成や，生徒間でさまざまな説明の言い換えを積み重ねる機会を設定すること，たとえ話による日常経験との関連づけなど多様な配慮にもとづき，協同的探究学習が取り入れられ，生徒自身で説明を相互に精緻にする過程が重視されていたように思われる。

　今後，図を用いて空間から時間への変換の理解を深める場面の生徒の発話やワークシートへの記述の変化などもあわせて分析を深めていくことで，細胞分裂の発展的理解や科学的思考における協同的探究学習の効果をより明確に示すことも可能になると思われる。

■ コラム ■

「凸レンズ」で作図の意味を体感する

　この分野は，以下の「3つの約束事」を習って作図ができるようになったものの，それが「何を意味しているかをイメージできない」という状態になりがちな分野ではないだろうか。

　(1)　レンズの中心を通る光は，向きを変えずに進む。

　(2)　光軸に平行に入った光は，レンズを通った後，どの光も焦点を通る。

　(3)　焦点を通ってレンズに入った光は，レンズを通った後，光軸に平行に進む。

　(1)～(3)は，はじめから教えるのではなく，光源装置と平凸レンズ等を用いて実験を行ってから，生徒に下線部を発言させて身につけさせたい。

　また，事前に学習する「屈折」の単元において，カップにコインを入れて水を入れたときと入れていないときでの見え方の違いなどを体験させ，脳が「光はまっすぐ進むことを前提として像をつくっていること」をしっかりと認識させておくことが，レンズの分野の理解には必須である。

　また，ペットボトル顕微鏡をつくってみるのもよい。つくり方はネット上に数多く紹介されている。試料はムラサキツユクサの葉の表皮などがよい。しくみが単純でわかりやすく意外とよく見えるので，動機づけによい教材となる。

　「作図」と「実際にどのように見えるか」とをつなぐために協同的探究学習が有効であると考える。作図をすることと，ルーペで実際に見ることだけでも，ある程度の理解を図ることができるが，お互いに意見を言い合うことで，予測をしたくなる気持ちが強くなり，理解を深めることができるように感じる。

　プリントの文字がすきまなく並んでいる部分の近くにルーペを置き，目から離して見るように指示をする。ルーペをプリントから少しずつ離していくように指示を出し，どのように見えるかを答えさせる。

　ルーペをプリントから離していくと，像はだんだん大きくなり，あるところでぼやけて見えなくなる。さらに離していくと，反転し，離せば離すほど，像はだんだん小さくなる。

　下線部分を答えさせた後，「これを作図で説明できないだろうか」と問いかける。以下の図9-6～9-11が作図できるようにプリントを準備しておく（物体，レンズ，焦点距離のみを示しておく）。方眼用紙を用いると次に学習することを予測させやすい。

【個別探究1】

　はじめに，物体の先端から出た光について（1），（2）に従って作図をさせ，──→のように光が目に届いたときは，どのように見えるか問いかけた。

【協同探究1】

　ペットボトル顕微鏡での経験などを思い出させて発言を促し，「虚像の先端にあたる場所から光が出ているかのように見える」ことを導く。そのように見えるだけでそこから光が出ているわけではないので虚像と呼ぶ。名称は「覚えるもの」ではなく，「そのものを表したいという欲求を満たすもの」として扱った。

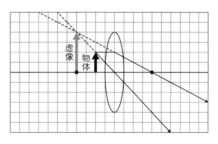

図9-6　焦点距離よりも近くにあるとき（焦点距離の半分の距離）

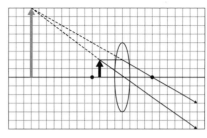

図9-7　焦点距離よりも近くにあるとき（焦点距離の4分の3の距離）

【個別探究2】

　次に物体の中心から出た光についても（1），（2）に従って作図をさせ，虚像の中心にあたる場所から光が出ているかのように見えることを導いた。

【協同探究2】

　さらに半分だったらどうなるだろうかと問い，答えを引き出しながら，徐々に虚像の矢印を板書した（図9-6）。はじめに物体の先端以外の場所についても考えておくことで，その後，先端についてのみで話を進めていくことが可能になる。

【個別探究3】

　「焦点距離よりも近い距離で，はじめよりも少し離すとどうなるだろうか」と問いかけて作図させた（図9-7）。何をしているかがわからなくなる生徒もいるので，ルーペを用いてプリントから離していくと像はだんだん大きくなることを確認してから作図をさせた。

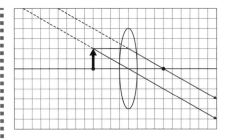

図9-8　焦点の位置にあるとき

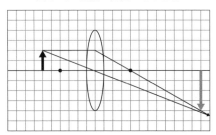

図9-9　焦点距離よりも遠くて，焦点距離の
　　　　2倍の位置よりも近くにあるとき

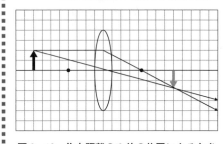

図9-10　焦点距離の2倍の位置にあるとき

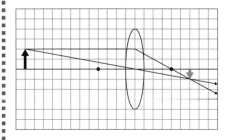

図9-11　焦点距離の2倍の位置よりも遠く
　　　　にあるとき

【個別探究4】

　図9-6，9-7を順に作図し，虚像が大きくなることを実感できたところで，「焦点距離の場所に物体を置くとどうなるか」を予測させた（図9-8）。

【協同探究3】

　多くの生徒が「レンズに平行に入った光とレンズの中心を通る光が平行になること」が予測でき，かつ「延長線は交わるか」と問われると「交わらない」と答えることができた。しかし，「目に入る光の延長線が交わらないこと」，「脳が像をつくることができないこと」，「ぼやけて見える状態」をつなぐことに抵抗を感じる生徒は少なくなかった。ここでも，ルーペで見ることと作図をすることを何度も交互にさせ，自由な発言を促すことで，「ぼやけて見える状態」を「光は届いているから何か見えるけれど，脳がはっきりした像をつくることができないでいる状態」と生徒が表現し，クラス全体の理解が深まった。

【個別探究5】

　「もっとレンズから離したらどうなるだろうか」と問いかけた。

【協同探究4】

　比較的気づきの早い生徒が，「物体の反対側で光が交わること」を予測し

た。「よくわからない」といった様子の生徒も少なくなかったが，「図の上ではそうなりそうだ」ということは多数の生徒が理解した（図 9 - 9）。実際に光が 1 点に集まり，そこから光を発するのが見えるので実像と呼ぶことを学習した。

【個別探究 6】

　プリントからルーペを離していき，ぼやけた後に像が反転することを確認させ，作図の意味の理解を促した（図 9 - 6〜9 - 9）。

【協同探究 5】

　クラスによっては，レンズの手前側から光が出ていることに気づく生徒がいることもあった。気づいたときにはクラス全体で共有し，誰も気づかないときは扱わず，反転して見えることと作図をつなげて考えるところまでを扱った。

【個別探究 7】

　焦点距離の 2 倍の位置にあるとき，同様に作図をさせ，「どんな大きさに見えそうか」と問いかけた。「元の大きさと同じ大きさに見える」ことを答えさせた後に，ルーペで確認させた（図 9 - 10）。

【個別探究 8】

　「ルーペとプリントを離せば離すほど，像はだんだん小さくなる」ことを確認しながら作図を行った（図 9 - 11）。

第 10 章

高等学校理科「酸化還元反応」
――多面的にみる金属の性質――

1　高等学校理科（化学基礎）でめざす「わかる学力」

中学校理科から高等学校化学基礎への変化

　身のまわりの物は何からできているのか。それらが変化するときに何が起きているのか。

　だれもが一度は考える疑問である。自分の疑問として考えたことのある謎が解けたときは楽しい。中学校までの化学は，使い捨てカイロなど身近な物質の化学反応を取り上げることが多く，生徒も興味を持続しやすい。

　しかし，高校の化学基礎になると，目に見える現象の理解だけでは十分ではなくなる。化学基礎が始まって 1 か月後には，「10 g の水素と10 g の塩素を反応させると塩化水素が何 mol（モル）できるか？　また，それは 0 ℃ 1.0× 10^5 Pa で何 L か？」と問われる。10 g の塩素の実物を見た生徒などいない。定量的な扱いを学ぶ機会がほとんどない中学校理科から急に抽象化するのである。この抽象化を乗り越えるには，「想像力」が必要である。物質をつくっている粒やその粒の組み替えによって起こる化学反応を頭のなかでイメージすることで，化学基礎の基盤ができる。

　化学が苦手な生徒は，化学反応式を暗記する。中学校までは，それでもテストには対応できる。20個程度覚えれば，テストは「できる」のである。しかし，原理を理解しなければ，化学基礎で出てくる多くの反応式を書くことはできない。反応式が書けなければ量的関係もわからない。化学反応式を単に手順的に書けるだけではなく，その意味するところを十分に理解することで「わかる学力」が身につく。わずか120種類程度の原子の結合によってさまざまな物質が

構成されていて，高校までに扱う化学反応はこの粒の組み替えで説明できることのおもしろさを感じてほしいと思っている。また，多様な反応には共通性があり，その共通性によって中和反応や酸化還元反応という分類ができることと，それらの反応の定義を広げることで，中学校よりはるかに多くの反応をまとめて考えることができる楽しさも味わってほしいと考えている。

　化学基礎を学ぶと，中学校で学習した電気分解の原理を理解できる。水の電気分解といいながら水酸化ナトリウムを加える理由と，加えても水の電気分解と同様に水素と酸素が発生する理由がわかる。「反応に関係ないけど入れないと電気分解できない」という納得できない説明ではなく，酸化還元反応のしやすさから，これよりは説得力のある考え方を手に入れることができる。このように，中学校で教えたことを後から補足や手直しすることは多い。たとえば，原子を構成する粒子を中学校で教えるが，電子の配置をボーアのモデルのように平面で教えるのは化学基礎である。そして，化学になると電子の立体的な軌道を教える。この深まりの流れを把握できれば，現在学習していることのすべてについていくらでも掘り下げることができるという感覚をもち，疑問点をもつ力が身につくだろう。

協同的探究学習の効果的な取り入れ方

　このように，化学基礎で理解してもらいたいこと，感じてほしい楽しさを考えながら授業計画をつくるわけであるが，文系の生徒も一緒に40人クラスで行う授業では，全員に関心があるわけではなく，なかなかそのおもしろさが伝わらないのが現状である。そこで，深い理解が必要であると思われる部分で協同的探究学習を取り入れ，「わかる学力」の育成をめざした。協同的探究学習を用いた場合，その部分だけ考えると余分に時間がかかるが，深く理解するとその後の学びがスムーズになり，全体ではそれほど変わらなくなる。また，応用的な課題にも取り組める力がつくというメリットがある。化合物の化学式を書くなど覚えないとできない部分は，合格点を定めて小テストを行い，授業後に再試験を行うかたちで全員が身につけられるようにした。このように覚える，練習するという部分には協同的探究学習は適さないからである。

　協同的探究学習の取り入れ方には2種類ある。1〜5時間程度使う場合と1時間の授業の一部に取り入れる場合である。数時間を使う場合には，深い理解が必要で次の理解の土台となる部分，または章や節のまとめの部分に組み入れるのが効果的である。1時間のうちの一部に取り入れる場合には，時間の初めに少し入れると動機づけや学習の流れの理解につながり効果がある。時間がとれないときは，扱う問題のひとつだけについて行っても効果がある。

2　協同的探究学習の導入場面と授業過程

酸化還元反応における協同的探究学習

　生徒が酸化還元反応を学ぶときに，電池と電気分解を混同することがよくある。電池の原理を十分に理解していない段階で電気分解を学ぶと似たような反応式を見て混乱するのである。また，酸化還元の範囲で学習するイオン化傾向や金属の反応性を関連づけて考えることが難しい生徒もいる。

　そこで，金属の性質を多面的に調べることで酸化還元反応の理解を深めるという過程で協同的探究学習を用いた。酸化還元の学習の助けとなり，その学習の流れのなかに無理なくあてはまる範囲の自由度をもった課題を考えた。色が劇的に変化するといったアトラクション的な実験ではなく，教科書の内容を少し応用させた課題である。自由度が大き過ぎると時間がかかるので，4人1組の班ごとに性質を調べる金属を3つに絞った。アルミニウム，マグネシウム，亜鉛，銅，鉄，鉛，ニッケルの金属片を用意し，このなかから班ごとに選び，その性質を調べる実験を考えて実施した。その結果をクラスで共有することで，金属の性質を多面的に考えることをねらいとした。

　最初に亜鉛，銅，マグネシウムと希塩酸，希硝酸との反応（実験1），アルミニウム，マグネシウム，亜鉛，銅，鉄，鉛，ニッケルを食塩水に浸したろ紙の上に置いて電流を測定する実験（実験2）を共通で行った。その後に3つの金属の反応性を調べる実験を班ごとの計画にもとづいて行った（実験3）。実験計画では，どのような濃度の試薬をどれだけ必要であるのか，必要な器具は何であるのかも考えさせた。この取り組みは3時間でひとつのシリーズであ

表 10-1　高校理科「金属の酸化還元反応」単元計画

時間	学習内容	学習目標	学習方法
1	酸化・還元の定義	・電子の授受による酸化還元の定義を理解する。	板書で説明
2・3	酸化数と酸化・還元反応の反応式	・酸化数から酸化されている物質・還元されている物質を見分ける。 ・酸化還元の反応式を書けるようにする。	プリント演習
4・5	酸化・還元滴定	・酸化・還元滴定で濃度未知の溶液の濃度を求める。	実験
6	イオン化傾向と反応性	・イオン化傾向と反応性の関係を学ぶ。	演示実験
7〜9	金属の酸化・還元反応	・金属の性質を多面的に学ぶことによって酸化・還元反応を深く理解する。	実験 **協同的探究学習**
10	酸化・還元のまとめ	・酸化・還元反応のまとめ。日常生活での酸化・還元反応を考える。	実験プリントのまとめ

るので，3時間分の学習指導案を次に紹介する。単元計画（表 10-1）のなかでは，7〜9時間目に相当する。

本授業の展開（全10時間中7〜9時間目）

【学習指導案】

1．教材・単元　『化学基礎』（数研出版），化学基礎「金属の酸化還元反応」

2．対象生徒　　高校2年生B組（男子18名，女子21名，計39名）

3．学習活動

（1）目標　酸化還元反応のしくみを学び，酸化還元反応と日常との関わりを考える。

（2）指導計画（全10時間）

　　1時間目：酸化・還元の定義

　　2・3時間目：酸化数と酸化還元反応の反応式

　　4・5時間目：酸化・還元滴定

　　6時間目：イオン化傾向と反応性

　　7〜9時間目：金属の酸化還元反応（協同的探究学習）

　　10時間目：実験レポートの完成，酸化還元のまとめ

表 10 - 2　7 時間目の授業展開

時間	学習内容	学習活動	＊指導上の留意点 評価観点： ○できる学力　●わかる学力
導入 （5分）	これからの予定の説明	金属の反応性について 3 時間かけて自分たちで調べる目的と予定の説明。	＊多くの金属を選ぶと時間内に実験できないため，3 つの金属を選んで考えるように指示する。
個別探究Ⅰ (15分)	金属の反応性を調べる。実験計画を立てる。	ワークシートに金属の反応性を調べる実験方法のアイデアを各自で書き込む。	＊ワークシートに書けない生徒がいる場合は，ヒントを出して，何かひとつでも書くように促す。 ●今までに学習した知識を使って自分で方法を考えることができるか。
グループ内 **協同探究Ⅰ** (30分)	実験計画の完成	・各班（4 人 1 組）でアイデアを出し合いながら考える。 ・具体的な実験計画を立てる。 ・必要な器具や試薬を書き出して提出する。	＊グループ別実験計画書への記入を促す。 ●グループのメンバーのアイデアのなかから目的に適した方法を選ぶことができるか。 ●今までに学習した試薬や器具の性質に関する知識を使って適切な試薬や器具を選ぶことができるか。 ＊試薬については，濃度，量も書くように指示する。

生徒が書いた実験計画を点検して，班ごとに書いた試薬と器具を用意する。
ただし，濃度，量については，一部修正する。

表 10 - 3　8 時間目の授業展開

時間	学習内容	学習活動	＊指導上の留意点 評価観点： ○できる学力　●わかる学力
導入 （5分）	実験計画の確認	・前時に各班が立てた実験計画を確認。 ・実験上の注意	＊実験に関する安全確認 ＊廃液の処理方法の注意
グループ内 実験 (45分)	各班共通の実験および班別の実験	・4 人のグループごとに金属の反応性に関する実験を行う。 ・実験 1，2 は共通実験で，実験 3 は各班が書いた実験方法で行う。	＊元データを記録するよう促す。 ○安全に実験ができるか。 ○実験結果をワークシートに見やすくまとめることができるか。

表 10 - 4　9 時間目の授業展開

時間	学習内容	学習活動	*指導上の留意点 評価観点： ○できる学力　●わかる学力
個別探究 II **グループ内 協同探究 II** （15分）	各班の実験結果のまとめと考察	• 各自のプリントに実験結果と考察を書く。 • 実験結果からわかることを班ごとにまとめて，ホワイトボードに要点を書く。	●因果関係が明確にわかるように，自分のことばで考察が書けるか。 ●金属の反応性からイオン化傾向を理解できるか。 ●金属の反応をイオン式で表すことができ，酸化還元反応として理解できるか。 （以上 3 つとも生徒が書いたワークシートにて確認）
クラス全体 での 協同探究 （25分） **個別探究 III**	他の班の実験結果を見る。 10班の実験結果を共有して考察する。	• 各班ごとに説明係を 2 人残して，他の班を見に行く。 • 説明係は，他の班の生徒に説明する。 • 実験結果を書いたホワイトボードを黒板に貼り，自分のプリントに他の班の実験結果を記録する。	*説明は 2 交代する。 *同じ実験でも，結果が異なることがあるので，他の班の結果を記録するように指示する。 *他の班の生徒にわかりやすく説明するよう促す。 ●他の班の結果と統合して考察できる。（生徒が書いたワークシートにて確認）
個別探究 IV （5分） **まとめ** （5分）	発展課題に取り組む	• 各班に渡した 3 種類の金属を特定する方法を考える。 • 数名を指名して発表する。	*最初に各自で考えた後，グループ内で相談する。 ●今までに学習した方法のなかから適した方法を選び，その理由を説明できる。（生徒が書いたワークシートにて確認）
10時間目に各自のプリントを完成させる（**個別探究 V**）。 ●因果関係が明確にわかるように，自分のことばで考察が書ける。 ●酸化還元反応と金属の反応性を関連づけて理解できる。			

（3）指導形態　一斉授業

4．展開　7 ～ 9 時間目の授業展開は表 10 - 2 ～ 10 - 4 参照。

3　協同的探究学習としての工夫

実験結果を予測して計画を立てる難しさを体験する

　実験プリント通りならばスムーズに実験できる生徒たちも，いざ自分で実験計画をつくるとなると，とまどっていた。3種類の金属は選んだものの，どのような実験をすればよいのかわからず，ワークシートに書き込めない生徒もいたので，中学校で学習した金属と塩酸の反応などのヒントを出して少しでも書くように促した（個別探究Ⅰ）。何も書かないままグループの話し合いになると，先導的に発言する生徒に任せてしまって自分で考えなくなるからである。ワークシートでは，自分の考えを書く欄とグループで話し合って決めた内容を書く欄を別にして，自分で考えたことを残すようにした。

　実験の結果を予測して実験計画を立てることが難しいことが，次の生徒の感想からもうかがえる。「実験をやるまで，何を学んでいるのかわからなかったけれど，実験をやって教科書を自分で振り返ってみて，酸化還元のしくみがようやくわかりました」，「イオン化傾向を調べる実験で，無駄な実験をたくさんしてしまったと終ってから思いました。これからはしっかり考えて必要な実験だけを的確にできるように前もって考えたいと思いました」。

　このような取り組みは，ある程度無駄な部分が生じることがあるが，このように失敗することで，計画の立て方も身につけていくことができる。

　各班が書いた試薬と器具をそれぞれバットに入れて渡したのであるが，多少の手直しは行った。たとえば，亜鉛を入れて反応を見る実験を行う計画のために必要な試薬として，「硫酸銅水溶液1 mol/L を1 L」と書いたグループもあったので，濃度，量ともに減らして配った。計画書に書いてある試薬と器具しか渡さなかったため，実験前の点検の折に足りない物に気づいて追加で要求する班も多かった。実験の段取りを頭のなかで想像してみることに慣れていないからである。

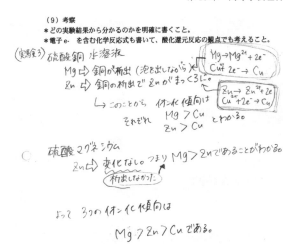

(9) 考察
＊どの実験結果から分かるのかを明確に書くこと。
＊電子 e⁻ を含む化学反応式も書いて、酸化還元反応の観点でも考えること。

(実験3) 硫酸銅 水溶液
Mg ⇨ 銅が析出 (泡を出しながら) │ Mg→Mg²⁺+2e⁻
Zn ⇨ 銅の析出で Zn がまっくろに │ Cu²⁺ 2e⁻ → Cu
　　└ このことから イオン化傾向は │ Zn → Zn²⁺+2e
　　　　　それぞれ Mg > Cu とわかる。│ Cu²⁺+2e⁻ → Cu
　　　　　　　　　Zn > Cu

硫酸マグネシウム
Zn ⇨ 変化なし。つまり Mg > Zn であることがわかる。
　　　　析出しなかった

よって 3つの イオン化傾向は
　　　Mg > Zn > Cu である。

図 10−1　ワークシートに生徒が書いた考察

因果関係がわかるように考察を書く

　グループで行った実験の結果をワークシートに各自でまとめた（個別探究Ⅱ）。このときには，どの実験結果から何がいえるのかという因果関係をはっきりさせて考察を書くように指示した。実験プリントを渡して，そこに書いてある通りに実験した場合には，考察が不十分な生徒が何人か出てしまう。たとえばイオン化傾向の実験では，「Mg > Zn > Cu であることがわかった」などと結論の一部だけを書くのである。それは，グループの他のメンバーの考察を写すからである。せっかく楽しそうに実験を行っても考察が不十分では実験を行った意味がほとんどなくなってしまう。そこで，ひとりで考える時間をとって，自分の表現で考察を書くように促した。図 10−1 は生徒のワークシートの考察の部分である。

　「どの実験結果からわかるのかを明確に書く」という部分においては不十分ではあるが，少なくとも自分で考えた道筋を残すことはできている。

他班との共通点・相違点をみつける（クラス全体での協同探究）

　実験結果は各自のワークシートのみでなく，班ごとにホワイトボードにまとめ，他班への説明を行った。ここでも，考察は必ず，どの実験結果から何がい

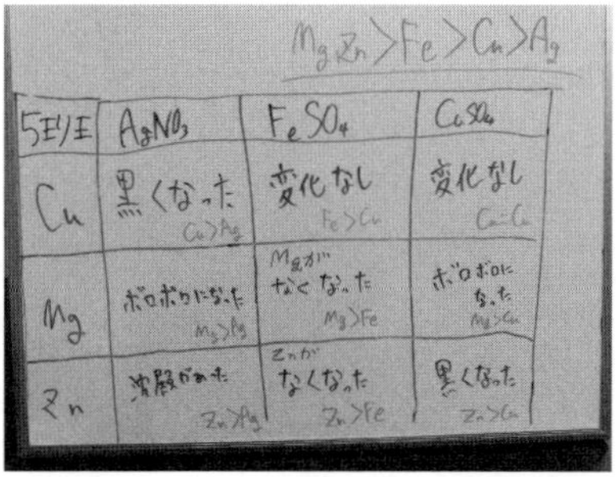

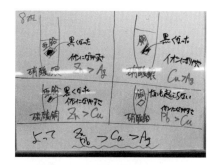

図 10-2　生徒が書いたまとめ①　　　　図 10-3　生徒が書いたまとめ②

えるのかがわかるように書くことを求めた。理解度の低い生徒も自分の発表当
番のときには他班に説明しなければならないため，班のなかで互いに教えあっ
ていた。考え方が間違っている場合がなかった訳ではないが，他班からの指摘
で手直しするなどして修正することができ，教師が 1 対40人で教えるよりも，
しっかりと理解することができた。また，他班への発表は 3 ～ 4 回繰り返した
ため，定着することができた。

　図 10-2，10-3 は生徒が計画を立てて行った実験結果のまとめをホワイト
ボードに書いたものである。図 10-2 の班は銅，マグネシウム，亜鉛の 3 つの
金属を選んだ。これらの反応性を調べるのに，硝酸銀水溶液，硫酸鉄水溶液，
硫酸銅水溶液を選んでいる。教師がつくったプリント，市販の実験書でこのよ
うな組み合わせは見たことがない。通常は，硫酸鉄水溶液ではなく，亜鉛の塩
の水溶液を選ぶ。この班は銅，マグネシウム，亜鉛の反応性を比較するために
実験を行ったが，上部に書いてあるように，この実験では，マグネシウムと亜
鉛が比較できず，併記してある。図 10-3 の班は亜鉛，銅，鉛を選んだが，硝
酸鉛に亜鉛を入る実験を行っていないため，亜鉛と鉛の比較ができないでいる。
しかし，オープンな問いとして出した「 3 つの金属の性質を調べる」という課
題はクリアすることができた。ホワイトボードのまとめでは多くの班が図 10
-2，図 10-3 のように，どの実験から何がわかるかを，わかりやすく示すこ
とができた。

　図 10-4 のように，原子やイオンを擬人化したイラストを書いている班もい

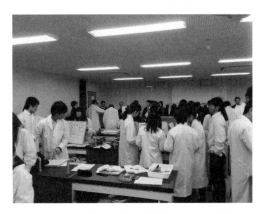

図 10 - 4　生徒が書いた説明の図　　図 10 - 5　ホワイトボードを用いたパネル発表

くつかあった。他の班に説明するということは，わかりやすく説明する必要が生じ，わかりやすく説明する工夫として生まれた。全員がすべての班を回ることはできないので，パネル発表の後に，すべてのパネルを黒板および教卓に並べて見せた。そして，各自のワークシートに他班の実験結果および考察を書きとめるように指示した。他の班の結果を書く欄を設けて，自分で行った結果からわかったことと区別できるようにした。

　自分の班と他班の共通点・相違点をワークシートに記録することで，同じ目的に対する多様なアプローチを学ぶことができ，自分の班の実験方法や考察を客観的に見直して改良点をみつけることができる。ワークシートの枚数が多くなるという欠点はあるが，後から見返したときに，自分の取り組みの過程がわかるという長所がある。図 10 - 5 は各班がホワイトボードを見せながら説明しているところである。

各自で発展課題に取り組んで理解度を確かめる（個別探究Ⅳ）

　グループでの活動は，生徒一人ひとりがどれだけ理解しているかを把握しにくい。そこで，最後に発展課題に取り組むことで，確かめるようにした。ここでは，「各班に渡した 3 種類の金属を特定する方法」を発展課題とした。発展課題は各単元の終わりに設定するが，その単元をしっかりと理解し，その単元

以外で学んだこととも関連づけて考えることができるような課題を設定してい
る。学年末テストにも３つの金属を見分ける方法を出題したが、ほとんどの生
徒が書けていた。発展課題は、実験計画を立てただけで終わったので、何人か
の生徒には、「本当に実験しようよ」と言われた。生徒も筆者も身につけた判
別方法を確かめたかったが、残念ながら時間不足で実験はできなかった。

教科書通りにならないことも学ぶ

　金属を選ぶときにアルミニウムを選んだ生徒は、教科書通りの実験結果には
ならない。直前に磨いても表面が酸化していて亜鉛よりもイオン化傾向が小さ
い結果がでる。そのことは事前にわかっていたが、アルミニウムは身近な金属
であるので、あえて金属の選択肢に加えた。このため、アルミニウムを選んだ
班の生徒は、次のように記述していた。

　　「実験２の結果では、イオン化傾向は Zn ＞ Al になりましたが、実際は
　　Al ＞ Zn でした。だから、たった１回もしくは１種類の実験だけで結果を
　　出そうとすると正しい結果にならないこともあるということがわかりまし
　　た。」

　　「イオン化傾向で反応が変わることを考えながら実験をしたので理解が深
　　まりました。イオン化傾向が実験のデータと本当の値と違うところがあっ
　　たので実験の難しさがわかり、環境を整えて、何度も実験して確かめなけ
　　れば正確なデータと言えないと思いました。」

多面的にみる金属の性質

　ポートフォリオの側面をもつワークシートにしたことから、記述量が多く、
120名分を点検してコメントを書くことはできなかった。発展課題も添削して
返したいと思ったができなかったので、これは今後の課題である。また、３時
間シリーズで手順が多いために、全体の流れに合わせきれなくなる生徒もいた
ので、さらなる工夫が必要である。しかし、次の生徒の感想を見ると、どの学
校でも行っている普通の実験でも、留意点を変えるだけで新たな観点を身につ
けていることがわかる。

「『ただ，液に金属をつっこむだけで，いろんなことがわかっておもしろいね!!』という先生に同感できます。」

「同じような実験をしたことがあるような気がするが，その時とは観点が違ったので，また新たな発見があってとても興味深かった。」

「様々な種類の実験結果を用いることによって，イオン化傾向の大小が明確になることがわかった。今回は，私の勉強不足で実験１の結果をふまえてイオン化傾向を考えることができなかったので，次はもっと勉強して，様々な方向から答えを導く，または根拠となるものを考えていきたいと思った。」

「電池などの身近なところでも今回の実験のような反応があると思うと世の中には意外と単純な化学の原理が取り入れられていると思いました。不動態を作ったり，イオンになりやすい順番があったり，塩酸と反応しなかったりと，金属はなかなかおもしろい個性をそれぞれもっているとも思いました。」

最後の生徒は，電池，硝酸との反応，塩酸との反応，金属塩水溶液との反応という，学習した内容を関連づけて考え，身近な物質に対する新たな視点を身につけている。このように，新たに学んだことを自分に取り入れ，自分の理解を再構築していく力を育てることが大切である。そのためには，効率良く問題を解くことも大切であるが，幅広く考えて試行錯誤して学び合う，そのプロセスを重視する取り組みも必要であるといえるのではないだろうか。

4　子どもの探究と協同はどのように進んだか
――高等学校理科授業の心理学的分析

個別探究過程の分析

「わかる学力」としての科学的概念の理解や科学的思考の向上を明らかにするために，各生徒のワークシートの記述内容の時系列的変化を，①考察，②実験計画の２つの側面から分析した。

表 10 - 5　ワークシートで因果関係を説明していた生徒の人数

	実験 1 の考察	実験 2 の考察	実験 3 の考察	他班の発表後の考察
因果関係を説明した人数	11名（48%）	13名（57%）	18名（78%）	19名（83%）

①　「考察」の時系列的変化

　科学的概念の理解が授業を通じてどのように変化したかを明らかにするために，実験 1 の考察，実験 2 の考察，実験 3 の考察，他班の実験結果をふまえた考察の 4 時点において因果関係の説明を行っていた人数を分析した。その結果，各回のワークシートの回収が可能であった23名のうち，因果関係の説明を記述していた生徒の人数は，表 10 - 5 のようになった。

　このことから，協同的探究学習を通じて，因果関係についての言及は漸次的に進行すること，特に自分たちで実験計画を組んだ実験 3 以降において，因果関係の記述がおよそ 8 割以上の生徒にみられるようになることが明らかになった。また，当初（実験 1 の考察）から因果関係について記述していた生徒についても，その因果関係の記述が単なる要因間の関係から，メカニズムに関する記述へと変化する事例が多くみられた。以下にそのような変化を示した生徒のうちの一人の生徒の記述の変化の例を紹介しよう。

【実験 1 の考察】

　　「塩酸との反応はマグネシウム，亜鉛，銅の順に反応が激しかった。このことから，塩酸の中でのイオン化傾向の大きさは，Mg，Zn，Cu の順に大きい。」

【実験 2 の考察】

　　「①より Zn の方から電子が流れた。Zn の方が Al より陽イオンになりやすい。②③より電圧の値が低いことから，イオン化傾向の差は，Al と Zn では小さいと考えられる。」（①②③は，各実験結果に対応）

【実験 3 の考察】

　　「実験 3 より $CuSO_4$ に Al，Zn を入れた時のみ反応が見られ，気泡が生じ

た。このことから，Al，Zn の方が Cu より陽イオンになりやすい。…実験 2 より，Al を正極，Zn を負極にしたときに流れた電流は0.07 V と他の組み合わせよりも値が低かった。このことから，Al と Zn のイオン化傾向の大きさにはあまり差がないと考えた。」

【他班の発表後の考察】

「金属片を水溶液に入れたときになぜ水素などが発生するのかがわかった。今までは金属が何らかの化学反応によって溶けているだけだと思っていたが，実はそこでは電子のやりとりが行われていて，陽イオンが電子を受け取ることで単体が析出したりするということがわかり，おもしろいと思った。」

　以上の生徒の記述にみられる変化は，金属のイオン化傾向に関する概念的理解が，複数の実験の方法・結果と関連づけられることによって，包括的に統合され，構造化されていくプロセスを示していると考えられる。

　②　「実験計画」の時系列的変化

　また，科学的思考のひとつの側面として，実験計画に関する記述が，「実験 3 の計画」から，「応用課題（未知の金属片を同定するための方法の考察）の実験計画」にかけて，どのように変化をみせるかについて分析を行った。その結果，なぜそのような実験を行うのかについての記述（実験の目的や意図に関する記述）を行った生徒の人数は，「実験 3 の計画」では 1 名もみられなかったのに対して，「応用課題の実験計画」では，23名中14名（61％）にみられた。また，イオン化傾向を調べる以外の方法をあげた者は，「応用課題の実験計画」では，17名（74％）にみられた。密度，炎色反応，熱伝導性など，金属の他の性質とも関連づけて，金属に関する理解を深め，広げている様相がみられる。

　例として，以上のような変化がみられた多数の生徒のうちのひとりの記述内容の変化をみてみよう。

【実験 3 の計画】

　「硫酸亜鉛水溶液とアルミニウム片，ニッケル
　　硫酸銅水溶液とアルミニウム，ニッケル」

【応用課題の実験計画】

「・HCl に入れる→ Cu，Au などは反応しない。

　　・熱する→ Al は熱伝導性がよいのでわかる。

　　・酸と反応するか→反応あり：Al，Mg，Zn，Fe，Pb　→反応なし：Ag，
　　Cu，Au

　　・硝酸に入れる→ Cu，Ag は硝酸と反応。Au は反応しない。

　　・水に入れる→さびる金属 or さびない」

　この生徒の例からも，複数の実験結果が統合的に理解され，さらに他の単元等で学習した内容とも関連づけられて，概念的理解が深まっていることが，実験計画の立案という科学的思考プロセスにおいてもうかがえる。

協同探究過程の分析

　以上のような個人の概念的理解の深まりは，どのような協同探究過程によって，もたらされたのであろうか。それを明らかにする手がかりを得るために，グループ別の発表・検討場面の発話を分析した。以下にそのうちのひとつのグループの発表・検討場面における発表者の発話を示す。

　　班では，亜鉛と鉄と銅について調べました。まず硫酸鉄に亜鉛を入れるのはよくわからなかった，はい，次。硫酸銅に亜鉛を入れると気泡が発生して，硫酸亜鉛に鉄を入れるとよくわからなくて（発表ボードの「よくわからない」という所を示している），結局，鉄と亜鉛の関係についてはよくわかんなかった，よってわかったのがえっと，鉄と銅の関係（Fe ＞ Cu），亜鉛と銅の関係（Zn ＞ Cn）。わかんなかった所が実験 2 の電流を流すことによって，えっと，流して立証することによって，なるほど，亜鉛の方が鉄よりイオン化傾向が強いということがわかりました。で，それらを全部合わせると，こういう順番になるんじゃないか（ボードの「Zn ＞ Fc ＞ Cu」を示す）と，いうふうに考えました。

　以上にみられる発話事例は，あるグループの説明役の生徒が，自分たちの実

験結果とその考察を聴き手の生徒に説明しているところである。この実験結果からわかること，わからないことは何か，わからないところは別の実験結果によってどのようにとらえるか，それらを総合するとどのようなことがわかるかといった説明が，他の生徒に対して説明し，質疑を行うという社会的相互作用のなかで構成されていることがうかがえる。

5　子どもの「わかる学力」は高まったか

　第4節でみてきたように，協同的探究学習の授業デザインによって，複数の実験の計画・実施・考察を系列的に組織し，それらの実験の結果や考察をクラスで共有することによって，生徒の概念的理解や科学的思考が漸進的に高まることが明らかになった。一方で，授業時数の関係で，クラス全体で各グループの考察を相互に検討する時間は十分に設定されておらず，クラス全体で多様な考察を関連づけることによって，各生徒の概念的理解がさらに高まる可能性があることも推察される。

■ コラム ■

化学基礎でのその他の取り組み

■「化学結合と結晶」

　化学結合は，次の化学反応を学ぶ基礎となる概念であるが，生徒にとって理解が難しい部分である。「金属元素と非金属元素が結合すればイオン結合」，といった結合の見分け方だけでなく，粒子と粒子がどのように結合しているかというモデルを頭のなかに描けるようにするために，時間をとって協同的探究学習を取り入れた。

【授業内容】

　①最初に各自でイオン結合，共有結合，金属結合の定義をプリントに書く（個別探究Ⅰ）。

　②化学結合に関して学習した内容をクラス全体で検討する。化学結合のなかに，水素結合や分子間力が含まれない理由をクラス全体で考える（協同探究Ⅰ）。

　③物質名や身近な物質の写真がついたカード（図10-6）を生徒に配付し，グループごとに分類作業を行う。

　④各班の物質の分類の方法を発表させる（協同探究Ⅱ）。

　⑤結晶の種類と特徴をまとめたプリントに各自で記入（個別探究Ⅱ）。

【成果と課題】

・「画像のなかの物質は身近なものばかりで，化学は色々なところに，というか身のまわりすべてに関わりがあるんだなあと関心しています。ゲーム感覚でもっとたくさん身につけたいなと思いました。まだ，はっきりと区別がついたわけではないけれど，段々と分けられるようになってきました!!　もっと精進します」という生徒の感想にあるように，身近な物質の結合を見分けられるようになることによって，さまざまな物質の結合に対する興味が深まり，物質を目にしたとき，どのような化学結合をしているのかを考える力がのびると考えられる。

・「今までだいたいわかったいるつもりでいたが，今日の授業が全くわからなかったので，理解できたつもりでいただけで，何も理解していなかったのだと思う」と書いた生徒もいて，この時間だけでは，全員がしっかりわかるところまで到達できな

塩化水素

指輪のルビー　　　指輪のダイヤモンド　シャープペンシルの芯　物質名を書いたカード

図 10-6　分類カードの例

出所：筆者撮影。

かった。

■化学反応の量的関係

　化学反応の量的関係をしっかりと理解しないと，その後の中和反応，酸化還元反応などを理解することができない。「化学反応式の係数から計算すればよい」という方法を身につけるだけでなく，粒子の組み合わせの変化を頭のなかにイメージできる力が必要である。そこで，ワークシートに化学反応のモデルを書いてもらった。また，化学反応の量的関係を問う問題を自分で作れるようになれば，理解が進んでいると判断できると考えて，各自に問題をつくってもらった。

【授業内容】

　化学反応の量的関係の単元を学習する前に，以下の課題1と課題2に取り組ませた。次にこの単元を学習後に課題3を加えて取り組ませた（個別探究Ⅰ）。生徒にその事前・事後の2枚の課題プリントを返却するときに，生徒が書いた課題の一部を教材として配付し，比較検討を行うことによって理解を深めた（協同探究Ⅰ）。さらに，添削した課題を他の生徒の記述と比較しながら見直すことによって各自で振り返りを行った（個別探究Ⅱ）。

課題1　1Lの窒素と3Lの水素を反応させるとおよそ2Lのアンモニアが生成する。この理由を図を書いて説明しなさい。ただし，反応前後では温度と圧力は同じである。

課題2　窒素と水素からアンモニアを合成する反応を使って，量的関係を問う問題を作ってください。作った問題は，自分で解いて答えを出すこと。①簡単な問題と②難しい問題を1つ以上ずつ書くこと。難しい問題については，簡単な問題に比べて難しい問題であると考えた理由を書くこと。

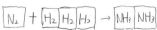

①N_2＋③H_2 → ②NH_3
体積比 1 ： 3 ： 2

N_2 ＋ H_2 H_2 H_2 → NH_3 NH_3

図10-7　課題1の解答例①

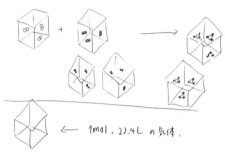

N_2 + 3H_2 ⟶ 2NH_3

⟵ 1mol, 22.4L の気体。

同じ体積に同じ数だけ分子が含まれる。

図10-8　課題1の解答例②

課題3 化学反応式を1つ書いて，その反応を使って量的関係を問う問題を作ってください。作った問題は，自分で解いて答えを出すこと。①簡単な問題と②難しい問題を1つ以上ずつ書くこと。難しい問題については，難しい問題であると考えた理由を書くこと。

【成果と課題】

・課題1では，学習前には空欄であった生徒も学習後には，全員が書けるようになった。ここで扱ったのはひとつの反応のみであるが，化学反応における粒子の組み替えのモデルを，自分の表現で説明できるようになった。図10-7は最もシンプルな例で，図10-8は，気体の体積を立体的に表している例である。図10-8には「同温・同圧では同じ体積に同じ数だけ分子が含まれる」というアボガドロの法則がきちんと書いてある。しかし，「反応式の係数比は体積比と一致する」という結論のみを説明している生徒もいたので，クラス全体に解説を行った。

・課題1～3の記述のなかで参考になる説明や問題を，本人の許可を得て名前入りで教材として配付したため，興味深そうに見て，自分のプリントと比較していた。クラス全体で共通点や相違点を考えることによって化学反応の量的関係を深く理解する機会となった。

・温度が変化した場合の体積を求めるという未習の難度が高い問題，水素や窒素の値段と関連させたユニークな問題もあった。

・反応物に過不足がある問題と単位換算が多い問題を難しい問題の欄に書く生徒が多く，生徒たちがどのような問題を難しいととらえているかを把握することもできた。

・条件が足りなくて解けない問題や，自分でつくったものの解答が書けない生徒もいたため，添削して，返却した。

第11章

学びの質を高めるには
―― 協同的探究学習の広がりと深まり ――

　実践編（第5～10章）で紹介した各教科の「協同的探究学習」の授業は，いずれも「わかる学力」が高まる心理学的メカニズムに沿った授業であり，実際に，生徒の「わかる学力」には概念的理解の深まりに至る向上がみられた。本書で紹介した授業以外にも，協同的探究学習は単元を超えて年間を通じて実施されることで，「わかる学力」の形成や「理解・思考」型学習観の形成に効果を示しており（時間的広がり），また社会科，英語科や，音楽科などの実技系教科も含めた他教科，課題研究などでも協同的探究学習による授業が実施されることで，各教科等における生徒の「わかる学力」（思考力・判断力・表現力と深い理解）の向上が示唆されている（空間的広がり）。一人ひとりの「わかる学力」をさらに高める（概念的理解を深める）ために，「協同的探究学習」の柔軟な時間設定，「協同探究」場面の構造化，課題設定・提示等の焦点化などの取り組みが多様に展開されている。

1　一人ひとりの学びの質を高めるには
―― 「協同的探究学習」の理念と実践

　本書では，序章と理念編（第1～4章）で，一人ひとりの学びの質を高めることに関して，日本の子どもが相対的に苦手としているが，これからの時代において重要性がさらに増してくる「わかる学力」（深い概念的理解と思考プロセスの表現）とそれを高めるための「協同的探究学習」について，その具体的な内容（第1～2章）や背景となる心理学的研究（第3～4章）について解説を行った。そして，実践編（第5～10章）では，中学校・高校の国語科・数学科・理科の各教科の授業において「協同的探究学習」は具体的にどのように進められるかについて詳細な紹介を行い，「わかる学力」を高めるうえでの成果と課

表11-1　学習者の視点からみた「わかる学力」が高まるメカニズム

①非定型問題（導入問題）による既有知識の活性化（activation）
　　┃・身近ではあるけれども，考え方や答えがひとつに限らない問題に取
　　┃　り組んでみる。
②個別探究による自己説明（self explanation）
　　┃・自分なりの考えをノートなどに書く。特に理由が大切。
　　┃・詳しく書けたら，別の考え方がないかも考えてみる。
③協同探究による知識統合（knowledge integration）
　　┃・多様な考えをクラスで発表する。聴くことも重要。
　　┃・考えの間の共通点，違い，つながりなどを考えてみる。
④再度の個別探究による理解の深化（deep understanding）
　　　・友だちの考えも活かしながら展開問題に取り組む。

題について心理学的な分析と考察を行った。

協同的探究学習を通じた「わかる学力」の向上メカニズム

　理念・実践編で明らかにしてきた「わかる学力」が高まる心理学的メカニズムと，それに対応する協同的探究学習の4つのプロセスについて，子ども（学習者）の視点からまとめたのが，表11-1である。

　表11-1に示されているように，一人ひとりの「わかる学力」を高めるための第一歩は，学習者の視点からとらえると，「身近ではあるけれども，考え方や答えがひとつに限らない問題に取り組んでみる」ことである。それが心理学的には，多様な考えが可能な非定型問題（導入問題）が提示されることにより，個々の学習者の既有知識が活性化されることにつながる。次に重要なのは，その問題に対して「自分なりの考えを，理由も含めてノートやワークシートに書いてみる」ことである。ひとつの考えを書けたら，他に考え方がないか考えてみることも有益である。これは，心理学的には自己説明（self explanation）と呼ばれるプロセスに対応しており，判断の理由を自分なりに説明しようとすること（個別探究）を通じて，個人内で多様な知識が関連づけられて概念的理解が深まるという知見に依拠している。その次に重要になってくるのが，「多様な考えをクラスで発表して，聴き手もその内容を共有する」ことと「それらの考えの間の共通点，違い，つながりなどを考えてみる」ことである。このプロセスは，心理学的には知識統合（knowlage integlation）のプロセスに対応して

おり，多様な知識を表現し，相互に関連づけること（協同探究）を通じて，集団としての理解の水準が高まる（本質的理解に迫る）という知見にもとづいている。ひとつ前の個別探究プロセスでノートやワークシート上で自己説明を行うことで，この協同探究場面では，聴き手にも自分の考えと他者の考えを結びつける「自己内対話」が成立し，理解を深めることが可能になる。そして最後に大切になってくるのが，「友だちの考えも活かしながら，自分で展開問題（本質に向かう問題）に取り組む」ことである。これは，心理学的には，知識の主体的構成による知識構造の再構造化（restructurization）のプロセスに対応している。より本質的な「問い」（非定型の展開問題）に対して自分なりの説明を行おうとすることで，他者から示された知識も含めて多様な知識が主体的に構成され（内的に関連づけられ），知識構造（物事をとらえる枠組み）が再構造化されて，より深い概念的理解（本質的理解）に至ることができる。

「協同的探究学習」実践編（第 5 ～10章）についての分析のまとめ

　第 5 ～10章では，各教科の「協同的探究学習」の授業について，授業を実施した教師とそれを観察した研究者の両者の視点から，検討を行ってきた。各生徒の記たワークシートへの記述内容や生徒の発話内容を心理学的に分析した結果，中学校・高校の数学・国語・理科のいずれの教科についても，表11－1に示した 4 つの心理学的プロセスにそって授業が進行しており，全般的にはクラス全体の「協同探究」場面で多様な考えが関連づけられ，それが各生徒の「わかる学力」の向上，とりわけ「わかる学力」形成の第 2 段階の概念的理解の深化につながっていることが明らかになった。一方で，さらに展開問題において概念的理解の深まりに達する生徒を増やしていくには，協同探究場面で生徒の多様な考えの関連づけを行いながら，いかにクラス全体に対して教材や単元の本質に迫る「追究型発問」を行い，生徒の深い気づきをクラス全体としての探究の深まりに活かしていくかを考えていくことが課題になるように思われる。

2　時間としての広がり——協同的探究学習の長期的取り組みとその評価

「協同的探究学習」の日常的取り組みとその評価

　本書の実践編では，単元の単位での授業構成も紹介し，「わかる学力」と「できる学力」をバランスよく高めるために，主に前者を高める協同的探究学習による授業と，後者を高める通常型の授業（定型問題中心）をどのように組み合わせていくかについても，実践編の各章で言及した。いくつかの授業でも各教師によって紹介されていたが，最近の各教科の取り組みでは，「わかる学力」を高めるための，本書で紹介したようなフル・バージョンの協同的探究学習（1時間～3時間扱い）を単元内の何か所かに明確に位置づける一方で，ミニ・バージョンの協同的探究学習を，「できる学力」を育成するための通常型授業のなかに短時間で取り入れる方法も試みられている。具体的には，本来「できる学力」育成を中心としていた50分の授業のうちの前半か後半の15～20分程度を「ミニ版・協同的探究学習」（ミニ探究）にあてて，導入問題の提示と個別探究（5分程度）→協同探究（2～3人の発表と検討：5～10分程度）→展開問題の個別探究（5分程度）のように構成し，「わかる学力」育成の日常化が図られている。

　「わかる学力」の評価にあたっては，各時間のワークシートの記述内容を中心に「わかる学力」（思考力・判断力・表現力と深い理解）の評価を行うことで，導入問題から展開問題にかけての個人内変化とともに，どの水準まで達したかを評価することができると考えている。協同的探究学習実施時のワークシートを回収して，生徒の記述内容を分析すること，そしてそれを単元内・学期内で重ねていくことで，単元や学期単位での評価も可能になると考えられる。

「協同的探究学習」の長期的取り組みとその評価

　以上のように単元内に複数時間，「協同的探究学習」を導入し，それを複数単元で重ねていくことで，年間を通じて，各生徒の「わかる学力」は継続的に向上し，「理解・思考」型学習観も形成されていくことが期待される。その

「わかる学力」や「理解・思考」型
学習観の評価は，先に述べたような
ワークシートの記述内容の分析以外
にも，各教科の「わかる学力」を測
る記述型課題や，学習観を測る質問
紙調査を開発して実施することでも
可能である。以下，名古屋大学教育
学部附属中・高等学校で年間を通じ
て実施された，各教科の協同的探究
学習の取り組みのなかから，4つの
調査研究の結果の概要を紹介しよう。(1)

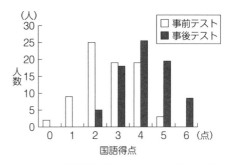

図 11 - 1　国語科思考力テスト（事前・事後）の得点分布

出所：藤村ほか（2008）。

① 　国語科における協同的探究学習の長期的効果——年間を通じた読解力の向上

　まず，中学校1年生の国語科で，年間を通じて協同的探究学習を各単元内で
複数時間組織した取り組みでの評価事例を紹介しよう。授業時には扱われてい
ない文章を用いて，記述型の読解問題（国語科思考力テスト）が学年開始時（事
前）と学年終了時（事後）に実施された。読解問題の内容は，空白部分に入る
と考えられる文章を書く，ある主張がどのような理由から成り立つかを文章全
体の記述から説明する，問いに該当する箇所を抜き出し，なぜその箇所を選ん
だかを説明するといった，非定型問題で「わかる学力」を測る内容であった。
その結果を図11-1に示す。

　統計的検定の結果，事前テストと事後テストの間での平均得点の差が有意で
あり，国語科の年間を通じた協同的探究学習を通じて，「わかる学力」（読解
力）が全般的に高まることが示された。

② 　社会科における協同的探究学習の長期的効果——年間を通じた概念的理解の
　　深まり

　各小問に対する生徒の記述内容を具体的にどのように分析するかを示すため
に，次に，年間を通じた社会科（中学校地理的分野）の協同的探究学習の効果

---

(1) 　同校における数学科，理科の協同的探究学習に関する長期的取り組みのプロセスと効果などに
　　ついては，藤村（2012）にも紹介されている。

2008 年現在，稼働しているアル
ミニウム精錬工場は静岡市（旧
蒲原町）わずか 1 か所です。日本
のアルミニウム精錬工場が少なく
なったのはどうしてだと思います
か。減少した原因について，自分
で考えてみましょう。

**図 11 - 2　社会科リテラシーテスト（中学校地理的
分野）の課題例**

を検討した研究について紹介しよう。「わかる学力」を測る記述型問題（社会
科リテラシーテスト）のひとつの小問を示したのが，図 11 - 2 である。授業で
は直接扱っていないアルミニウム工業について，どうして50年の間に日本では
工場が激減したかについて考える，非定型問題である。

　この問題に対する生徒（中学校 1 年生）の記述内容の変化を示したのが，
表 11 - 2 である。学年開始時と終了時の間の人数分布の差は統計的に有意であ
り，年間を通じた協同的探究学習の授業構成により，適切な要因に着目した記
述（水準Ⅰ：海外からの輸入やリサイクルへの言及）から，包括的なメカニズム
の理解を反映した記述（水準Ⅱ：人件費等のコスト差から国内産業の海外移転や国
内産業の業種転換（高付加価値化）が進行したことなどの説明）へと，各生徒の概
念的理解が深まっていることがうかがえる。

③　**数学科における協同的探究学習の長期的効果**――年間を通じた数学的リテラ
　シーの向上

　このような長期的取り組みの効果の分析は，国際比較調査で扱われている公
開問題を利用することでも可能である。図 11 - 3 は， 1 年間を通じた数学科の
協同的探究学習の効果について，PISA の公開問題（「盗難事件」の問題）を用
いて分析した結果である。[2]

---

(2)　実施にあたっては，国立教育政策研究所の許諾を得た。

表11-2　中学校社会科における協同的探究学習の効果
——記述型課題の記述内容分析

	事前テスト	事後テスト
水準Ⅱ：適切な要因とその背景への言及 具体例 　「アルミニウムを精錬するのにそれほど 　高い技術は必要ではなく，人件費の安い 　アジアの国で生産した方が安くなるので， 　日本の工場は激減した」	8％	43％
水準Ⅰ：適切な要因への着目 具体例 　「アルミニウムをリサイクルするように 　なった」 　「アルミニウムを輸入した方が安くすむ」	52％	47％
水準0：関連要因への言及なし 具体例 　「精錬工場が別の工場になったから」	40％	10％

注：1年間の教科連携型の協同的探究学習授業を通じた人数分布の変化。

　「盗難事件」の問題では，レポーターが折れ線グラフの上部のみが示された
グラフの傾きをもとに「2つの年度の間で盗難事件は激増している」と話して
いることは妥当かどうか，その理由を問われる。この問題に対して，「5件程
度の増加は激増ではない」のように，まず必要な要因（2年度間の盗難事件数
の差）に着目できていると水準Ⅰと同定される。さらに，「全体の盗難事件数
が500件以上あるのに対して，5件程度の差は小さい」のように全体に対する
変化の割合について考えている場合には，水準Ⅱ（メカニズムの統合的理解）と
同定される。図11-3に示されているように，直接この問題に関わる内容は数
学等の授業では扱われていないにもかかわらず，1年間を通じた数学科を中心
とした協同的探究学習により，概念的理解の水準が全般的に向上し，多数の生
徒がメカニズムの統合的理解（水準Ⅱ）に達することが明らかになった（統計
的検定の結果も有意であった）。水準移行のタイプを分析すると，水準Ⅰ→水準
Ⅱの1段階の移行を示す人数が相対的に多く，理解の深まりの漸進性もうかが
える。

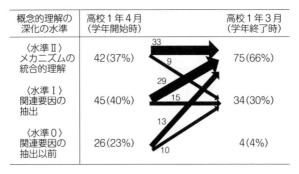

概念的理解の 深化の水準	高校1年4月 （学年開始時）	高校1年3月 （学年終了時）
〈水準Ⅱ〉 メカニズムの 統合的理解	42（37%）	75（66%）
〈水準Ⅰ〉 関連要因の 抽出	45（40%）	34（30%）
〈水準0〉 関連要因の 抽出以前	26（23%）	4（4%）

**図11-3　協同的探究学習による授業が生徒の数学的リテラ
シーに及ぼす効果**

注：数値は人数（カッコ内は割合）。矢印に付された数値は各移行タイプの人数
を示す（3名以下のタイプは省略）。

**表11-3　同一学年で実施された国語と数学の協同
的探究学習が生徒の学習観に及ぼす効果**

	事前		事後
国語「暗記・再生」型学習観	2.25		2.29
国語「理解・思考」型学習観	2.96	<	3.04
数学「暗記・再生」型学習観	2.62		2.64
数学「理解・思考」型学習観	2.82	<	2.92

注：中学校3年生を対象に，国語と数学の両教科で協同的探究学習を
1年間，継続的に実施した。
得点は，「4：とても大切，3：大切，2：大切でない，1：まった
く大切でない」とした。
＜は統計的に有意な上昇を示す。

④　国語科と数学科の協同的探究学習による学習観の長期的変容──教科間
　連携の意義

　協同的探究学習は，生徒の学習観にはどのような影響を及ぼすのであろうか。
表11-3は，国語と数学の学習観を測る質問紙を構成し，学年当初から学年末
にかけての変化を分析した結果である。

　統計的検定の結果，学年開始時（事前）と学年終了時（事後）の間で，「理
解・思考」型学習観を測る項目の平均値の差が統計的に有意であり（表11-3
参照），年間を通じた同一学年での国語と数学の協同的探究学習の実施は，生
徒の各教科に関する「理解・思考」型学習観を強めることが明らかになった。

具体的な項目としては，「友だちのやり方の意味をわかろうとする」ことを大切だと思う生徒の人数などが統計的に有意に増加しており，学習場面において，他者との間でお互いに考えを共有することなどの協同探究過程を重視するようになるという学習観の変容に関する結果が得られている。

3　空間としての広がり——各教科における協同的探究学習の展開

　第2節では，協同的探究学習の取り組みが時間的に広がり，1年間の単位で協同的探究学習に取り組んだ場合に，一人ひとりの「わかる学力」（深い概念的理解や思考プロセスの表現）が向上し，「理解・思考」型学習観への変容が漸次的に進行するといった長期的効果も得られていることを示してきた。

　協同的探究学習は，本書で中心的に取り上げている国語，数学，理科以外の教科でも，生徒の「わかる学力」の形成に寄与しているのだろうか。筆者は名古屋大学教育学部附属中・高等学校において各教科の協同的探究学習による観察と心理学的分析を（事前段階からの各教師との授業づくりも含めて）継続的に行ってきている。そこでの導入問題や展開問題のワークシート等への各生徒の記述内容を分析することを通じて，「わかる学力」の向上などに関する効果が他の教科でもみられることが示されている（社会科（地理的分野）の協同的探究学習に関しては，思考力テストの開発による長期的効果の検討も行っており，その成果は前節で示したとおりである）。

　ここでは，国語・数学・理科以外の例として，社会科，英語科，音楽科の協同的探究学習における具体的な導入問題と展開問題の例を表11 - 4に示す。[3]

　どの教科においても，導入問題は生徒にとって自分なりに多様な発想が可能な非定型問題となっている一方，展開問題は，教材の本質に迫る非定型問題と

---

(3)　表11 - 4に示した協同的探究学習による授業の具体例は，社会科（地理的分野，中学校1年），社会科（歴史的分野，中学校2年），英語科（中学校1年），英語科（高校2年），音楽科（中学校1年）について，それぞれ，名古屋大学教育学部附属中・高等学校の佐藤俊樹 中学校副校長，曽我雄司教諭，仲田恵子教諭，湯浅郁也教諭，渡辺絵美教諭によって実施された授業によるものである。また，社会科（地理的分野）の思考力テストとその評価対象となった年間を通じた協同的探究学習による社会科授業は，同校の佐藤俊樹 中学校副校長によって実施されたものである。

表11-4　協同的探究学習の具体的展開例

```
●社会科（地理的分野）（中学校1年）「日本各地の産業の探究」
    導入問題：「九州地方から北海道地方のいずれかの産業について調べて発表しよう」
    展開問題：「発表された地方と自分が検討した地方の類似点や相違点を考えよう」

●社会科（歴史的分野）（中学校2年）「豊臣秀吉の天下統一」
    導入問題：「刀狩，検地，大名統制（軍役賦課）の資料から，特徴と目的を読み取ろ
             う」
    展開問題：「秀吉はどのような社会をつくろうとしたのか」

●英語科（中学校1年）「Show and Tell Speech」
    導入問題：「自分の好きな人・尊敬する人とその理由を英語で紹介しよう」
    協同探究時の追究型発問：「発表内容に対する理解を深めるための，一般的な質問と
             特定の質問を英語で考えよう」
    展開問題：「どのような質問を行うと，内容についての理解が深まるだろうか」

●英語科（高校2年）「From Japan to the World」
    導入問題：「自分が外国人にすすめたい日本らしいものを選び，その理由や経緯を英
             文で説明しよう」
    協同探究時の追究型発問：「友達の英文に対する質問や意見を紙面で交流しよう」
    展開問題：「友達の意見やクラス全体の発表を生かして，英文を推敲しよう」

●音楽科（中学校1年）「魔王（鑑賞）」
    導入問題：「この曲を聴いて，どのようなことを感じたか」
    協同探究時の追究型発問：「音の高さの変化は何を表しているか」
    展開問題：「（授業で見出したことを踏まえて）「魔王」の特徴や主題について考えた
             ことをまとめよう」
```

なっている。具体的に社会科（歴史的分野）の授業で説明しよう。

　中学校2年「豊臣秀吉の天下統一」の授業の導入問題では，豊臣秀吉が行っ
たこととして刀狩，検地はよく扱われるが，他に朝鮮出兵の際に大名統制（軍
役賦課）を行い軍隊を出させたことを取り上げ，それらに関する具体的な資料
から，どのような特徴と目的がみえるかを問うている。たとえば，刀狩につい
ては，「争いをさせないため」「反乱（一揆）を起こさせない」といった目的を
記述する生徒が多くみられた。それらの考えを発表させて関連づけた後，展開
問題では，3つの政策をあわせて，秀吉がどういう社会をつくろうとしたのか
を個人に考えさせた。生徒の記述として多くみられたのは，「安定した社会」，
「平和な社会」という記述であるが，この時代に関してとらえなければならな

い本質は封建制度であり，「身分制のもとでの安定した社会」である。兵農分離して，支配階級としての武士と，非支配階級としての農民や町民を分けることに意味があり，そこが明治期以降の近代とは異なる点である。生徒のなかにはそのことに言及した者も一定数みられた。さらに展開問題についての考えの交流（協同探究）もクラス全体で行うことで，単なる平和や安定ではなく，身分制度のもとでという条件も明らかになった。このような具体的資料をもとに歴史の本質に迫る協同的探究学習によって，安土桃山時代以降の江戸時代の歴史的特質もみえてくることになる。

　以上のような，名古屋大学教育学部附属中・高等学校の各教科における協同的探究学習の展開は，各地域の公立の小中学校における協同的探究学習の実践にもつながっている。

　一例として町田市では，教育委員会に学力向上推進委員会を設けて，市内の全公立小中学校で協同的探究学習を導入している。表11-5は，同市で用いられている「『わかる学力』（思考力・判断力・表現力）向上のための『協同的探究学習』ステップアップ・シート」であり，その作成には筆者が同委員会の顧問として関わっているが，その作成の際には，名古屋大学教育学部附属中・高等学校教諭による意見も参考にしている。この「ステップアップ・シート」や，同市において作成され，筆者も監修として関わっている「協同的探究学習の手引き」や「協同的探究学習授業アイディア集」を手がかりにして，公立小中学校の教諭は各教科の授業を構成することが可能になっている。また，このステップアップ・シートが小中学校で行われる協同的探究学習による研究授業（公開・校内）などを評価する際の基準としても用いられることにより，多数の学校で児童・生徒の「わかる学力」を高めるための授業改善が恒常的に行われている。

4　「協同的探究学習」の深まり
──さらなる「わかる学力」向上に向けての工夫

　子ども一人ひとりの「わかる学力」を高めるために，特に第1章で説明した，

表11-5　「わかる学力」（思考力・判断力・表現力）を高めるための「協同的探究学習」ス
テップアップ・シート

測定項目	A（十分達している）	B（達している）	C（やや不十分である）	D（努力を要する）
【導入問題】 単元の本質的なねらい（面白さ）に迫る導入問題を工夫している。	・単元の本質的なねらいに迫り、解や解法、解釈などが多様である。日常経験に関連付ける、数値設定等を容易にするなどの工夫もみられる。	・単元の本質的なねらいに迫り、解や解法、解釈などが多様で、多数の子供が既有知識を生かして取り組んでいる。	・単元の本質的なねらいに迫っているが、解や解法が多様ではない。	・単元の本質的なねらいに迫れず、解や解法も多様でない。
【個別探究①】 子供の個別探究（自力解決）の時間を確保している。	・個別探究の時間を十分に確保して、子供の多様な考えを把握している。協同探究のイメージができている。	・個別探究の時間を十分に確保して、子供の多様な考えを把握している。	・個別探究の時間を設定しているが、子供の多様な考えの把握ができていない。	・個別探究の時間が短く、子供が自分の考えを表現できていない。
【個別探究②】 個別探究（自力解決）が早い子供や進まない子供に適切に働きかけている。	・なかなか進まない子供に既有知識と関連付ける助言などができている。早い子供を多様な考えの発見や、詳細な説明に導いている。協同探究のイメージができている。	・なかなか進まない子供に既有知識と関連付ける助言などができている。早い子供を多様な考えの発見や、詳細な説明に導いている。	・なかなか進まない子供に既有知識と関連付ける助言などができている。	・具体的な働きかけがない。
【協同探究①】 子供が相互に学び合う場（協同探究）を設定し、多様な考えを発表している。	・発表者が自分の考えの理由や根拠を説明できている。発表ボード等の効果的な発表のための支援がある。	・発表者が自分の考えの理由や根拠を説明できている。	・発表者が自分のことばで考えを説明できている。	・発表者が自分のことばで考えを説明できていない。ほとんどが無関心である。設定時間が短い。
【協同探究②】 子供が相互に学び合う場（協同探究）を設定し、相互の考えの関連付けができている。	・発表された考えの関連付けにより、単元のねらいに迫っている。	・発表された全ての考えについて共通点、類似点や相違点等、関連付けを行っている。	・一部の考えのみ関連付けを行っている。	・「どの考え方がよいか」等、正誤、優劣で教師がまとめている。
【展開問題】 導入問題と同質のより発展的な内容を含む問題を工夫している。	・展開問題に取り組むことで、協同探究における多様な考えから一人一人が選択・統合し本時の学習内容の理解を深めている。学習内容の本質をとらえている。	・展開問題に取り組むことで、協同探究における多様な考えから一人一人が選択・統合し、本時の学習内容の理解を深めている。	・展開問題に取り組んでいるが、導入問題と同等の問題であり、学習内容の理解を深めるには至っていない。	・展開問題が設定されず、教師がまとめている。

出所：町田市教育委員会指導課「わかる学力」（思考力・判断力・表現力）を高めるための「協同的探究学習」ステップアップ・シート。

「わかる学力」形成の第 2 段階としての「概念的理解の深まり（本質的理解）」
に至る子どもの割合を高めるために，名古屋大学教育学部附属中・高等学校を
はじめとして，協同的探究学習に取り組んでいる多くの学校では，本書実践編
で紹介した内容を含めてさまざまな取り組みがなされてきている。そのうちの
いくつかについて，ここでは紹介しよう。

「協同的探究学習」の時間の柔軟な設定——「個別探究」時間の確保のために

　深める内容が豊かな非定型問題（導入問題）を設定する場合（たとえば，国語
科の物語教材における「ヤマ場」の発問，数学科における複数の領域からの解法が
可能な記述型問題など），一人ひとりが個別探究で自分の考えをノートやワーク
シートに記述する時間を十分に確保するために，①導入問題の提示と②個別探
究までを前時に済ませておき，本時は③クラス全体の協同探究と④展開問題の
個別探究に，ある程度時間をかけて取り組ませることがある（協同的探究学習
のプロセスに関する①〜④の番号は，図 2 - 1「協同的探究学習の 4 つの特質」や，
表 11 - 1 に示した番号（①〜④）に対応している）。前時の 15〜25 分を上記の①②
にあてることで，記述に時間を要する生徒も自分なりのことばや図式で自身の
考えを記述することができる一方，考えを速く記述する生徒も，非定型の導入
問題に対して，より詳しい説明を書くことや他の考えを探究することに個別探
究の時間を利用することができる。このような時間設定（1.3 時間扱いや 1.5 時
間扱いの「協同的探究学習」）にすることで，前時で「できる学力」の育成等に
かける時間が短くなることになるが，「できる学力」の向上プロセスは「より
速く正確に」解決できるようになる自動化が中心なので，かえって解決時間を
限定することで，「できる学力」の獲得を促進することにもつながることも予
想される。また，前時に②の個別探究を終えた後で，ワークシートやノートを
回収することで，教師は子どもの思考にどのような多様性があるかを把握する
ことができ，本時の③協同探究の組織（どのような発言を引き出すか，それにも
とづいて，どのように探究型の追加発問を行うか）や，④展開問題の内容に活か
すことが可能になるという利点もある。たとえば本書第 5 章で紹介した，中学
校国語科の「協同的探究学習」は，このタイプの時間設定（1.5 時間扱い）で展

表 11-6　「協同的探究学習」に関する時間設定の例

1 時間型		①②③④	
1.5 時間型	△△①②	③→④→	
複数時間型	①②→→	→③④→	→③④→

注：①導入問題提示，②個別探究，③協同探究，④展開問題（再度の個別探究）。
　　→は，直前のプロセスが継続していることを示す。
　　いずれの類型でも，③と④は同じ時間内にあることがポイントである。
　　△は「できる学力」形成の時間など，「協同的探究学習」以外の時間を示す。
　　複数時間型は，実技系教科や課題研究など，個別探究を長くとる場合に多い。
　　その場合の③は「取り組みの中間交流」の意味合いをもつことも多い。

開されている。表 11-6 には，1.5 時間型も含めた，協同的探究学習の柔軟な時間設定例を示す（単元単位など他の設定も可能である）。

「協同探究」場面の構造化──クラス全体で各教科の本質を追究するために

　第 2 章で述べたように，クラス全体の「協同探究」場面で，非定型問題（導入問題）に対する多様な考えを関連づけて，教材の本質に迫ることが，一人ひとりの「わかる学力」を深い概念的理解の水準にまで高めるための第 1 のポイントとなる（なお，第 2 のポイントは，第 2 章で説明したように，そのような「協同探究」場面でのクラス全体での思考の高まりを，個人が展開問題において「再度の個別探究」に活かすことである）。

　導入問題に対して自分なりに個別探究が行えていた場合，「協同探究」場面で自ら発言を行わない場合でも，話し合われている問いについて自分の考えと関連づけて積極的に考える「自己内対話」がなされることで，概念的理解を深めることが可能である。[(4)] その点でも，クラス全体の「協同探究」場面で，どのような問いが子どもたちに投げかけられるかがポイントとなる。

　クラス全体で取り組まれる「協同探究」の場面は，クラス全体としての思考の高まり（概念的理解の深まり）をめざして，表 11-7 に示す 3 つのプロセスから構成されることが多くなっている。このなかでは，多様な考えの発表後の関連づけや本質の追究のプロセスが，概念的理解の深化には重要である。特に

---

(4)　第 2 章で紹介したように，藤村・太田（2002）などでは，そのような非発言者が授業を通じて理解を深めることが示されている。

表11-7　「協同探究」場面に含まれる3つのプロセス

```
①多様な考えの発表
         ↓
②多様な考えの関連づけ
 ・考えの間の相違点・類似点・共通点など
 ・類似した考えのグループ化・抽象化など
         ↓
③関連づけを通じた本質の追究（教科・教材に固有）
 ・考えの根拠（「どこからそう考えたか」「なぜ成り立つか」など）
 ・考えの意図（「どうしてそう考えようと思ったのか」など）
 ・包括的統合（「全体を見て気づくことは」「全ての共通点は」など）
```

「本質の追究」は教科や単元ごとに教材研究を生かして「追究型発問」を考えることが有効であり，協同的探究学習を先進的に進めている学校や自治体では，このプロセスをどのように組織するかが，授業研究の重要なテーマのひとつとなっている。

課題設定・提示などの焦点化──一人ひとりが「わかる学力」形成に向かうために

　第2章で述べたように，一人ひとりの「わかる学力」を高めるためには，導入問題や展開問題に含まれる「できる学力」に関わる要素をできる限り少なくすることが重要になる。それは，「できる学力」に弱さを示す子どもであっても，潜在的に豊かな「わかる学力」を有していることが多く，それを表現し，高めることを可能にするためである。そのための手だてには，「課題（導入問題や展開問題）を明確に板書する」「課題内容を（本質を失わない範囲で）できる限り単純化する」といった，クラス全体に対する課題理解の支援などの内容も含まれる。このような課題設定や提示の工夫を協同的探究学習のプロセスに沿って示したのが表11-8である。「できる学力」の個人差が大きく現れるような教科や単元では，協同的探究学習による授業の実施に際して，このような独自の工夫を行っている場合も多くみられる。本書第7章で紹介した，中学校数学科の協同的探究学習は，表11-8にみられる「前提問題」を短時間で設定した例である。

表 11-8　「協同的探究学習」における課題設定・提示などの工夫

①「前提問題」の設定（授業開始時 5 分程度）
  • 課題や場面の理解を確実にする
  • 既習事項とつなげる
②「導入問題」の工夫
  • 日常的知識を含む多様な考えが可能な発問（非定型問題）
  • 「できる学力」のハードルをできるだけ下げる
③「協同探究」の工夫
  • 多様な考えをつなぐことばの板書（色を変える等）
  • 選択的に切り返す追究型発問（発問と発言を板書）
④「展開問題」の工夫
  • 自分のことばで思考を表現する非定型問題（問いで深める）

引用・参考文献

藤村宣之（2012）．数学的・科学的リテラシーの心理学――子どもの学力はどう高まるか――　有斐閣

藤村宣之・太田慶司（2002）．算数授業は児童の方略をどのように変化させるか――数学的概念に関する方略変化のプロセス――　教育心理学研究，**50**，33-42.

藤村宣之・今村敦司・藤田高弘・嘉賀正泰・水谷成仁・加藤直志・福谷敏（2008）．教科連携型協同学習を通じた「ことばによる思考力」の育成　第 2 回博報「ことばと文化・教育」研究助成研究成果論文集，財団法人博報児童教育振興会，pp. 31-46.

一人ひとりの学びと育ちを支えるために

1　「協同的探究学習」のもうひとつの目的とは

自己肯定感の育成と他者理解の深まり

　本書で述べてきたように，「協同的探究学習」の主要な目的は，日本の子どもが相対的に苦手としている，一人ひとりの子どもの「わかる学力」（深い概念的理解と思考プロセスの表現）の育成である。先述のように，心理学の観点から多様な知識を関連づけるために協同と探究のプロセスが重要であると考えられる。一方で，「協同的探究学習」には，もうひとつの目的がある。それは，子ども一人ひとりが認められる場をつくるということである。

　一人ひとりの子どもに居場所をつくっていくためにはどうすればよいだろうか。「できる学力」が重視され，解き方や考え方がひとつに定まる定型問題を中心に授業が構成された場合，「できる学力」の個人差は開きがちで，「できる学力」の形成が必ずしも十分ではない子どもたちは，授業で定型問題の解決の正しさや速さが重視されると，クラスの場で自分を発揮することが難しくなるだろう。そのような子どもたちが自分を発揮できるためには，多様なアプローチが可能であり，どの子どもも自分なりに何らかのアプローチが可能である非定型問題を準備すること，特に最初の導入問題の設定が重要になる。言い換えれば，子どもの多様な考えを引き出して本質に向かうことのできる導入問題は，一人ひとりの「わかる学力」を育てるための出発点になると同時に，多くの子どもの授業への主体的参加を可能にする。また，展開問題においても非定型の問題を設定することで，単に友だちの方法を模倣したり，授業のまとめを書いたりするのではなく，クラス全体で発表された多様な考えや，それらを関連づ

ける討論を活かして，一人ひとりが理解を深めることが可能になる。いずれも
「一人ひとりの発想を重視している」という点に特徴がある。

　そのような点を重視して「わかる学力」を高めるための協同的探究学習を行
うと，普段の通常型の授業時によく発言する子どもたちとは異なる子どもたち
が発表や発言を行うことが多い。多様な考えが可能な非定型の問題で，幅広く
自分の考えを書くことが認められると，一人ひとりの子どもが，発言として表
現しなくても，導入問題や展開問題のワークシートに自分なりの考えを書くこ
とで表現できる。そうした普段，積極的に発言することの少ない子どもに，個
別探究後に発言を促すと，自分が書いたことをもとに発言することができる。
そして，ワークシートに書いた自分なりの考えをそのまま話したときに，「み
んながしっかり聞いてくれた」，「自分の方を見て聞いてくれた」といったよう
な実感をもつことが重なることで，その子どもにとってその教室が居場所にな
っていくと考えられる。何をやってもうまくいかないと思っている子どもでも，
自分なりに考えたことをクラスのみんなが認めてくれた，先生が「いい考えだ
ね」と言ってほめてくれた，他の子どもが「なるほど」，「うん，わかった」と
言って聞いてくれた，そのようなことの一つひとつがその子どもを支えること
になっていくと思われる。たとえ，家庭になかなか居場所が見つけられなかっ
たり，学校外で厳しい環境に置かれていたりしても，子どもが「ここだと自分
が認められる」，「素直に自分を表現しても受け止めてもらえる」と思えるよう
な場を，お互いに聴き合い，認め合うことのできる空間をクラスの授業のなか
につくっていくことが，協同的探究学習のもうひとつの目的である。

　このように，協同的探究学習は，直接的に「わかる学力」を高めることと同
時に，子どもたちがお互いに認め合うことのなかで，「自分は今のままでいい」，
「今の自分を認めてくれる人がいる」，「今のままの自分で十分，ここにいる意
味がある」といった意味での「自己肯定感」を育てることを目標としている。
競争のなかで他者よりも勝っていたという意味での，競争を通じた自己肯定感
ではなく，「みんなに認められることで自分がある」，「そこに行くと自分が認
めてもらえる場所がある」という意味での，他者との協同に支えられた自己肯
定感をもつことができることが，ともすると他者との競争が重視されるような

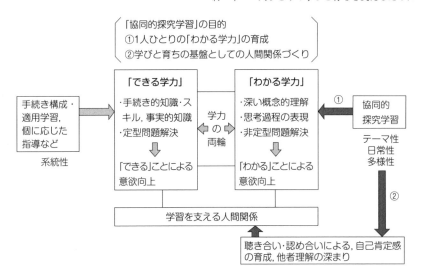

図終−1 協同的探究学習の2つの目的

出所：藤村（2012）を一部改変。

現在の社会において大切なのではないかと考えている。また，「あの子のこと
は全然知らなかったけれども，結構似たようなことを考えているな」，「見た目
だけで判断していたけれども，実はすごいことを考えていたんだ」のように他
者の内面についての理解（他者理解）が進んだり，また自分のことを以前より
はうまく表現できるようになったりするなど，他者理解や自己表現を通じてひ
とつひとつの人間関係を築いていくことも，協同的探究学習がめざしていると
ころである。そのような，自己肯定感の育成や他者理解の深まりを通じてお互
いに聴き合い，認め合うような人間関係がつくられていくことが，長期的には，
「できる学力」や「わかる学力」を支えていくのではないかと考えられる。

「協同的探究学習」を通じた学力形成と人間関係づくり

　以上に述べてきたように，協同的探究学習が，自己肯定感の育成や他者理解
の深まりを介して，授業を通じた人間関係づくりに寄与することが図終−1に
示されている。先に述べたように，協同的探究学習の主要な目的は，子ども一
人ひとりの「わかる学力」の形成である（図終−1の「協同的探究学習」から左

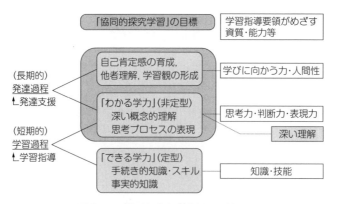

図終 - 2　学びと育ちを支援する枠組み

に向かう矢印①）。それと同時に，まわりの他者に認められ，また，まわりの他者を認めていく協同過程を通じて，どの子どもの自己肯定感も育ち，他者理解も深まっていく（図終 - 1 の「協同的探究学習」から下に向かう矢印②）。それがその子どもたちにとって安心できる居場所となるクラス，人間関係をつくることになり，「わかる学力」や「できる学力」の形成といった学びや，自己肯定感や他者理解など，社会性の発達としての育ちを支えることになる。

　このことは，協同的探究学習という授業を通じて，学力形成と同時に人間関係を作っていくことができることを示している。その出発点になるのが，多様な考えが可能な非定型問題の設定である。本質に向かうことができる非定型問題は，多様な考えを対等に関連づけることによって，子ども自らが概念的理解を深めることにつながり（一人ひとりの「わかる学力」の形成），一方で，どの子どもの考えも認める多様性をもつことで，一人ひとりが認められる場をつくり，そこでの考えの表現や共有が自己肯定感の育成や他者理解の深まりにつながっていく（人間関係づくりと社会性の発達）。その意味では，子どもの多様な考えを引き出すと同時に本質に向かうことのできる非定型問題をつくっていくという，教師の専門性が活かせる教材研究が，子どもたちの学力形成と社会性の発達，人間関係づくりにすべてつながってくるのである。

　またそのような，「わかる学力」の形成と，自己肯定感や他者理解の育成を通じた「人間関係づくり」という 2 つの目的は，学習指導要領（2017年改訂）

の目標である，「思考力・判断力・表現力」の育成と「学びに向かう力・人間性」の涵養にもそれぞれ対応しており，学習指導という相対的に短期的な枠組みでのはたらきかけだけではなく，発達支援という長期的な枠組みでのはたらきかけを通じてそれら両者を実現することも，協同的探究学習では意図されている（図終 - 2）。

2　自己肯定感の育成や他者理解の深まりは実現されているか

質問紙調査からみえてくること

　名古屋大学教育学部附属中・高等学校では，毎年，生徒の意識を測る質問紙調査が実施されており，「みんなで何か一緒にするのは楽しい」や「学校生活が楽しい」という項目に対して肯定的な回答を行う生徒の割合は，中学校 1 年〜高校 3 年の各学年において 8 〜 9 割以上を維持している。このことは，各教科における協同的探究学習の授業などを通じて，他者に認められるなかで自分がそのままの存在でいられるという意味での自己肯定感が育成され，それが反映された結果と解釈することもできるであろう。

高校生はどのように考えたか──生徒の視点からみた「協同的探究学習」

　第 10 章で紹介した高校理科の授業を経験した生徒に対して，授業の約 2 週間後に，授業時の録画ビデオの一部と生徒自身が書いたワークシートを示しながら，「自分たちで実験を計画して結果と考察を発表したり，それをクラスで検討したりすること」などについてどう思うかを，インタビュアー（筆者）対 4 人の生徒のグループ・インタビュー形式で複数のグループに対して尋ねた。ひとつのグループの 4 人の生徒の発言の一部を紹介しよう。

　　　インタビュアー：この間の授業のように，自分たちで結果や考察を発表したり，みんなでその内容を検討することについて，どのように思いますか？
　　　S1：発表することで自分が理解していないと相手には伝えられないので，

自分の理解のうえでも役に立ったと思うし，あと，他の班は自分た
　　　ちと違う実験をしているので，どのような結果になったかとか，自分
　　　たちと違う点とか，自分たちの（実験の）改善点とかもそこからみえ
　　　たので，よかったと思います。

S2：同じ生徒の立場から発表されると結びつきやすくて「これは何々く
　　　んが言っていたところじゃん」って，イメージがつきやすいんですよ。

S3：実験の結果よりも，こういう発表をすると人に聴いてもらえるとい
　　　うのを大事にしていて。発表するときのしゃべり方や，身振り手振
　　　りもそうなんですけど，ホワイトボードの使い方とか，文字だけが
　　　並んでいるんじゃなくて，彼のみたいに絵が描いてあったりして（笑）。
　　　ぱっと見ではわかりにくいけれど，印象には残って。それ（絵）を見
　　　せてから，ちゃんとしたの（ことばや式での説明）を出したりすると
　　　よくわかるから，そういうのが吸収できるからいいかなと思います。

S4：いろいろな発表が聴けるのは，いいかなと思います。ものの考え方
　　　って，人それぞれだと思うんで，「あーこういう考え方があるんだ」
　　　ということがわかっていけば，「こっちの考え方の方がいいな」とい
　　　うことに気づけるかなと思います。

　以上の発言にもみられるように，多様な生徒の考えに触れることができるこ
とを各生徒は楽しんでおり，またそれが自分に活きることにも言及している。
ここにも，協同探究が「わかる学力」の形成だけではなく，ともに認め合い高
め合う人間関係づくりに寄与しているという一面がうかがえる。

「協同」のもつ意味──フィンランドの高校生の語りとの共通性

　どのように協同的探究学習における①非定型問題の設定と②個別探究場面の
組織というプロセスを進めるかについて（第2章参照），さらなるアイディアを
探ること，また，両国の学習方法を相互に検討することを目的として，筆者は，
フィンランドの研究者（大学教員）や小・中・高校の教師と共同研究や研究協
議を行ってきている。フィンランドに着目している理由は，序章で述べたよう

に，リテラシーに関する国内の個人差が小さいことや，教師の教科に関する専門性が高く，教科の本質に迫る問題（特に非定型問題）の設定が期待されること，また，2016年のナショナル・コアカリキュラムの改訂において，教科を統合したテーマの設定や思考力の重視など，これからの時代を見越したカリキュラムが志向されていることなどによる。フィンランドにおいて実施してきている研究では，実際にフィンランドで観察した授業をもとに，また日本で実施された協同的探究学習による授業のビデオ録画を視聴しながら，その授業における子どもの学びの深まり，それに対する授業の利点と問題点，改善の可能性について，授業過程の発話等の分析や，フィンランドの教師への個別インタビューやグループ・インタビューの方法を用いて，さまざまな視点から検討を行ってきている。[1] その研究の一環として，児童・生徒へのインタビューなども行っている。そのひとつとして，高校3年生の数学の授業過程を観察した後で，その授業に参加していた2人のフィンランドの高校生に対して筆者がインタビューを行った。そのときの生徒の発言の一部を以下に示す。

　　インタビュアー：高校の数学の授業で，多様な解法があるような問題に取り組むことはありますか？
　S1：時々あります。週末に出される課題などで，異なった考え方ができる問題が出されることもあります。
　　インタビュアー：ひとりで問題に取り組むことと，今日の授業のように，（ひとりで取り組んだあとで）友だちと同じ問題について話し合うことについて，どう思いますか。どちらが好きですか。
　S1：友だちと一緒の方が好きです。友だちと話をすると，自分とは違う考え方や解法もわかるのでおもしろいです。
　S2：ひとりで取り組むのもいいですが，友だちと話すのもいいです。難しい問題に取り組むときに質問することもできるし，一緒に解決す

(1)　成果の一部は，フィンランドの授業過程に関しては藤村（2014）に，またフィンランドの教師の授業観に関しては藤村・鈴木（2015）に，それぞれまとめられている。

ることもできます。また，ひとつのやり方と別のやり方があるときに，どちらがよりよいか，より易しいかを討論するのもおもしろいです。

　フィンランドの授業では，（少なくとも筆者が観察した各地域の小学校～高校の総計50時間程度の授業に関しては）「協同的探究学習」のように，クラス全体で非定型問題についての多様な考えを関連づけ，それを活かして個人が探究を深めるような展開はほとんどみられないが，一方で，クラス全体やグループに対して自分の考えを話すことや，グループで非定型の問題やテーマについて話し合うことは，ほぼすべての授業に短時間でも取り入れられている。

　そのような，他者とともに考えるという意味での「協同過程」について，以上のインタビューのように，フィンランドの高校生は肯定的にとらえ，仲間との間で「自分とは違う考え方を知ることができる」，「複数の考え方について討論できる」ことなどを，その根拠としてあげていた。なお，フィンランドの小学生に対して行ったインタビューにおいても，同様に「協同過程」を肯定的にとらえる傾向がみられたが，小学校中学年では活動自体の楽しさを，高学年では上述の高校生のように他者の考えを知ることの自分にとっての意義をその理由としてあげていた。[(2)]

　日本とフィンランドの高校生に対するインタビューの結果を比べると，少数のインタビュー事例ではあるが，「協同」を重視した授業を経験することを通じて，他者と学ぶことで自分とは違う考え方や取り組み方があることに気づいて興味をもち，異なる考えを比較したりすることにおもしろさを感じるという共通点がうかがえた。また，重要だと考えられるのは，両国の高校生が，単なる異なる情報提供者としての「一般他者」ではなく，友だちや仲間という「特定の他者」の存在の意義を表現していることであり，そこに学力向上と人間関係の形成を両立させる教育の可能性が推察される。

---

(2)　詳細については，藤村（2017）にまとめられている。

3　学習と発達の関係を考える
——協同的探究学習の2つの目的はどのように関わるか

　筆者は学部生・大学院生の頃から，主に小学生の発達や学習に関する研究を行ってきた（藤村, 1997など）。そこでの主要な研究テーマは，数学的概念を中心とした子どもの思考や概念の発達と，はたらきかけによる思考や概念の変化可能性（藤村, 1992；Fujimura, 2001），思考や概念の発達や変化を規定する要因（藤村, 1995など）の解明であった。第3章で紹介した，混み具合モデルの操作による濃度概念の理解促進可能性を検討した研究（Fujimura, 2001）は，そのひとつの流れに位置づく研究であるが，そこで子どもの理解を促進する条件や前提状態を探っていくうちに気づいてきたことがある。それは，ある領域（たとえば数学的思考）に限定的で短期的な（10〜20分程度の）はたらきかけでは，なかなか思考が変化しない子どもの存在である。この研究は，小学校4年生に対して個別に実施した研究であるが，一連の3つの実験研究を通じて明らかになったことは，単位あたりに関する表象を有する子ども（水と濃縮ジュースの混合場面を示す（図3-9（a）に類似した）絵カードとともに，絵カードに示された状況についての量的関係を示す8種類の文章（正誤4文ずつ）を示し，単位あたりの関係を記述した2つの文章の正誤を正しく判断できた場合を「単位あたり表象を既形成」とした）は，4年生に半数程度存在し，彼らは混み具合モデルの操作を通じて濃度の理解を一貫して向上させるのに対して，単位あたり表象が未形成の子ども（4年生の残りの半数）は，混み具合モデルの操作に加えて単位あたりの数値を記入させるという，より直接的なはたらきかけを加えた条件でも理解の促進は限定的であるということである（図終-3）。

　「水1デシリットルに含まれている濃縮ジュース（オレンジカルピス）のカップの数は？」と直接問われても，また，モデル上で混み具合という単位あたり関係で濃度をとらえさせようとしても，全体の濃縮ジュースのカップの数で濃度を考えようとするような子どもにとっては，そのはたらきかけを利用できる（あるいは利用しようとする）内的な枠組みが，ひとつの領域に限定されない長

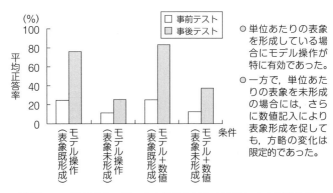

図終-3　混み具合モデルの有効性とそれを可能にする内的条件

期的な発達プロセスにおいて，十分に形成されていなかったという可能性が推察される。一方で，小学校5年生を対象に，類似の混み具合モデルを操作させた別の研究では，4年生よりも高い割合で，濃度の理解を一貫して向上させる児童がみられた。

　これらの研究から推測されることは，領域固有の短期的なはたらきかけ（教授・学習過程）が有効性をもつのは，そのはたらきかけを利用できる内的な枠組みの形成（発達過程）が自発的に生起している場合であるということである。そのような内的な枠組みの形成，あるいは内的な「自己運動」の生起が何によってもたらされるかについて，領域内の短期的な介入研究（はたらきかけによって何らかの心理的変化を生起させることを目的とする研究）だけからでは明らかにすることはできないであろう。一方で概念的な理解や学習観の縦断的変化（同一児童の時間にともなう変化）を検討した研究において，「協同的探究学習」による授業を継続的に経験することを通じて，長期的にみると概念的理解や学習観が個人内で漸進的に発達することが示されていること（藤村，2003；Fujimura, 2007，藤村，2009など）から推測すると，いずれかの領域で何らかの知識の関連づけを自発的に行うことが，長期的には内的な枠組みを形成することにつながり，そのことが他者からのはたらきかけを積極的に利用しようとする「理解・思考」型学習観や，自分自身を信頼し，自信をもって知識を構成していこうとする自己肯定感の形成とも関連している可能性が推察される。

　以上に述べてきたように，領域固有の短期的なはたらきかけにともなう急速
な変化（学習）と，それを可能にする前提としての領域一般的・自生的で緩や
かな変化（発達）という枠組みで学習と発達の相互関係をとらえた場合，「協
同的探究学習」による「わかる学力」の形成の側面は，学習指導として，領域
内の相対的に急速な変化を促すはたらきかけとして位置づき，「協同的探究学
習」による「理解・思考」型学習観の形成や自己肯定感の育成の側面は，長期
的な発達支援として，領域を越えた緩やかな変化を促すはたらきかけとして位
置づけられるであろう（図終 - 2 参照）。タイプの異なる 2 つの種類の変化の関
係性や，協同的探究学習の 2 つの目的（「わかる学力」の形成と自己肯定感などの
育成）の関わりについては，縦断的研究などを通じて，今後，さらに詳細に検
討していくことが課題である。

4　協同的探究学習が開くこれからの世界

　これまでみてきたように，「協同的探究学習」が目標とするのは，子ども一
人ひとりの「わかる学力」（深い概念的理解と思考プロセスの表現）の向上と，
自己肯定感や他者理解，「理解・思考」型学習観といった，学びを支える社会
性の発達や信念の形成である。授業においては，どの子どもにも幅広くアプロ
ーチ可能な「非定型問題」を導入問題としてスタートすることで，学力形成の
面では，クラスのすべての子どもから多様な考えを引き出し，人間関係の面で
は，多様な子どもの一人ひとりを尊重することが可能になる。そこで実現しよ
うとしている社会は，一人ひとりの多様性を尊重し，それぞれに認め合うこと
のできる社会であり，相互理解にもとづき，現実世界におけるさまざまな非定
型問題に協同で解決を試みることのできる社会であろう。

引用・参考文献

藤村宣之（1992）．児童の比例的推理に関する発達的研究　教育心理学研究，**40**，315-
　325.

藤村宣之（1995）．児童の比例的推理に関する発達的研究Ⅱ──定性推理と定量推理に関して── 教育心理学研究，**43**，315-325.

藤村宣之（1997）．児童の数学的概念の理解に関する発達的研究──比例・内包量・乗除法概念を中心に── 風間書房

Fujimura, N. (2001). Facilitating children's proportional reasoning : A model of reasoning processes and effects of intervention on strategy change. *Journal of Educational Psychology*, **93**, 589-603.

藤村宣之（2003）．子どもの学習観の変容をめざす授業のあり方 日本教育心理学会第45回総会準備委員会企画シンポジウム「教育心理学と教科教育の相互作用──教科間の共通性を探る──」発表資料

Fujimura, N. (2007). How concept-based instruction facilitates students' mathematical development : A psychological approach toward improvement of Japanese mathematics education. *Nagoya Journal of Education and Human Development*. **3**, 17-23.

藤村宣之（2009）．協同的探究学習の長期的効果と生徒の変容過程 日本教育心理学会第51回総会自主シンポジウム「学習研究を長期化する」発表資料

藤村宣之（2012）．数学的・科学的リテラシーの心理学──子どもの学力はどう高まるか── 有斐閣

藤村宣之（2014）．フィンランドの児童の思考の特質とそれに関連する環境要因──小学校における算数授業過程の分析から──東京大学大学院教育学研究科紀要，**53**，273-283.

藤村宣之（2017）．フィンランドの児童の数学的思考と学習観に関する発達的研究 東京大学大学院教育学研究科紀要，**56**，495-504.

藤村宣之・鈴木豪（2015）．フィンランドの児童の思考に影響を及ぼす環境要因の検討──フィンランドの教師の授業観の分析── 東京大学大学院教育学研究科紀要，**54**，459-476.

おわりに

本書について

　本書は，中学校・高等学校の各教科の先生方と大学の心理学の研究者が目標を共有し，一緒に授業づくりを進めてきた成果をまとめたものです。日本の子どもは，解き方がひとつに決まる「定型問題」を，学校で学習した知識やスキルを直接適用して解決する「できる学力」には優れていますが，多様な考え方が可能な「非定型問題」に対して，自分でさまざまな知識を結びつけて考え，深く理解して解決を導くような「わかる学力」に相対的な弱さがみられます。これからの時代に必要な「わかる学力」を一人ひとりの生徒が高めていくにはどうすればいいか。その問題に対して，これまでの各教科の授業実践と心理学の研究を統合して考案し，授業実践を重ねて発展させてきたのが「協同的探究学習」です。協同的探究学習は，非定型問題に対する個別の探究過程と他者との協同過程を組み合わせた学習方法です。

　本書では，協同的探究学習の理論と心理学的背景を紹介すると同時に，協同的探究学習を取り入れた中学校・高等学校のさまざまな教科の授業の内容とプロセスを，名古屋大学教育学部附属中・高等学校の授業実践として具体的に紹介します。そしてそれぞれの授業について心理学的な分析を行い，協同的探究学習による各教科の授業が一人ひとりの「わかる学力」の向上に対してどのような効果をもつかを明らかにしていきます。

名大附属との出会い

　私（藤村）が最初に名古屋大学教育学部附属中・高等学校（以下，名大附属と書きます）に出かけたのは，2004年10月のことです。それまで，主に小学生を対象に発達や学習の研究を進めてきましたが，埼玉大学から名古屋大学に異動することになり，大学の近くで子ども（中学生や高校生）の観察ができる機会

があるということで，勤務先の教育発達科学研究科と同じ敷地内にある名大附属に出かけてみました。公立小学校の授業はいろいろな地域で見てきたものの，中学校や高校の授業を見る機会はほとんどなく，新たに訪れた名古屋という場所で，ちょっとどきどきしながら名大附属を訪問し，授業を観察したのをよく覚えています。

　そのときの印象は意外なものでした。中学生や高校生は小学生と違って話しづらいかと思うとそのようなことはなく，自然にこちらの質問に答えてくれました。授業の様子もこちらが中学校や高校の授業に対して先入観をもっていた「堅い」という感じではなく，肩肘張らない感じで，教師と生徒が「自然体」で関わっているという印象でした。第一印象として，（特に男子は）小学生のような素朴さを保っているように感じ，自分たちが考えを表現することを楽しんでいるように思えました。ここだったら自分がそれまで公立小学校で行ってきたような子どもへのインタビューや，授業時の発話やワークシートの分析などもできるかもしれないと思いました。また，同時に，生徒たちのこの素直さ，明るさはどこからくるのだろうと考え，先生方がどのような授業をされているのかに興味をもちました。

一人ひとりの学びと育ちを支援する──小・中・高の教育の連続性

　それから現在まで，名古屋大学在職中も，東京大学に異動してからも，名大附属のさまざまな教科の先生方の数多くの授業を見せていただき，また授業づくりにも関わってきました。並行してSSH（スーパーサイエンスハイスクール）やSGH（スーパーグローバルハイスクール）といった学校全体の取り組みにも関わってきています。関わりはじめて気づいたのが，名大附属の先生方が一人ひとりの生徒の育ちと学びを大切にしているということです。SSHやSGHはともに全校生徒が対象で，一人ひとりの理数系・人文社会系などのサイエンスリテラシーを幅広く高めることを目標としています。高校段階でもコースなどを設けず，どの生徒にも質の高い学力とそれぞれに合った進路を保障しようとしています。また，名大附属の取り組みは，大学附属だからできる教育ではなく，公立の中学校や高校に還元できる，公立校で明日から始められる教育を常にめ

ざしています。そのような点が，自身が公立小学校の先生方と子ども一人ひとりの「わかる学力」や自己肯定感を高める授業をめざしてきたこととつながり，価値観が共有できるように強く感じました。以上のようなことを背景に，公立小学校での算数や国語の授業づくりを発展させて，中学生・高校生も含めた一人ひとりの子どもの理解・思考・表現の力，すなわち「わかる学力」を高めることを目的として，10年以上にわたりさまざまな先生方とともに研究を重ねてきているのが，本書の表題にある「協同的探究学習」なのです。

非定型を楽しみ，わけ（理由）を深める

名大附属の先生方とは，学校を訪れるたびに，授業での子どもの様子，学びの深まり，最近の教育の動向など，いろいろなことを話し合ってきています。「協同的探究学習」の授業を行った後に名大附属の先生方がよく話しているのが，「この（導入）問題で，まさかこうくるとは思わなかったですねえ（笑）」，「え，（気づくのは）そこか？という感じですよね（笑）」，「（生徒の記述内容を見て）ほー，そう結びつけたか。なるほど！」といったことです。授業前にいろいろと考えて準備した非定型問題に対する生徒の発想の意外性を楽しんでいるように思えます。そして，そのような意外な考えに対して，名大附属の先生は授業でいつも「どうしてそう考えた？」と生徒に尋ね，その考えを受けとめて，深めていこうとします。

これからの時代に向けて

以上に述べたことはエピソードのほんの一部ですが，「協同的探究学習」による授業が何をめざしているか，教師がどのように臨んでいるかを少しでも感じ取っていただけたらと思います。そのような協同的探究学習の取り組みは，名大附属の先生方がめざされているように，東京都町田市，兵庫県加古川市など，多くの自治体の公立小学校・中学校・高等学校の授業実践に広がり，一人ひとりの子どもの「わかる学力」の向上や，自己肯定感，他者理解の育成などの成果につながってきています。これからもさまざまな地域の先生方とともに，授業づくりを楽しみながら研究を進められたらと思っています。

最後になりましたが，ミネルヴァ書房編集部の日和由希さんには，本書の執筆にあたって，すべての著者との丁寧なやりとりを重ねて，完成に至るまで粘り強く支援していただき，大変お世話になりました。心より感謝申し上げます。

2017年12月吉日

著者のひとりとして　藤村宣之

索　引

《**執筆者紹介**》（執筆順，＊は編者）

＊藤村宣之（ふじむら　のぶゆき）東京大学大学院教育学研究科教授
序章，第1～3章，第5・7・10章（各第4・5節），第11章，
終章，おわりに

＊橘　春菜（たちばな　はるな）名古屋大学教育基盤連携本部アドミッション部門特任准教授
第4章，第6・8・9章（各第4・5節）

加藤直志（かとう　ただし）名古屋大学教育学部附属中・高等学校教諭
第5章（第1～3節，コラム）

今村敦司（いまむら　あつし）名古屋大学教育学部附属中・高等学校教諭
第6章（第1～3節，コラム）

都丸希和（とまる　きわ）名古屋大学教育学部附属中・高等学校教諭
第7章（第1～3節，コラム）

松本真一（まつもと　しんいち）名古屋大学教育学部附属中・高等学校教諭
第8章（第1～3節，コラム）

中村　忍（なかむら　しのぶ）名古屋大学教育学部附属中・高等学校教諭
第9章（第1～3節，コラム）

石川久美（いしかわ　くみ）名古屋大学教育学部附属中・高等学校教諭
第10章（第1～3節，コラム）

《編著者紹介》

藤村宣之　ふじむら　のぶゆき
1994年　京都大学大学院教育学研究科博士後期課程学修認定。博士（教育学）。
現　在　東京大学大学院教育学研究科教授。
専　門　教育心理学，発達心理学。
主　著　『数学的・科学的リテラシーの心理学──子どもの学力はどう高まるか』
　　　　有斐閣，2012年。
　　　　『発達心理学──周りの世界とかかわりながら人はいかに育つか［第2
　　　　版］』（編著）ミネルヴァ書房，2019年。
　　　　『新しい時代の教育方法［改訂版］』（共著）有斐閣，2019年。
　　　　『国際的に見る教育のイノベーション──日本の学校の未来を俯瞰する』
　　　　（共著）勁草書房，2023年。

橘　春菜　たちばな　はるな
2011年　名古屋大学大学院教育発達科学研究科博士課程単位取得。博士（心理学）。
現　在　名古屋大学教育基盤連携本部アドミッション部門特任准教授。
専　門　教育心理学。
主　著　『教育と学びの心理学──基礎力のある教師になるために』（分担執筆）
　　　　名古屋大学出版会，2013年。
　　　　『ピア・ラーニング──学びあいの心理学』（分担執筆）金子書房，2013年。
　　　　『小学生　学習が気になる子どもを支える』（分担執筆）明石書店，2016年。

　　　　協同的探究学習で育む「わかる学力」
　　　　　──豊かな学びと育ちを支えるために──

2018年3月10日　初版第1刷発行　　　　　　　〈検印省略〉
2024年3月30日　初版第2刷発行
　　　　　　　　　　　　　　　　　　　　定価はカバーに
　　　　　　　　　　　　　　　　　　　　表示しています

　　　　　　　　　　　　　　　　藤　村　宣　之
　　　　　　　　　　　　　　　　橘　　　春　菜
　　　　　　　編　著　者　　　　名古屋大学教育学部
　　　　　　　　　　　　　　　　附属中・高等学校
　　　　　　　発　行　者　　　　杉　田　啓　三
　　　　　　　印　刷　者　　　　田　中　雅　博

発行所　株式会社　ミネルヴァ書房
　　　　607-8494　京都市山科区日ノ岡堤谷町1
　　　　　　　　　電話代表　（075）581-5191
　　　　　　　　　振替口座　01020-0-8076

©藤村・橘ほか，2018　　　創栄図書印刷・吉田三誠堂製本

ISBN978-4-623-08273-5
Printed in Japan

発達心理学［第2版］　　　　　　　　　　　　　　　　Ａ5判　274頁
──周りの世界とかかわりながら人はいかに育つか　　　本体 2500円
藤村宣之 編著

認知心理学──心のメカニズムを解き明かす　　　　　Ａ5判　264頁
仲真紀子 編著　　　　　　　　　　　　　　　　　　　本体 2500円

よくわかる認知発達とその支援［第2版］　　　　　　Ｂ5判　216頁
子安増生 編　　　　　　　　　　　　　　　　　　　　本体 2400円

よくわかる学校心理学　　　　　　　　　　　　　　　Ｂ5判　196頁
水野治久・石隈利紀・田村節子・田村修一・飯田順子 編著　本体 2400円

よくわかる教育心理学［第2版］　　　　　　　　　　Ｂ5判　232頁
中澤　潤 編著　　　　　　　　　　　　　　　　　　　本体 2600円

絶対役立つ教育心理学［第2版］　　　　　　　　　　Ａ5判　272頁
──実践の理論，理論を実践　　　　　　　　　　　　本体 2800円
藤田哲也 編著

はじめて学ぶ教育心理学［第2版］　　　　　　　　　Ａ5判　224頁
吉川成司・関田一彦・鈎治雄 編著　　　　　　　　　　本体 2200円

あの学校が生まれ変わった驚きの授業　　　　　　　　四六判　192頁
── T 中学校652日物語　　　　　　　　　　　　　　本体 1800円
木原雅子 著

あの子どもたちが変わった驚きの授業　　　　　　　　四六判　264頁
──授業崩壊を立て直すファシリテーション　　　　　本体 1800円
木原雅子 著

── ミネルヴァ書房 ──
https://www.minervashobo.co.jp/